高职思想政治教育的理论与实践研究

洪剑锋　王　慧　彭必武◎著

中国出版集团 | 全国百佳图书
中国民主法制出版社 | 出版单位

图书在版编目（CIP）数据

高职思想政治教育的理论与实践研究 / 洪剑锋，
王慧，彭必武著 . — 北京：中国民主法制出版社，2023.8
ISBN 978-7-5162-3336-8

Ⅰ . ①高… Ⅱ . ①洪… ②王… ③彭… Ⅲ . ①高等职
业教育 - 思想政治教育 - 研究 - 中国 Ⅳ . ① G711

中国国家版本馆 CIP 数据核字（2023）第 147660 号

图书出品人：刘海涛
出 版 统 筹：石 松
责 任 编 辑：刘险涛

书 名／高职思想政治教育的理论与实践研究
作 者／洪剑锋 王 慧 彭必武 著

出版 · 发行／中国民主法制出版社
地址／北京市丰台区右安门外玉林里 7 号（100069）
电话／（010）63055259（总编室） 63058068 63057714（营销中心）
传真／（010）63055259
http: // www.npcpub.com
E-mail: mzfz@npcpub.com
经销／新华书店
开本／ 16 开 710 毫米 ×1000 毫米
印张／ 13.5 字数／ 270 千字
版本／ 2024 年 5 月第 1 版 2024 年 5 月第 1 次印刷
印刷／廊坊市源鹏印务有限公司

书号／ 978-7-5162-3336-8
定价／ 68.00 元

前　　言

近年来，高职思想政治教育工作取得了很大进步，大学生思想政治面貌也发生了可喜变化，但是随着经济社会的快速发展，大学生成长环境不断变化，生活理念不断更新，传统的思想政治教育理念、制度和方法的弊端日益凸显。对此，需要理顺思想政治教育工作体制，拓宽教育途径，改进教育方法；提高队伍素质，使思想政治教育更具有实效性、科学性。如何通过思想政治教育把科学理论和崇高品德传递给广大学生，使其形成正确的世界观、人生观、价值观，这个问题极为重要。

高职思想政治教育工作是一门科学，更是一门艺术，它涉及管理学、教育学、心理学和行为科学等多个学科领域，不仅需要规范学生的日常文明行为，更需要分析学生的心理和行为特点，不断深入研究其内在规律，把握其基本原则，从而使其符合学生发展的需要，符合高职培养人才的需要。加强高职思想政治教育要注重宏观与微观、历史与现实、理论与实践的结合，高职思想政治理论课实行现代化教育教学，这是时代的呼唤。

目　　录

第一章 高职思想政治教育概述

第一节 高职思想政治教育的概念

一、高职思想政治教育的实施者和接受者

（一）高职思想政治教育的实施者

从事思想政治教育的教师和人员是高职思想政治教育的实施者，其职责和作用是从事思想政治教育，承担两个文明建设的基础和保证作用，并起到塑造人格和培养受教育者科学思维的作用。在思想政治教育过程中，教育者处于矛盾的主要方面、占主导地位、发挥主导作用。教育者必须根据社会所要求的思想体系、政治观念和社会道德规范对受教育者进行思想政治教育。而思想教育能否顺利进行并达到预期的目的，很大程度上在于受教育者积极性、主动性的发挥，而这个积极性和主动性的发挥又取决于主体——教育者的积极引导和努力激发以及科学地调动。所以，主体积极教育的过程就是教师积极引导和努力激发、科学调动大学生在接受教育过程中的主动性、积极性，并由此达到教育的目的。

思想政治教育主体的教师要达到教育的目的和结果，就必须通过努力学习，不断提高自身的政治素质和思想素质，积极参与科研活动，不断提高科学理论水平；转换脑筋、更新观念，树立市场观念、竞争观念、效益观念、开拓创新观念。同时，主体还应该掌握和确定客体的一些主要特征，即教师应该把掌握大学生的思想特征作为思想政治教育的切入口，帮助大学生逐渐掌握自我评价的标准，形成积极、主动的自我教育能力，使其主动性、积极性得到充分发挥，并将正确的信念和正确的行为动机付诸实践，思想政治教育才能真

正达到目的。

（二）高职思想政治教育中的接受者

思想政治教育的接受者就是指接受思想政治教育的对象或人，指的是高等院校全体受教育的大学生。大学生能动受教育的过程，是在一定的引导下的自我教育过程，这一过程在某种意义上是受教育者自身的思想矛盾运动的过程。高等院校的大学生所接受的教育和影响，既具有教育者所施加的正面的、积极的影响，又会受到社会上消极的、负面的影响，所以，对于受教育的大学生来说，思想政治教育是一个充满积极与消极、干扰与抗干扰的复杂的、矛盾的过程，这就制约着大学生在选择上的取舍。

二、高职思想政治教育的主要内容和任务

（一）高职思想政治教育的主要内容

根据我国教育法规定，国家在受教育者中进行爱国主义、集体主义、社会主义的教育，进行理想、道德、纪律、法制、国防和民族团结的教育。教育应当继承和弘扬中华民族优秀的历史文化传统，吸收人类文明发展的一切优秀成果。这些都是思想政治教育的主要内容，是我国各高职思想政治教育的基本内容。其中，每一项内容又可具体分为许多方面。

集体主义教育包括尊重、关心、理解他人，集体成员之间团结协作的教育；为集体服务，维护集体荣誉的教育；关心社会，为家乡、社会的公益事业贡献力量的教育；正确处理个人与集体、国家利益关系的教育；以集体主义为导向的人生价值观的教育。

社会主义教育包括社会发展规律的教育；社会主义现代化建设经济常识教育；邓小平理论教育。通过教育使大学生正确理解党的基本路线，拥护党的领导，坚持走有中国特色的社会主义道路。

理想教育包括人生理想教育、道德理想教育、职业理想教育和社会理想教育。理想教育的核心就是培养学生树立献身社会主义现代化建设事业的坚定信念。理想教育应当和世界观、人生观教育结合起来，和科学信仰教育结合起来，使大学生在社会、人生、事业等方面树立正确的理想与奋斗目标。

道德教育包括中华民族优良传统道德教育；社会公德教育和道德评判能力的培养；社会主义道德教育；职业道德和环境道德教育。

纪律与法制教育包括宪法及有关法律常识和法规的教育；知法守法，维护社会稳定，运用法律武器自我保护和抵制违法乱纪行为的教育。要让大学生树立起社会主义民主法制观念，教育学生自觉遵纪守法、勇于同违法现象做斗争，服从国家和集体的统一意志并具有高度的组织性和纪律性。

国防教育包括国防意识和国家安全意识的教育；捍卫祖国独立、维护国家主权和领土

完整的教育；军民团结教育和对普通高等学校在校生进行基本军事训练。增强大学生的国防意识和国家安全意识，使他们初步具备基本的军事素质和技能，自觉地捍卫祖国的尊严、独立和统一。

民族团结教育包括树立马克思主义的民族观、宗教观的教育；党的民族政策和宗教政策的教育；民族团结历史的教育。要让大学生了解我国的民族团结政策和宗教政策，树立各民族一律平等的思想，自觉维护民族团结和祖国统一。

中华民族具有五千年悠久的历史和灿烂的文化，因此，在高职思想政治教育活动中要始终坚持把那些世代相传、长期积淀下来的优秀历史文化传统继承、弘扬下去。同时，要努力吸收人类文明发展的一切成果，凡是对我国经济和社会发展有积极作用的外来文化，特别是先进的科学技术，具有普遍适用性的经济管理和其他管理经验，先进的教育思想和教育方法，优秀的文学艺术、文化思想以及文明健康的生活方式与生活习惯，等等，都应该积极地予以吸收和学习。

（二）高职思想政治教育的主要任务

在社会主义现代化建设的新时期，我国高职思想政治教育工作面临的主要任务是要全面贯彻党的教育方针，以实现培养德智体美全面发展的社会主义建设者和接班人为目标，培养和造就"四有"新人。因此，高职思想政治教育工作必须以坚持正确的舆论导向，用科学的理论武装人，用高尚的情操鼓舞人，唱响社会主义、爱国主义和集体主义的主旋律为主要内容，大力加强师生员工的理想信念、道德观念和世界观、人生观、价值观教育，加强行为规范的养成教育。

1.加强理想信念教育

理想信念教育是思想政治教育工作的核心内容，因此，加强理想信念教育是保证社会主义现代化建设顺利进行的必然要求。在新形势下，加强理想信念教育首先就是要切实抓好科学理论武装工作。马列主义、毛泽东思想、邓小平理论和"三个代表"重要思想是指导中国人民顺利进行社会主义现代化建设的科学理论，是实现中华民族伟大复兴的强大思想武器和坚强精神支柱，是统一全党、全国人民意志的坚实思想基础。只有用马列主义、毛泽东思想、邓小平理论和"三个代表"重要思想武装师生员工，才能引导他们不断地解放思想、实事求是、与时俱进，正确认识共产党执政规律、社会主义建设规律和人类社会发展规律，正确认识国家的前途和命运，澄清在社会主义问题上的错误观点和模糊认识，从而坚定地建设有中国特色社会主义的理想信念。

要对师生员工进行正确的世界观、人生观、价值观教育。理想信念与世界观、人生观、价值观紧密相连。崇高的理想信念，归根结底来自科学的世界观和正确的人生观、价值观。马克思主义的辩证唯物主义和历史唯物主义是指导我们观察和认识世界的科学世界观，这一科学世界观给我们指出了观察世界、认识历史发展的正确方法，得出了资本主义必然灭亡、社会主义必然胜利的科学结论；全心全意为人民服务是每个共产党员应当奉行的正确人生观，这一人生观指明了师生员工应如何正确对待生死、荣辱、顺逆、得失、苦乐和贫富的关系，使他们在人生道路上正确前进；以个人利益和集体利益相结合、集体利益高于个人利益为原则的价值观，使我们懂得了集体利益之所以高于个人利益的客观必要性，有利于正确处理个人与他人和个人与社会、集体、国家的关系。

要在师生员工中开展马克思主义唯物论和无神论教育。共产主义理想信念是建立在辩证唯物主义和历史唯物主义世界观基础上的。唯心主义和封建迷信是与马克思主义根本对立的，是与共产主义理想信念根本对立的。要教育师生不断学习和掌握辩证唯物主义和历史唯物主义基本原理，学习科学知识，掌握科学思想、科学精神和科学方法，用马克思主义的立场、观点、方法来分析各种社会思潮，增强识别各种反科学、非科学、伪科学的能力，坚定共产主义的理想信念。

2. 加强道德观念教育

道德是调整人与人、人与社会之间关系的行为准则，是人们关于善良与邪恶、公正与偏私的观念、原则和规范的总和。道德属于意识形态范畴，其产生和发展受到生产力水平的制约，然而它一旦产生，就具有相对独立性，对社会生产力的发展具有反作用。就其本质而言，道德是人们在一定历史条件下为维护自身生活，实现人生价值，完善人的本质，协调或消解人性内在及外在矛盾所形成的，通过内心信念、评价态度、行为规范、公众原则等方式起作用的观念——行为系统。道德活动，是人类文化活动的一部分，它所担负的历史使命与人类文化活动的根本目的和内在精神是一致的。同时，道德的性质及其作用，主要取决于人类文化在历史中所呈现的整体性质，取决于构成文化整体的其他部分发展的历史水平。

道德具有阶级性、时代性、民族性和传承性的特点。在我国社会主义现代化建设的新时期，必须在全社会、全体人民中牢固树立起以集体主义为核心，坚持国家、集体、个人三者利益相统一的，为人民服务，艰苦奋斗、勤俭建国，吃苦在前、享受在后的社会主义道德观。

3. 加强行为规范养成教育

高职在加强对大学生的思想政治教育过程中，一定要重视对他们进行行为规范的养成教育，从具体行为习惯的养成抓起，从一点一滴抓起，努力培养他们的文明行为和道德规范。要认真贯彻实施《高等学校学生行为准则》，严格校规校纪，加强良好的校风、学风建设，把传授知识同陶冶情操、养成良好的行为习惯结合起来，把个人成才同国家前途、社会需要结合起来，形成热爱祖国、关心集体、尊敬师长、勤奋好学、团结互助、遵纪守法的风气。同时，要坚持教育同生产劳动相结合的方针，积极组织学生参加生产劳动和社会实践，帮助他们认识社会，了解国情，增强建设祖国、振兴中华的责任感。加强大学生的思想政治教育是一项社会性的系统工程，只有动员社会各方面力量共同努力才能做好这一工作。教师在学生思想政治教育中发挥着关键的作用，一定要认真履行教书育人的职责，言传身教，为人师表，引导学生德智体美全面发展。学校要主动同社会和学生家长密切合作，互为补充，形成教育合力。要充分发挥共青团、学生会等社群组织团结和引导大学生共同进步的作用。近年来，在全国各地开展的"希望工程""青年志愿者"和"手拉手"等活动，使大学生增长了爱心，懂得了关心他人，感受到助人的快乐，取得了良好的教育效果。

第二节　高职思想政治教育的特征

一、高职思想政治教育环境特征

（一）现代化事业蓬勃发展下的浮躁社会环境

当人们在享受改革红利的同时，也必须相应承担现代化事业蓬勃发展的负面效应——资源消耗殆尽，环境污染严重，生态系统恶化，地质灾害频发……即使如此，现代化建设带给物质世界的时空转换力度，还是不及对人们主观精神领域的影响。改革和发展实质上是一场社会各层次人群利益关系的再分配，从某种意义上说，正是改革和发展唤起了人们内心深处对于满足物质欲望的需求。表现在社会上，就是经商热、创业热、赚钱热，迫切想要成功，梦想一夜发财致富，在心态上轻浮、急躁，急功近利。折射到大学校园，就表现为大学生追求金钱至上、享乐人生，不重视打基础，无法静心读书，学习动力不足。在部分大学生看来知识只是充实脑子空虚的精神食粮，却不能填补肚子的空白，钱才是第一位的，因而放松了对知识的学习，导致了大学生中厌学情绪的盛行；还有部分大学生只关心眼前利益，耗费太多时间和精力去做兼职，浪费了宝贵的学习机会；更有个别学生，贪图眼前享乐，为了一己私欲，不惜拿青春赌明天，做起了违反法律、违反道德的事情，着实令人扼腕叹息。

（二）多元文化背景下的价值多元文化环境

"一切价值观念都是一定社会实践的产物。"中国人民改革开放的求富实践，既引来了西方先进的科技和管理经验，也接纳了西方文化背后的价值标准和道德准则，传统与现代的碰撞，国际与国内的融合，导致国内出现了东方文化与西方文化、主流文化和非主流文化、传统文化与现代文化的多元格局。同时，随着社会改革力度不断加大，政治、经济、文化体制改革同步推进，阶级、阶层等利益主体逐渐分化，在全社会逐步形成了思想观念多样、阶层利益多元、文化环境多变的复杂社会结构。在如此结构作用力下，渐渐衍生放大出许多对大学生影响巨大的社会思潮。比如，民主社会主义思潮、"普世价值"思潮、民族虚无主义思潮、历史虚无主义思潮、新自由主义思潮、私有化思潮，以及低俗文化享乐主义思潮等。这些思潮裹挟着各形各色的价值观一股脑儿地涌向了"三观"尚未确立的大学生，使他们善伪不分，真假难辨，在人生观的选择方向上迷了路。在多元化文化轮番冲击下，很多大学生不经过理性思考、调查研究，就轻易放弃了中国的传统文化和现代社会主义理念，盲目选择皈依了资本主义的生活方式、文化理念以及价值观，虽然只是小部分人的个人行为，却也值得引起我们高职思想教育工作者的警醒。

二、高职思想政治教育对象特征

（一）受新时代社会思潮影响的大学生特征

社会思潮之所以对当代大学生具有特殊的吸引力，主要是由大学生自身特点及校园环境所决定的。首先，作为血气方刚的年轻人，大学生基本上都具有反传统的叛逆精神，敢于挑战正统、挑战权威意识，追求刺激的心理；同时，大学生的世界观还没有完全定型，接受外界事物和新鲜事物的能力较强，容易接受某种社会思潮。

其次，大学校园和大学文化的特征也有利于社会思潮的登陆。比如，大学所特有的某种批判精神，大学生活的独立性，大学校园和文化所具有的开放性、包容性，等等。这些都适宜社会思潮在大学生中传播，成为某些大学生的思想精神家园，甚至对部分大学生来说，接受或传播某种社会思潮已成为表达自己的一种方式和手段。

各类社会思潮抢滩高职校园，对大学生的影响可谓正负交织，意义重大，关键在于引导和交流。对大学生的思想政治教育既不能忽视社会思潮反映社会现象和现实，帮助大学生了解社会丰富性和复杂性的镜鉴作用；也不能忽视各种消极有害的社会思潮冲击我们现有的思想政治教育的目的和成果。只有立足于这样的现实，才能顺畅地与大学生开展交流与沟通，准确地掌握大学生当前的思想动态。如果偏执某一方面，势必造成教育者与被教育者之间的交流隔阂，乃至于情感障碍。

（二）由经济独立带来的大学生人格独立性特征

存在是哲学的基本范畴，存在方式是指物质与精神的高度统一，通俗理解就是生活方式。从非市场经济转向市场经济，人的存在方式发生了全面变化，对此，马克思的概括是从人对人的依附性的存在转向以物的依赖性为基础的人的独立性的存在。在社会主义市场经济的潮流下，企业和个人成为独立主体使得人们从以往的人身依附关系中解脱出来，平等意识加强，主体性日益突出。这一现实趋势势必会在当代大学生身上产生直接或者间接的影响，与以前的大学生相比，如今的大学生主体意识提高，独立意识加强，自我意识凸显，视野更开阔，法律意识更强，同时冲破了自我认识的局限性，追求前卫，个性张扬。很多大学生利用课余时间，通过勤工俭学或是做兼职赚取外快来贴补生活，合开店铺或是倒买倒卖的经济行为在课堂外屡见不鲜，大学生的经济自主化日益突出。但这种由经济独立换来的人格独立，很多时候，并没有给大学生带来如约而至的幸福，或者说获得过多的不可驾驭的自由权利只会徒增不必要的负担和痛苦。在市场经济条件下，竞争机制的引入激发了人们生产的动力和活力，促进了生产力和生产关系的解放，带动了政治、经济、文化的全面繁荣；就业方式的多样化改变了人们的谋生方式，改变了人们对社会、国家的依附关系，使人们变得更加自信和自由，同时也使人们的思维方式发生了根本性的变化——由崇高变得世俗，由理想转而功利。当利益成为行为、动机、效果的考量，便会使得人们更趋于务实，以前的崇高理想色彩的价值取向逐渐淡化，追求生活实际价值，追求个人价值的实现逐步成为大学生价值追求的主流，并且有一些学生坠入了追求眼前利益，追求生活享受的低层价值取向。

（三）高新科技、新媒体应用引发的大学生特征

科学技术的迅猛发展，网络新媒体的异军突起，正改变着人们的生活方式、沟通方式和知识获取方式。网络技术的逐步成熟，使其成为一种时尚的信息传递方式，作为新兴科技助推下成长起来的新新人类，大学生势必会站在时尚生活的最前沿。他们第一时间适应了新的生活、沟通、学习方式，对计算机、手机中涵盖的各类软件驾轻就熟，对于网络购物、网络支付、电子商务等新型商务方式推崇备至，并将是否会使用 QQ、飞信、微信、微博等不断推陈出新的交互手段，作为评判时尚与否的标准。大学生对网络的依赖，提出了加强大学生网络思想政治教育的新要求。然而，自网络媒体兴起以来，由于其缺乏必要的监管和引导，导致网络上良莠不分、藏污纳垢，暴力、恐怖和色情的信息猖獗，网络文化泥沙俱下，净化网络环境对于为大学生创造良好的沟通平台迫在眉睫。与此同时，大学生所崇尚的时尚生活方式也日益走向虚拟化，虚拟生活、虚拟世界、虚拟角色正把社会化过程中的大学生带向虚无的深渊，许多大学生在虚拟世界中迷失自我，简单地遵循着快乐原则，追求着感官的刺激，大学生越来越"宅"，越来越缺乏面与面的对话、心与心的沟通，网络道德移位，人文关怀缺失，大学生们内心深处自由开放与明目张胆的性格特点被无形地放大，越轨行为频频发生。这些都呼吁网络精神家园的建设，呼吁人们以积极的态度、创新的精神，大力加强互联网建设，进一步发展和传播健康向上的网络文化，使之成为传播社会主义先进文化的新途径、成为广大大学生精神文化生活的健康新空间。

（四）大学生教育效果需要层次性不同的特征

需求是人类有意识行为的内在动机和外在指向，不同时代、不同人生阶段、不同生活环境，人们的需求层次不同，理想是在现实反思的基础上对于现实需求的超越，属于高层次需求，如果按照马斯洛的需要层次图分类，应该属于自我实现的需要。需求的层次决定理想的高度。大学生思想政治教育的目的从实现全面发展的角度说，主要功能就是提升大学生的理想诉求层次，为理想诉求的实现提供精神援助和动力支持。当代大学生是一个承载家庭、学校、社会高期望值的群体。大学阶段是学生生理和心理走向成熟的重要阶段，也是世界观、价值观、人生观形成的关键阶段。由于各自家庭背景、学习经历、志向兴趣、人际关系、生活境遇因素的不同，使得他们对社会主义制度的信奉不同，对国家、社会、学校的感情不同，对自身的定位和要求不同，选择了不同的需求满足方式，难免会相应分化出不同层次的思想政治教育效果。有的学生上学期间，接受过国家或是社会的资助，便会对社会、对国家怀有感恩之心，与自己所接受的爱国主义思想结合，或许将来会将爱心回馈社会；有的学生本来就对社会转型期存在的不公现象颇有微词，当马克思主义理论遭遇现实质疑时，由于理论认识不深刻，难免会出现动摇和曲解。鉴于大学生怀有不同的理想诉求和心路历程，大学生思想政治教育工作也应该采取精细化的处理态度，一方面认识到不同效果存在的客观性及合理性；另一方面有针对性地、分层次地对于不同群类加以引导教育。

三、高职思想政治教育的创新特征

（一）高职思想政治教育创新具有一定的周期性

从一般的经验来看，创新是人们的一定能量积累到一定时刻的表现，而能量积累总是需要一定的时期和条件。同时，个体还存在着创造力衰竭的现象，这一经验在个体身上表现得比较充分，但有时在群体与组织方面也存在着同样的现象，"集体无意识"可以看作对这种经验的一种不太直接的描述。尽管个体之间的创新特征可能大相径庭，而群体或组织的创新与个体的创新更不能简单相类比，但我们不能忽视群体和组织也可能存在着创新的周期性问题。我们在此简明扼要地说明高职思想政治教育创新的周期性，确实有很大的难度。

至于说到这种周期性的表现，不能简单用时间的视域所能表征，并且精确到多少年一个周期的程度。如果从创新体系的三大方面的分类来看，创新特别是引进消化吸收再创新随时都在不断地出现。但如果从综合创新的角度来看，这种创新则可能表现出一定的周期性，这种周期性既受到社会意识形态创新大格局的制约，又受到从业人员的创新能力的制约，因为个体的创新能力不是一个常量，有人可能是先发，有人可能是后发。从代际交替和代际接续的状况看，这种综合创新可能表现为 20 年左右的周期。

（二）高职思想政治教育创新具有多样性和延展性

如上所分析，高职思想政治教育的创新是丰富多彩的，在不同时段有不同的创新内容与形式相统一的表现。这种创新的多样性可依不同的分类标准做不同的归类。除了本书开头所说明的层次、类型等分类外，还可根据创新主体分为个体创新和集体创新，根据创新的影响力分为本义性创新和延展性创新，等等。本文比较关注高职思想政治教育的延展性创新。这里所谓的延展性创新是指某种创新具有巨大联动效能，从而带动其他一系列创新活动的发生及进展，这种创新通常居于创新活动链的高端或创新活动系统的中心。至于这种延展性创新的表现，可以体现在理论创新、制度创新、体制创新、技术创新和管理创新等各方面。正如马克思当年在分析资本主义劳动过程和价值增值过程时，曾经认为"资本的伟大的历史方面就是创造这种剩余劳动"，资本"是发展社会生产力的重要的关系"。也可以说，资产阶级创造出资本运作方式，这种资本运作方式又衍生出许多新的东西，不仅有剩余劳动，有严格纪律、致富欲望、普遍的勤劳、节约劳动时间以及普遍财产等，而且创造出丰富复杂的社会关系。同样道理，高职思想政治教育也存在着延展性创新，其联动效应正在逐步显现，如20余年的思想政治教育学科建设除了自身能量的不断增生外，对思想政治教育的实务正产生越来越明显的推进作用，而实务工作的进展又反过来促进理论研究的深入。在工作理念方面，高职思想政治教育在坚持"三贴近"（即贴近实际、贴近生活、贴近群众）方面不断探索，注意将教育规范与充分满足学生的成才发展需要有机结合起来，并且产生了一些引进消化吸收再创新的理论和教育方式，如这些年来所提出的生活德育论、网络思想政治教育学等。

第三节　开展高职思想政治教育的意义

一、全球多元文化对高职思想教育提出新挑战

第一，全球化不仅仅是一种现实的社会运动，而且是在这一现实社会运动基础上产生的当今时代一种复杂的、世界性的思潮。有着不同利益的人、集团、政党、阶级和国家，往往会赋予它不同甚至截然相反的内涵。不仅有着不同利益需求的人们在思考着全球化对自身的影响，对全球化发展提出自己的要求，而且也有一些善于思考的人希望在人类最高利益上解决全球化的问题。因此，"全球伦理""全球文化""人类之爱"等口号或者论点陆续被提出来。这些口号或者论点的提出必然产生诸如人类之爱与爱国主义的冲突、传

统文化与全球文化的冲突等矛盾。大学生希望能够回答全球化时代的重大问题，这就要求他们必须采取"全球化思维方法"，他们必须是一个具有全球视野的人，一个在全球化潮流中能够把握正确方向的人，同时又是一个热爱祖国、能对中国社会主义现代化建设做出贡献的人。这一切无疑对新时期的爱国主义、集体主义和社会主义教育提出了挑战。

第二，我国成功地加入世贸组织，标志着全面参与世界经济活动、对外开放的进一步深入，使得思想政治教育处于一个更为开放的环境中。高职大学生作为社会的特殊群体，首先受到来自各个方面特别是意识形态的影响。当前的经济全球化导致的多元文化并存，也可以说是多元文化的冲突，从根本上说，仍然隐含不同社会制度的冲突。发达国家借助文化产品的输出推销西方政治、经济制度、价值观念、意识形态和生活方式，不同程度地影响了青年们的精神世界，在一定程度上削弱了他们对民族文化的认同。从整个世界来看，中国是世界上少数坚持走与西方国家迥然不同道路的社会主义国家之一，西方国家在冷战后就一直把中国当作推行和平演变政策的重点。一方面，他们对社会主义的歪曲、攻击或颠覆活动从来没有停止过；另一方面，他们利用经济全球化的环境，更方便地兜售西方的价值观、政治观和资产阶级的生活方式，凭借经济、科技和军事优势，对我国加紧实施"西化""分化"图谋。西方的这种强势地位和干预策略，使得很多青年不加分析地、盲目地推崇西方所谓的自由与民主，使得大学生的思想政治教育特别是理想信念教育面临严峻的考验。

第三，在经济全球化的背景下，高职呈现出市场化趋势，高职思想政治教育的内容必须扩展，服务职能要强化。中国加入世贸组织是经济全球化的必然要求，同时也使得教育作为一种产业与国际接轨，从世贸组织法律体系的《服务贸易总协定》中可以看到，教育不仅具有政治、文化和道德等功能，而且具有经济的功能。高职的市场化在于激活高职为社会服务的潜能，使产、学、研得到很好的统一。为此，应当站在经济全球化、竞争国际化、运作规范化的角度，培养高职学生的全球意识，增强其法律意识，强化其竞争意识。

二、我国社会转型对高职的思想政治教育造成冲击

随着我国社会主义市场经济体制的逐步完善，社会经济成分、组织形式、分配形式等都发生了深刻的变化，这些变化促进了社会的发展和历史的进步，但同时也不可避免地带来一些负面效应。一些领域道德失范，拜金主义、享乐主义和个人主义滋长；封建迷信活动和黄、赌、毒等丑恶现象沉渣泛起；假冒伪劣、欺诈活动成为社会公害；文化事业受到消极因素的严重冲击，危害青少年身心健康的东西屡禁不止；腐败现象在一些地方蔓延，党风、政风受到很大损害；一部分人国家观念淡薄，对社会主义前途产生困惑或动摇。各式各样的生活观念和精神文化的冲击，在一定程度上诱发了青年大学生拜金主义、利己主

义、享乐主义等不良思想倾向，使传统的伦理道德规范受到冲击。

首先，社会主义信念与共产主义的远大理想被淡化。个人主义、拜金主义和享乐主义使人只顾眼前，急功近利。这种价值取向的蔓延对人们树立远大理想产生了严重的消极作用。有人说："共产主义理想是远的，思想政治工作是空的，生产技术是硬的，黄金钞票是实的。"表现在当代大学生身上，就是缺乏对理想和信念的追求，只注重专业技能的学习。

其次，市场经济的自发性容易诱发个人主义。在物质利益的驱动下，个人的主动性、积极性和创造性得到了充分发挥，同时也容易使一些涉世较浅的大学生的人生价值观向个人本位偏移，进而导致完全个人主义。他们往往片面强调个人利益，忽视、贬低乃至无视社会整体利益和他人利益，把社会、集体、他人仅仅当作追逐一己私利的手段和工具，自私自利、损人利己。对集体活动不关心、不热心，对待同学冷漠，无视他人的存在。

最后，市场经济的求利原则容易诱发拜金主义。有些人错误地认为，市场经济实质上就是金钱经济，发展市场经济就是全民动员捞金钱。这些人在社会生活中以"有钱能使鬼推磨"为生活信条。大学生择业中就有这样的口号："到大城市去，到合资企业去，到外企去，到国外去，到挣钱最多的地方去。"却很少听到大学毕业生提出口号："到祖国最需要的地方去！"这将导致越落后的地方最需要人才，也就越得不到人才；相反，越发达的城市地区，人才趋之若鹜，出现人才大量浪费的现象。同时，这些不良思想也对思想政治工作者队伍的稳定造成了影响。如何教育并引导大学生树立正确的人生观、价值观，使之具有高度的政治敏锐性和政治鉴别力，自觉地抵制不良思想的侵袭，直接关系到祖国的未来和民族的希望，是新时期大学生思想政治工作的一项主要任务。

大学校园已经不再是象牙塔。随着信息流通手段和文化传播手段的日益先进，学校的围墙已堵不住社会浪潮的冲击。通俗文化、社会时尚、经商热潮无一例外地在校园文化的调色板上显示出来。这些情况对大学生了解社会、关心社会有很大好处，也容易使社会的消极因素和短期行为左右大学生的行为选择。总之，充分认识市场经济对道德的双重影响，更好地发挥其积极的一面，限制和缩小其消极的一面，是高职学生思想政治教育面临的新课题。

第二章　高职思想政治教育的基础

第一节　高职思想政治教育的地位与作用

一、思想政治教育的社会地位

（一）思想政治教育是马克思主义理论教育的基本途径

马克思主义是马克思、恩格斯所创立的关于自然、社会和思维发展的普遍规律的学说，是关于资本主义发展和转变为社会主义以及社会主义和共产主义发展普遍规律的学说。马克思主义是无产阶级争取自身解放和整个人类解放的科学理论，是关于无产阶级斗争的性质、目的和解放条件的学说，为实现无产阶级及其政党认识世界和改造世界提供了强大的思想武器。马克思主义为中国特色社会主义提供了理论指导。要充分发挥其指导作用，就必须对广大人民群众进行马克思主义理论教育，使人民群众深刻理解和完整把握马克思主义的科学世界观和方法论。而思想政治教育是马克思主义理论教育的主要渠道，是马克思主义理论实现其价值的必经途径。

实践表明，我国思想政治教育在这方面起到了不可替代的重要作用。在新民主主义革命时期和社会主义革命与建设时期，在改革开放的新时期，正是因为坚持对广大人民群众进行马克思主义理论教育，使马克思主义成为广大人民群众改造社会的强大武器，才促使中国社会发生了翻天覆地的变化，促使中国社会出现了巨大的发展进步。21世纪，要继续推进中国特色社会主义事业，使马克思主义理论的价值得到充分体现，就必须进一步加强对广大人民群众的马克思主义理论教育。

（二）思想政治教育是社会主义精神文明建设的基础工程

思想政治教育是社会主义精神文明建设的基础工程和中心环节。

第一，思想政治教育是社会主义精神文明建设的核心内容。社会主义精神文明建设包括思想道德建设和教育科学文化建设两个方面，两方面内容相互渗透、相互促进；思想道德建设是精神文明建设的核心内容，集中体现着精神文明建设的性质和方向。从这个意义上讲，没有思想道德建设，就没有社会主义精神文明建设。我国思想道德建设的首要任务是用马列主义、毛泽东思想和中国特色社会主义理论教育全体公民，不断提高公民的思想政治素质；思想道德建设的过程就是对人民群众进行思想政治教育的过程。

第二，思想政治教育是完成社会主义精神文明建设根本任务的基本途径。思想政治教育以培养人为己任，这一任务理所当然地成为思想政治教育的根本任务。坚持向广大人民群众进行思想政治教育，大力倡导社会主义核心价值体系，帮助人们树立以马克思主义为指导的正确的世界观、人生观、价值观和建设中国特色社会主义的共同理想，形成以爱国主义为核心的民族精神和以改革创新为核心的时代精神，确立社会主义荣辱观等，就能较好地培养"四有"新人。可见，只有大力加强思想政治教育，才能为完成精神文明建设的根本任务创造条件，才能顺利完成这一历史任务。

第三，思想政治教育是保证教育科学文化建设的社会主义性质和方向的根本措施。但是，教育科学文化建设自身并不能决定自己的性质和方向，只有通过教育科学文化部门的党组织开展强有力的思想政治教育，才能保证党的路线、方针、政策的贯彻执行，从而实现党的思想政治领导，使教育科学文化建设保持社会主义性质和方向，更好地为社会主义现代化服务。例如，教育部门要通过加强思想政治教育，保证党的教育方针的贯彻执行，保证教育工作沿着社会主义方向前进；科学研究部门要通过加强思想政治教育，使科学研究为现代化建设服务；文艺部门要通过加强思想政治教育，保证文艺为人民服务、为社会主义事业服务的方向；新闻出版部门要通过加强思想政治教育，生产更多、更健康的精神产品，引导人们积极向上，达到较高的精神境界。可见，加强思想政治教育是坚持教育科学文化建设的社会主义性质和方向的根本保证。事实上，由于教育科学文化建设的核心问题是培养适应社会主义现代化建设要求的"四有"新人，文化建设的方方面面最终都必须围绕着人来展开。教育有一个培养什么人的问题，科学和文学艺术有一个为什么人服务的问题，新闻出版、广播电视网络等有一个如何引导人的问题。而培养"四有"新人是思想政治教育的根本任务，因此，我国教育科学文化建设内在地包含着思想政治教育，离不开思想政治教育的作用。教育科学文化建设既是我国思想政治教育的重要载体，也要靠思想政治教育保障其发展方向。

（三）思想政治教育是完成建设中国特色社会主义各项任务的中心环节

中国特色社会主义事业包括政治、经济、文化、教育、科技等多方面内容，思想政治教育是其中一个不可缺少的重要部分，是推动中国特色社会主义建设的重要力量。从某种意义上讲，思想政治教育与中国特色社会主义事业的其他方面处于同等重要的地位，因为所有这些方面都是中国特色社会主义建设所需要的，都从特定方面推动着中国特色社会主义建设的发展。思想政治教育特殊的功能性地位表现为，它是通过直接作用于人的思想道德素质，通过提高人的积极性、主动性、创造性，使人们更好地参与社会各方面的活动而作用于中国特色社会主义建设的。这一功能地位是思想政治教育所特有的，是中国特色社会主义事业的其他方面所不可取代的。正是在这个意义上，我们说思想政治教育是完成中国特色社会主义各项任务的中心环节，因为任何一项工作都需要人去做，要做好工作，就需要提高人们的思想道德素质，提高人们认识世界和改造世界的能力，提高人们的工作积极性，否则各项工作不仅难以做好，而且还有可能出现干扰中国特色社会主义建设的问题，思想政治教育必须与经济业务工作紧密结合起来，在做业务工作时，要加强思想政治教育，注意思想领先，充分发挥先进思想和革命精神在一定物质基础上的巨大能动作用；在开展思想政治教育时，要将思想政治教育渗透到业务工作中，结合业务工作一道去做。思想政治教育不能脱离经济、技术等业务工作而孤立地进行，否则就易陷入空头政治的境地；经济、技术等业务工作更不能脱离思想政治教育，否则就会迷失方向。由此可见，只有做好思想政治教育工作，才能保证经济、技术工作沿着中国特色社会主义方向前进，才能真正调动广大干部、群众的积极性、主动性和创造性，从而圆满完成中国特色社会主义事业的各项任务。

二、思想政治教育的作用

（一）导航作用

思想政治教育的导航功能是由思想政治教育的目的性、方向性决定的。因为思想政治教育总是一定阶级、集团为了实现自己的经济利益和政治统治而对人们施加意识形态方面影响的社会活动，这就决定了思想政治教育总是带有方向性和目的性的。因此，导航的功能便成了思想政治教育的基本功能。它的导航功能主要表现如下：

1. 对经济的导航

人类的社会生活有经济、政治、思想文化三大领域，经济领域是人类生存和发展的最基本领域。社会的物质资料生产、分配、交换、消费等经济活动，社会的国民经济各部门，工业经济、农业经济以及人们的经济生活等都是没有方向性的。它们究竟沿着社会主义方向发展，还是沿着资本主义方向发展，其自身都是无法得到解决的。

在历史唯物主义看来，经济决定政治、决定思想政治教育，政治是经济的集中反映，经济是第一性的，政治、思想政治教育是第二性的。谁不承认这点，谁就不是唯物论者。但是，政治、思想政治教育一经产生和形成，又能动地反作用于经济，为经济服务，并确保经济关系、经济活动沿着实现本阶级经济利益的方向前进，从而对经济起着导航的作用。

不同的思想政治教育对经济起着不同的导航作用：先进阶级、集团的思想政治教育能够引导经济向前发展，促进社会的进步；落后腐朽的阶级、集团的思想政治教育，阻碍经济的向前发展，即能引导经济倒退，使社会经济衰败乃至全面崩溃。就阶级性来看，各个阶级都力图通过思想政治教育把经济引导到对自己有利的航向上，以达到为本阶级的利益服务。如，资产阶级的思想政治教育，就是为了使经济始终沿着资本主义的轨道，以巩固生产资料的资本家私人占有。而社会主义的思想政治教育，就是要使经济沿着社会主义方向发展。如果社会主义的思想政治教育蜕变为资产阶级的思想政治教育，那么，在思想政治教育的反作用下，就会使社会主义的经济航向转变成资本主义经济的航向，即出现资本主义经济的复辟。因此，思想政治教育在导航上起着极为重要的作用。

2. 对理想信念的导航

每个人都憧憬和追求自己的理想。理想是指人们对未来目标的追求和向往，是人们为之奋斗的目标。每个人也都有自己的信念。信念是指人们在一定认识基础上而确立的对某种理论、主张、见解、观点、理想等的坚信无疑，并努力身体力行为之奋斗的精神状态。

崇高的理想和卑劣的理想，科学的信念和非科学的信念是怎样形成的？它是不同思想政治教育的结果。正确的思想政治教育，能够帮助人们树立崇高的理想，确立科学的信念；错误的思想政治教育，能使人形成卑劣的理想，使人接受非科学的信念。

3. 对行为的导航

行为是指受人们思想支配而表现在外的活动，即人们的行动、动作和作为。人的行为是极其复杂的，有经济行为、政治行为、法律行为、道德行为、宗教行为、精神文化行为，还有生理行为、操作行为等。

在人的复杂行为中，有正确的行为，也有不正确的行为，还有无所谓正确和不正确的生理等行为。人的行为是受思想支配的，思想是行为的先导，行为是思想的反映。而人的思想又是各式各样的，有正确思想，也有错误的思想，不同的思想会产生不同的行为。

人的思想不是天生的，而是思想政治教育的结果。不同的思想政治教育会形成不同的思想，不同的思想又导致不同的行为。因此，思想政治教育对人们的行为最终起着导航的作用。

由于人类实践经验的积淀，形成了人们的行为规范，诸如，政治、经济、道德、法律等行为规范。人们的行为规范又是千差万别的，有先进的，正确的，也有落后的，错误的。

不同的行为规范会导致人们不同的行为。

人们的行为规范是在实践中总结出来的，通过思想政治教育把它们传播、灌输给人们，使人们内化为自己必须遵循的思想信念，并逐渐转化为他们的行为。然而，不同的思想政治教育使人们按照不同行为规范方向活动。如若用先进的、正确的行为规范教育，能使人们的行为沿着正确方向前进；相反，则会使人们行为沿着错误方向行进。因此，思想政治教育对人们按照何种行为规范行进就起着导航的作用。以上对思想政治教育的导航功能作了一些探讨，其实它的导航功能远不止这些，随着实践的发展，其导航功能也会随之得到丰富和发展。

4. 对思想道德和科学文化教育的导航

科学文化教育和思想道德是人类文明的结晶，是人类社会发展的精神生产，是人类社会长期发展的积淀。它们的性质归根结底是由社会的物质生产方式决定的，是由社会经济基础直接决定的。同时，各个阶级都有自己的思想道德和科学文化教育。但是，科学文化教育和思想道德本身是没有方向性的，它具有怎样的性质？属于哪个阶级？沿着哪个方向发展？它们同社会的经济基础直接相关，也同思想政治教育密切相关，即用哪个阶级思想政治进行教育，关系到思想道德和科学文化教育的阶级性质和发展的方向。事实上，任何阶级的思想道德和科学文化教育都是在一定的思想政治指导下进行的，而这些建设中又渗透着思想政治教育，思想政治教育成了这些建设的灵魂。也就是说，思想政治教育对思想道德和科学文化的发展起着导航的作用。如果用资产阶级的思想政治去进行教育，那么，思想道德就会沿着资本主义方向航行，科学文化教育就会成为资产阶级服务的工具，这时思想道德和科学文化教育就具有资产阶级的性质。如果以马列主义、毛泽东思想为指导，即用无产阶级的思想政治去进行教育，就会使思想道德沿着社会主义方向发展，使科学文化教育为无产阶级服务，这时的思想道德和科学文化教育就具有无产阶级的性质。因此，无产阶级的思想政治教育能确保思想道德和科学文化教育沿着社会主义、共产主义的航向前进。

（二）育人作用

思想政治教育是以人为对象的，是以塑造和培养人的思想政治品德为任务的。因此，育人功能是思想政治教育的基本功能。

人的思想政治品德的形成不是天生的，而是后天培养教育的结果。英国的哲学家洛克说："我们的心灵是一张白纸，上面没有任何记号，没有任何观念，一切观念和记号都来自后天的经验。"我们的全部知识是建立在经验上面的；知识归根到底都是源于经验。洛克的看法是唯物主义的。婴儿落地，从母体中诞生出一个新的生命，他们的头脑中一片空白，随着新生命体的发育，家长们教孩子说话、走路，到三四岁时，孩子开始有了自我意识，家长、幼儿园教师通过讲故事、教歌谣等方式向孩子灌输做好人，不做坏人的思想。此后，社会、家长、学校老师不断对青少年进行思想政治品德等方面的教育。这就是说，通过思想政治品德的教育来培养和塑造青少年一代。在以后的成长中，人一刻也离不开思想政治教育，通过思想政治教育来培养一代代的人们。

（三）调节作用

高职思想政治教育的调节作用，是指通过民主、说服、调解、沟通、咨询、评价等多种方式，对大学生心理、情绪、人际关系和利益等方面进行调节，从而达到提高大学生的思想觉悟、建立新型的人际关系的目的，以促进和谐校园、和谐社会的建设。

事物总是在不断运动、变化和发展的，大学生的思想也是如此。大学生思想的变化有两种可能性：一是向正确的、积极的、进步的方面变化；二是向错误的、消极的、落后的方面变化。这就要求高职思想政治教育者必须及时了解大学生思想的变化并及时加以调节：推进第一种变化，抑制第二种变化，并尽可能使第二种变化减低到最低程度。

第二节　高职思想政治教育的目的

一、思想政治教育目的的依据

（一）社会的发展水平与客观要求

思想政治教育作为一种社会实践活动，要为社会的发展和进步服务，其目的就必须反映社会发展的客观要求，必然受到一定社会历史条件的制约，也就是要受到生产力与科技发展以及社会经济政治制度的制约。

社会生产和科学技术发展是确定思想政治教育目的的基础。马克思主义认为，社会发展最终是由生产力推动的。生产力的发展不仅为教育对象的体力、智力以及思想道德素质的发展创造了条件，而且也对教育对象各方面的发展提出了更高要求。从这个意义上讲，思想政治教育目的最终为生产力发展水平所制约；随着生产力水平的提高和科学技术的迅猛发展，这种制约作用越来越大，相应地，思想政治教育目的的水平也将越来越高。人类历史发展进程表明，生产力和科学技术的发展水平不同，社会对受教育者的思想品德的要求就不同。今天，知识经济和信息化已经成为社会的重要特征，社会生产、管理越来越科学化、知识化、信息化和智能化，文化趋向多元化，这不仅对社会成员的文化与科技素质提出了新的要求，而且对其思想道德素质也提出了更高的要求，思想政治教育因此必须加大对教育对象道德价值评判与选择能力的培养，这应成为新时期思想政治教育目的的重要内容。

由于中国共产党的奋斗目标反映了我国社会发展的客观要求，因而依据社会发展的水平和要求确定思想政治教育目的，在我国就具体表现为要依据党的奋斗目标来确定，思想政治教育目的应同党的奋斗目标保持一致。党的最终目标是要实现共产主义的社会制度，这一目标决定思想政治教育的根本目的就是要用共产主义思想教育、动员和激励受教育者为实现共产主义而努力奋斗；在奋斗的过程中，不断提高自己的思想道德素质，使自身得到全面发展，成为社会主义新人。当然，实现共产主义的社会制度，要经过长期艰苦的奋斗历程和许多阶段，党在每个阶段的奋斗目标既有联系又有区别。思想政治教育要以共产主义思想为指导，根据不同阶段党的奋斗目标来确定不同时期思想政治教育的目的。同时，党在一定阶段的奋斗目标要分解到各领域、各部门，党在各领域、各部门的具体目标也各有不同。各领域思想政治教育的目的就必须与党在该领域的奋斗目标保持一致，以便使各领域的思想政治教育目的落到实处。当前，思想政治教育要围绕实现社会主义现代化这一党在现阶段的奋斗目标确定思想政治教育目的。思想政治教育领导部门和教育者一定要准确把握党的基本路线，明确党在新时期的奋斗目标及实现这一目标的战略部署，正确地规定思想政治教育的目的，以组织和动员全体人民为实现社会主义现代化而奋斗。

（二）受教育者精神世界发展的需要及思想实际

作为塑造人的社会实践活动，思想政治教育不是一种单向度地向受教育者施加影响的活动，而是教育者与受教育者双向互动的过程。作为对教育对象思想品德的要求，思想政治教育目的必须充分考虑到受教育者精神世界发展的需要及其思想品德实际。

思想政治教育要达到提升人的精神品质和促进人的全面发展的目的，必须尊重和了解受教育者的需要，否则就会使受教育者失去接受教育和自我教育的动因。因为需要是人生命活动的内在根据和社会发展的原动力，思想政治教育只有遵循人的需要发展的规律，才能获得根本的动力支持。在社会主义社会中，受教育者在成长的过程中，会有多种多样的精神需要，如学习的需要、较高的道德修养的需要、政治进步的需要、和谐的人际关系的需要、尊重与荣誉的需要、自我成就的需要、才能发挥的需要等。只有满足受教育者的这些需要，思想政治教育才会产生好的效果。因此，确定思想政治教育目的，必须考虑教育对象多角度多层次的精神需要。唯有如此，才能真正引导教育对象的内在精神需求得到积极的正向的发展，思想政治教育目的也才能为教育对象所真正接受，内化为他们的个人目标，成为其行动指南。

在确定思想政治教育目的时，还必须考虑教育对象思想品德的实际状况。在现实的思想政治教育活动中，教育对象是分为不同类型不同层次的；不同类型不同层次教育对象的思想状况又是有差别的。这就要求我们在确定思想政治教育目的特别是具体目的时，要充分考虑教育目的与教育对象思想状况之间的紧密联系，考虑教育对象的接受可能性，以恰当地确定思想政治教育目的。如果忽视受教育者的思想实际，就有可能把具体目的定得过低或过高，从而影响思想政治教育的成效。教育对象的层次性，决定了思想政治教育目的的层次性。在统领全局的思想政治教育根本目的的指导下，思想政治教育的具体目的应该也必须是多层次的。思想政治教育者必须根据具体教育对象思想品德的实际来确定各行业、各部门、各单位思想政治教育的具体目的。

上述两方面依据相互联系、相互制约，从不同侧面对思想政治教育目的提出了要求。在确定思想政治教育目的时，不能将其分割开来，而应将其视为一个整体，力求使教育目的同时满足上述两个方面的要求。

第三节　高职思想政治教育的任务

一、思想政治教育的任务确立依据

第一，培育"四有"新人是社会发展进步的客观要求。总体来看，人类社会总是不断发展进步，走向高度文明的。社会的高度文明，包括物质文明、政治文明和精神文明，在客观上都要求社会成员的思想道德素质和科学文化素质达到较高的水平，要求社会成员获得全面发展。在社会主义社会，培育"四有"新人不仅是必要的，而且也是可能的。思想政治教育致力于培养"四有"新人，既是社会主义文明建设的需要，又为社会发展到更高文明创造了条件，能够满足社会不断发展进步的要求。

第二，培育"四有"新人是社会主义精神文明建设的内在要求。在建设社会主义物质文明和政治文明的同时，建设以马克思主义为指导的社会主义精神文明，是社会主义社会的重要特征。《中共中央关于社会主义精神文明建设指导方针的决议》指出："社会主义精神文明建设的根本任务，是适应社会主义现代化建设的需要，培育有理想、有道德、有文化、有纪律的社会主义公民，提高整个中华民族的思想道德素质和科学文化素质。"思想政治教育是社会主义精神文明建设的中心环节和基本形式，其根本任务、工作中心的确定必须与精神文明建设的根本任务相一致。思想政治教育要促进社会主义精神文明建设，充分发挥其在精神文明建设中的作用，首先就要致力于培育"四有"新人，因为一代社会主义新人乃是建设高度的社会主义精神文明的重要条件，也是精神文明建设的落脚点。同时，思想政治教育本身就是培养人的事业，理应把全面提高人的素质放到首要地位。可见，将培育"四有"新人作为思想政治教育的根本任务，既是建设高度的社会主义精神文明的需要，也体现了思想政治教育的本质，抓住了思想政治教育的中心。

第三，培育"四有"新人是发展市场经济，建设和谐社会，实现社会主义现代化的内在要求和根本条件。大力推进市场经济，建设社会主义和谐社会，加快现代化建设步伐，需要包括经济、政治、科技、资源、政策、法规等多方面的条件，而其中最重要的条件是要有一代新人。因为人是社会活动的主体，是发展市场经济、建设社会主义和谐社会的主体。在社会主义现代化进程中，人是一个基本的因素。只有全面提高社会成员的思想道德素质和科学文化素质，使人这一现代化建设的主体充满积极性、主动性、创造性，经济、政治等方面的条件才能得到充分利用，才能顺利完成从计划经济体制向社会主义市场经济体制的转轨，才能实现又好又快且可持续的经济发展，从而全面推进社会主义现代化。可见，人的因素在市场经济建设和整个社会现代化中处于举足轻重的地位。实践表明，没有人的素质的全面提高，没有一代"四有"新人，市场经济的发展和各方面的现代化都会受到严重制约。只有培养出一代具有较高思想道德素质和科学文化素质的社会主义新人，才能顺利推进社会主义市场经济，满足社会主义现代化建设的需要。

二、思想政治教育任务包含的内容

（一）道德品质教育是基础

开展道德教育，要按照我国颁布的《公民道德建设实施纲要》的指导思想、方针原则、主要内容进行，坚持以为人民服务为核心，以集体主义为原则，以爱祖国、爱人民、爱科学、爱劳动、爱社会主义为基本要求，以社会公德、职业道德、家庭美德为着力点，使道德教育既坚持社会主义的主导方向，又具有多样性。

（二）理想信念教育是核心

坚定社会主义理想信念，是思想建设的核心内容，是思想政治教育的根本任务。中国共产党人在革命战争年代已解决的"理想信念问题"，在中国革命胜利后，在改革开放、全面建设小康社会的今天，遇到了新的情况，面临着新的考验。

随着改革开放的深化，市场经济体制的建立，各种经济成分、利益主体和社会生活方式日趋多样化，给人们包括党员的思想观念、行为方式带来了影响。面对许多前所未有的新矛盾、新问题，一些人包括一些党员感到迷惘困惑。其表现是面对一些复杂的社会现象不知所解，面对多变的社会状况不知所向，面对多样的社会因素不知所选，其实质是缺乏明确而坚定的理想信念与价值标准。

（三）爱国主义教育是重点

爱国主义是中华民族的光荣传统，是蕴含最为深厚的历史情感，是全国各族人民共同的精神支柱，鼓舞和激励着全国各族人民万众一心，团结奋斗。

爱国精神的培养是一个能动的过程，是受主体社会生活实践经验和认识能力的发展水平所制约的，有一个不断自我概括、内化和拓展的过程。爱国主义教育的任务，就是要以爱国心理为基础，对青少年进行系统的中国历史，特别是中国近现代史教育，帮助青少年从历史逻辑的高度，认识和把握中华民族发展的规律与趋势。同时，要站在面向世界的高度，对青少年进行中国化马克思主义理论教育，引导青少年认识中华民族的历史命运与中国化马克思主义理论的本质关联，从理论上升华朴素的爱国情感。只有这样，才能把感性的、分散的、不稳定的爱国心理，上升到理性的、集中的、坚定的爱国信念。

因此，爱国主义是我国社会的精神主题，爱国主义教育是思想政治教育的重点。

（四）科学思维方式是补充

我们处在一个变革的时代，社会生活的方方面面都在发生激烈的变化。适应和推动这种变化，帮助人们转变观念、冲破旧的思维模式的束缚，培养和建立新的、现代化的科学思维方式，也是思想政治教育的重要任务。

第四节　高职思想政治教育的对象

一、思想政治教育对象的含义

所谓对象，是指观察、行动或思考时作为目标的客体。思想政治教育的对象，是指在教育活动中，教育者认识、教育、改造的对象。它有广义与狭义的区分。广义的教育对象包括教育者与受教育者，作为教育者之所以成为教育的对象，是因为教育者必须先受教育，他在教育、改造别人的同时，还要接受别人的教育、改造以及进行自我教育和自我改造。狭义的教育对象就是指受教育者，即在思想政治教育实践活动中，在思想政治教育者的指导下接受、实践相应思想政治教育内容的人，是思想政治教育者有意识地对其施加影响，以期使其形成相应思想政治品德的对象。受教育者有集体和个人对象之分。集体的教育对象是相对个人教育对象而言的，它是由许多人结合起来的有组织的整体。比如，工厂中的车间、学校中的班级、军队中的连队等。这些都是属于集体教育对象的范畴。

思想政治教育学所说的教育对象，是从广义的视角去进行研究的，即指一切人。但在具体的思想政治教育实践中，实践的主体是教育者，教育对象只能是受教育者，也就是说，要重点把受教育者的思想政治品德作为我们认识、改造的对象。

二、高职思想政治教育的主要对象是青年大学生

高职思想政治教育的对象主要是大学生，能否对大学生有一个比较全面的认识，无疑是做好高职思想政治教育的前提和基础。

思想政治教育必须"承认每个人在成长过程中所表现出来的才能和品德的差异，并且按照这种差异给予区别对待"，努力做到因材施教。在高职思想政治教育中，首先要对这一特定的教育对象有一个正确的认识，如果对教育对象缺乏科学的认识，就难以把握好教育对象产生思想问题的原因和动机，也就难以做好高职思想政治教育。首先，大学生是具有自然属性和社会属性的人，有各种需要。人的需要主要来自自然属性，即生理、心理的需要；但有些需要却来自社会属性，即社会的尊重和事业的成就。一般而言，人的需要大致可分为五个不同层次，即生理的需要、安全的需要、社交的需要、尊重的需要和自我实现的需要。前两种需要主要来自生理的需要，是属于低层次的需要，后三种需要来自社会性的需要，是属于高层次的需要。人要尊重这一高层次的需要，相应地，高职思想政治教育就应该充分尊重大学生的权利，平等相待。教育者不能以"教育者"而自居，必须开诚布公，充分尊重受教育者的人格。如果教育者居高临下，自视为高人一等，不能把受教育者看成是与自己完全平等的一员，而是以权力压人，以大道理训人，以尖刻的语言伤人，其结果不但不能收到入耳、入脑、入心，解决思想问题之实效，而且还会增加对立情绪，使矛盾激化。要把尊重人、理解人、关心人、帮助人，作为高职思想政治教育必须遵循的一个基本指导原则。只有平等地对待学生，理解每个学生的具体处境和个性。承认他们的不同性格、爱好和兴趣，以诚相待，以理服人，以情感人，高职思想政治教育才能真正收到实效。其次，大学生是一群独特的人。要尊重他们，正确引导而不是压制。最后，大学生是一群亟待发展的人。每个大学生都是可造就的，高职思想政治教育应充分认识大学生身上的潜能和不足，更要帮助他们解决成长道路上所遇到的实际问题，促进其进步和发展。最后，大学生是高职思想政治教育的主体，教育者应树立学生是教育主体的观点，相信学生内在的主体能力，改变教育教学方法；要认真把握大学生主体能力的表现形式，为学生构建广阔的活动空间；要努力完善学生的主体结构，进一步探索学生主体活动的规律。

总之，高职思想政治教育必须树立科学的理念，即尊重学生、理解学生、关心学生、帮助学生的科学教育理念，高职思想政治教育的一切都是为了学生，为了教育学生、为了服务学生、为了学生的健康成长，这里所说的学生，是一切学生。

第五节　高职思想政治教育的主体

一、思想政治教育主体的含义

要界定思想政治教育主体的含义，必然要先揭示主体的内涵。从人的对象活动中去考察人与对象世界的关系，就出现了主体与客体这两个哲学范畴。何谓主体，不同哲学派别的哲学家对其做出了不同的理解。马克思主义认为，主体是生活在一定的社会关系中，从事社会实践活动的、能动的、现实的人。概括地说，主体是指有目的、有意识地从事实践活动和认识活动的人。

主体是人，但主体和人不是等同的。不是任何人都是主体，只有具备了一定实践技能、经验和科学文化知识并实际地从事实践和认识活动的人才是真正的主体。主体作为一种存在物，他与客体的不同是在于其具有自主性、主观性、自为性、社会性等特征。正是因为这些特征才规定了主体之所以为主体的本质。主体是一个实体范畴，是一种物质性的存在物，是自然与社会、物质与精神、感性与理性、受动与能动的统一体。

二、实施主体性教育

第一，主体性教育是培养和发展受教育者主体性的教育形式。提倡主体性教育，就是要让学生在社会所要求的思想观念、道德意识、行为规范等方面，由被动接受教育的客体成为主动接受、积极吸收和认真实践的主体，把学校的要求转化为他们内在的需要，使他们成为学习和发展的自觉主人。

第二，高职思想政治教育把实施主体性教育作为改革的重要目标是适应时代发展，切实增强高职思想政治教育的实效性，实现高等教育培养"合格的社会主义建设者和接班人"这一根本任务的迫切需要。

①主体性教育是提高高职思想政治教育实效性的关键。②主体性教育是加强素质教育和创新精神培养的迫切需要。③主体性教育是促进学生个性充分发挥和实现自身价值的需要。

第三，实施主体性教育，高职思想政治教育就要调整教育目标进行教育内容、方法、手段等方面的改进，使学生的主体性得到充分发挥。

第三章　高职思想政治教育有效教学的影响因素

第一节　经济全球化对高职有效教学的影响

一、经济全球化的内涵和特点

（一）经济全球化的内涵

经济全球化是指世界各国、各地区经济，包括生产、流通和消费等领域，通过对外贸易、资本流动、技术转移、提供服务等相互联系、相互依赖、相互渗透而形成的全球范围的有机经济整体。它体现了贸易、投资、金融、生产等活动的全球化，即生存要素在全球范围内的自由流动和优化配置。

经济全球化是世界经济体系发展的客观事实，是一个动态发展的历史进程并有其固有的内在属性和在不同时期表现出的不同的外在形式。由于世界自然资源和环境资源分布的不平衡性，对于地球上有限的资源带来的经济利益的最大化的追求，是造成了资本家对推动经济全球化迅速发展的主要动力。而有限的资源和资本家追求利益最大化的矛盾，必然导致了世界各国经济发展的不平衡，由此带来了全球性的问题。

（二）经济全球化的特点

1.经济全球化是一个历史过程，是现代经济发展的一种趋势

经济全球化的发展是一个历史发展的过程，是全人类在社会生活中发展的历史发展趋

势。随着人类经济发展的需要，一国的资源、技术等已远远满足不了一国的发展需要，寻求合作已是社会发展的必然趋势。世界各国人民经济交往的密切，就是建立在这种全球一体化生产经营方式的基础上；全球化经济客观上要求有一个全球市场规则，这就是在商品和服务的价格、质量和效率方面的统一标准，这个规则不但要为国际贸易生产的产品服务，而且还支配着国内消费品、中间产品和半成品的生产和技术以及各种生产要素的供给。由于产品之间贸易向产品内部贸易转换，导致全球性竞争加剧。经济全球化不是现代经济发展的目标，而是当前社会发展的一种趋势。

2. 经济全球化实际上是信息化基础上的市场经济全球化

科技知识空前快速地生产、传播和转化，对世界经济、各国经济增长方式以及国际经济竞争等都产生了深刻的巨大影响。一方面科学技术对传统产业高度渗透和改造；另一方面以知识为基础的新兴产业兴起，各国经济信息化加速发展，对世界经济和整个人类社会的影响将会逐步表现出来。新技术、新科技把国家与国家之间，人与人之间的距离拉得越来越近，人们可以同时间内分享到世界各地的信息。互联网把人们的生活"一网打尽"，数字化改变了人们的工作和学习交流的方式，新的生活和生存方式必将影响高职师生们的思维方式和价值观。

3. 经济全球化是全球利益结构重新调整的过程

经济全球化是生产要素配置的全球化。生产要素的国际组合从经济过程的起点上把各国独立的生产过程改变为世界性的生产过程；跨国公司的国际投资是生产要素国际流动的渠道，跨国公司是生产要素跨国流动的载体。经济全球化的过程是在全球范围内形成统一、规范市场的过程。当前世界的跨国公司大多数为发达国家所掌握，发达的资本主义国家凭借着其在经济、政治、军事等方面的优势，以经济全球化为契机，在全球利益上进行重新调整。而这一调整的过程中，人才资源在全球范围内的配置，无疑是最重要的调整，这一调整必定引发的是波及全球的人才争夺战。我们必须看到，经济全球化对我们做好大学生人才工作既带来了宝贵的机遇，也提出了严峻的挑战。

二、经济全球化对高职思想政治教育有效教学的影响

（一）经济全球化高职思想政治教育有效教学的积极影响

在经济全球化的大背景下，世界经济新一轮的发展和竞争，对人才、科技的依赖程度日益增强，而国际高等教育所提供的直接服务于行业发展的高技能人才明显增加。自21世纪以来，世界各国的高等教育都在进行着改革和创新，这就给大学生思想政治教育的有效教学带来了机遇。

1. 经济全球化为高职思想政治教育有效教学提供了新的时代平台

因为经济全球化是影响当今国际形势发展变化最深刻的动因与背景，经济全球化推动全球经济进入新的增长周期，推动全球经济格局出现新的变化，推动国际能源格局发生新的变动，推动全球经济秩序开始新的调整。并且，在经济全球化的推动下，世界各国的交流越来越密切，我们有着更多的机会去了解、比较和借鉴西方各国的先进的经验。多元化意识形态对立与并存相互交融，为大学生吸收全球化时代的合理成分，为其思想发展提供了更好的素材。市场经济的发展和完善与全球化趋势同步进行，传统与现代的差距，中西差异要求学生用新的思维方式指导其实践和认知。经济全球化，使得对个体的尊重成为一种必需的交往原则。它不仅需要发挥个体的积极性、主动性和创造性，而且在客观上也创造了有利的条件去发展人们的个性，促进个体的自我形成和实现，促进人们开放进取意识的生成。经济全球化下，市场经济进一步完善，其自主经营原则进一步激发人们主体意识的生成，这也就要求教师在课堂中要摆脱传统思维方式的禁锢，寻求加强和改进主流意识形态构建的新起点，对学生思维发展的新特点，借鉴利用各国的意识形态教育的现成做法，增强思想政治课教学的有效性。

经济全球化给思想政治教育既提供了学习的平台，也提供了检验的机会。一方面，国外有许多先进的科学技术知识和先进文明成果，如世界的许多学者都提出了在经济全球化面前的应对措施，这些研究为我们理解世界、认识世界提供了很好的工具。他们提出的解决问题、分析问题的方法值得我们借鉴和利用。另一方面，积极参与经济全球化也是对我们的思想政治教育工作的考验，有利于我们改进思想政治教育的方法，不断提高思想政治教育的实效性。

2. 经济全球化促进大学生解放思想提高创造力

经济全球化所伴随的多元化的思想观念语境下，个人的生存质量取决于其思维创造。因此每个大学生为了自己的前途，必然会充分体现个性，实现人生价值，从而会加强对主体价值的追问。

在应对全球化的发展中，教育者可以通过一定的方式拓宽学生视野，使大学生对中西政治经济的优越进行对比，进一步深入理解社会主义的本质，打破学生禁锢的思维模式，逐渐克服狭隘的民族主义，树立向全球服务，向全球开放的观点；我们培养的大学生要具有国际交往能力，能与外国人和谐相处，尊重外国的风俗和宗教信仰，并且能维护中国的民族尊严和法律权威。此外，教师在灌输社会主义理论和方针政策的前提下，使学生对社会主义核心价值体系有创新性理解和全面理解。与此同时，通过理论灌输、榜样引导、文化熏染、社团活动、社会实践等途径，尽量满足学生参与活动、参与管理的欲望，为学生提供各种机会，培养其自我实现感和成就感。使学生思想境界在合力的作用下逐步得到升华，逐步完成由他律到自律的转变，这无疑对实现有效教学是最大的辅助和支撑。

3. 经济全球化促进高职思想政治课教学元素的有效配置

（1）教育内容进一步更新

我国高职传统的思想政治课教学的内容倾向于社会意识的范畴，主要包括政治理论教育，思想道德教育，党的路线、方针、政策教育和民主法制教育。经济全球化随之而来的是不同思想文化相互影响和相互碰撞。我们既然要参与全球化进程，就必须具有经济全球化、知识经济和可持续发展方面的知识，对于这些知识的学习能够让我们更加从容地面对全球化。全球化还要求我们必须对某些问题做出全新的解释，如，如何处理人与人或人与国家的关系，如何理解爱国主义，如何树立民族意识，如何树立国家意识等。这些内容恰恰是思想政治教育应该关注的热点和重点问题。大学生充满了对知识和信息的渴求，并且能便捷地获得大量的知识和信息。他们不再满足于传统思想政治教育的理论教条，对知识的新颖性和信息量提出了更高的要求。但与此同时，面对所获得的海量的知识和信息又感到茫然，凭借他们自身的理论水平和分析能力无法对获得的知识和信息进行有效的梳理和整合。这就要求高职思想政治课教学在内容上要更新和加大信息量，注重教育内容的理论性与社会性、民族性与世界性的有机结合。

（2）教学方式方法发生转变

经济全球化时代的大学生生活在一个信息开放的环境中，而且大学生受到的影响是全方位、多渠道的。面对新的情况，传统的单一"说教式"的灌输模式显然已经变得不合时宜。作为高职思想政治课教师为了适应这种变迁，势必会改变过去一元化的教学手段，充分利用科技发展的各项成果，让思想政治课教学摆脱传统的枯燥形式，以更加鲜活的姿态出现在学生面前。教师利用互联网等新媒介，运用渗透、暗示的方法，在潜移默化中使教育对象受到有效的教育。

（3）教师观念更新，素质提高

经济全球化给思想政治教育带来了观念的创新，在全球化观念下更有利于我们转变观念，解放思想。随着改革开放的深入和社会主义市场经济逐步完善，一方面，我们的经济不断发展，生活水平不断提高，综合国力不断提高；另一方面，我们的思想也在不断解放，观念也在不断更新，不断破除旧的与市场经济发展不相适应的思想观念和价值观念。教师也要适应全球化，全面更新自己的教学观念。在经济全球化的"信息爆炸"时代，学生通过网络随时都可以查到各种信息。要想实现大学生思想政治课教学的实效，就要求教师加强对经济全球化特点和规律的研究，不断提高个人的理论素质和教学技能，以适应形势发展的需要。时代在前进，知识在更新，全球化下的高职思想政治教育工作者不仅要具备扎实的马克思主义理论功底，而且还要有广博的知识。只有在广博知识的基础上形成多棱角的知识结构，使自己的知识水平和思想境界始终处在时代的前沿，才能形成创新观念，确定创新思路，也才能真正引导学生从而实现有效教学目标。

第二节　文化多元化对高职有效教学的影响

一、文化的含义及特点

（一）文化的含义

一般认为，"文化"作为一个专门概念，可以有狭义和广义两种理解。狭义的文化，排除人类社会历史生活中关于物质创造活动及其结果的部分，专注于精神创造活动及其结果，指社会的意识形态、风俗习惯、用语规范以及与之相适应的社会制度和社会组织，主要是心态文化，又称小文化。但是，精神或意识并不可能脱离人类物质生产的社会实践凭空产生或独立存在，而是在人类改造自然的社会实践中产生出来的。在这一社会实践中，人类既创造了物质财富，改善了自身赖以生存的客观物质条件，也创造了精神财富，形成了人类独有的意识形态、思维能力和生活方式，使自身摆脱了"自然人"状态并获得了不断进步。在使人类生活超脱动物性并区别于动物生存的一切因素中，精神方面和物质方面始终纠结为一体，互为因果、密不可分。

广义的"文化"指的是人类在社会历史发展过程中所创造的物质和精神财富的总和，特指社会意识形态。它包括物质文化和精神文化。不过在通常情况下，提到"文化"，人们首先想到的是它的狭义方面，即文化的精神形态方面。物质文化是指人类创造的种种物质文明，如生产和交通工具、服饰、日用器具等。精神文化又包括制度文化和心理文化。其中，制度文化指的是种种制度和理论体系；心理文化则是指思维方式、宗教信仰、审美情趣、价值观念等。广义的文化，着眼于人类与一般动物，人类社会与自然界的本质区别，着眼于人类卓立于自然的独特的生存方式，其涵盖面非常广泛，所以又被称为大文化。

文化是一种生命现象。文化本不属人类所独有，我们应该以更开放和更宽容的态度解读文化。因此，克服文化差异所产生的障碍就显得很重要，这意味着在达到有效交际之前，我们必须了解别人的文化。

（二）文化的特点

1. 文化的民族性

文化，按其产生与存在而言，原本都是民族的。越是古老的社会，文化的民族性就越鲜明，因为民族是一种社会共同体。斯大林指出，一个民族，一定要有共同的地域、共同的经济、共同的语言及表现共同心理的共同文化。这里强调的共同地域、共同经济、共同语言、共同心理都是重要的文化元素。同时，文化也不是凭空产生的，它植根于人类社会，而人类社会总是以相对集中聚居并有共同生活历史的民族为区分单位的，因此一定的文化总是在一定民族的机体上生长起来的。民族群体是民族文化的土壤和载体，文化的疆界通常总是和民族的疆界相一致，民族的特征除了体貌特征之外就是文化的特征，所谓民族性主要也是指文化上的特性。比如，同为上古文明，古希腊、古印度、古埃及和古代中国的文化各有独特性；同为当代发达国家，日本和美国、欧洲各国之间在文化上也存在着差异。各个民族都有着体现本民族特色的文化，例如，维吾尔族能歌善舞，蒙古族善骑马射箭等。中华民族是以汉民族为主体的多民族共同体，正是共同的文化使 56 个民族统一为一个民族——中华民族。毛泽东同志说过，矛盾的普遍性寓于矛盾的特殊性之中。各民族文化的民族性是人性的特殊性，同时也包含着人类的普遍人性内容。虽然文化的共同性决定了某些文化能够为全人类所有，然而，文化首先是民族的；其次才是人类的。

2. 文化的符号性

文化不是与生俱来的，而是通过符号被人们习得和传授的知识。任何文化都表现为一种象征符号的系统，也表现为人在创造和使用这些符号过程中的思维和行为方式。人是一种"符号的动物"，符号化的思维和符号化的行为是人类生活中最富代表性的特征，人类创造文化的过程，就是不断发明和运用符号的过程。文化是以文字符号为基础的。克拉克洪曾经说："如果没有语言，人类的文化是不可想象的。"在没有文字的社会，人们通过口头语言将自己的经验、知识、信仰、观念一代一代地传下去。有了文字以后，则通过文字的形式将文化记录下来传给后代。由于文化的传承性，任何一个社会的文化都包含了历史的积淀。

人类创造了文化世界，其实质是为自己创造了一个"符号的宇宙"。在文化创造中，人类不断把对世界的认识、对事物和现象的意义及价值的理解转化为一定的具体可感的形式或行为方式，从而使这些特定的形式或行为方式产生一定的象征意义，构成文化符号，成为人们生活中必须遵循的习俗或法则。比如，在古代中国封建等级制度的规范中，服装的颜色是有等级规定的：帝王服饰为明黄色，高级官员和贵族服饰为朱红或紫色，中下层官员服饰为青绿色，衙门差役服饰为黑色，囚犯服饰为赭色。于是，服装颜色就成了特定身份的象征符号。在等级观念淡薄的今天，服装颜色的等级象征意义固然已不复存在，但在力求服饰的色彩或款式与年龄、性别、身份、行业、环境、习俗协调一致的追求中，人们又给色彩和款式赋予了丰富的审美意义。再如，我们在宴请、婚礼、葬仪以及各种庆典中司空见惯的一切，包括环境、服饰、道具、程序等，也无不具有符号性。以婚礼为例：西方国家在教堂举行婚礼，基督教的神职人员主婚，新婚夫妇宣誓，交换戒指，亲朋好友陪伴，显得简朴、庄严、和谐；中国传统婚礼则程序烦琐，道具繁杂，禁忌繁多，大宴宾客，大闹洞房，感觉铺张、热闹、喜庆。

二、文化多元化对高职思想政治教育有效教学的影响

（一）传统文化对高职思想政治教育有效教学的影响

文化传统是一个民族文化结构中最核心、最深层的部分，一个民族的传统文化又是该民族文化心理的集中体现。中国传统文化是中华民族在长期的历史发展中，由于特殊的自然环境、经济形式、意识形态的作用而形成的文化积累。它以其稳定的共同精神、心理状态、思维方式和价值取向等精神成果影响着整个社会。它不仅以程式化的经典文献、制度等客体形式存在着，而且广泛以长期历史过程中积淀而成的民族思维模式、知识结构价值观等主体形式存在。一个民族的文化传统既有一定的时代性又有深厚的文化积淀，既有优秀的民族精华又不乏糟粕之处。中华民族文化传统也同样如此，而这对大学生思想政治课有效教学自然造成正负两方面影响。

1. 优秀民族文化传统对高职思想政治教育有效教学的积极影响

首先，中华文化经过了五千年的积淀，不断凝结、升华而形成了伟大的民族精神，形成了强大的民族凝聚力和创新力。中国传统文化所体现的民族精神，有利于激发大学生的爱国热情，增强民族自尊心和自信心。任何一个民族的民族精神都是以一定的伦理道德为基础，而一定的道德规范一旦内化为人们的信念就会转化为人们的自觉行动和精神追求，当代中国的高职道德教育，在其教育理念、教育模式和教育方法等方面，都曾深受外国教育思想的影响，并没有立足我国五千年文化形成自己的道德体系。现在，高职必须挖掘优秀的传统文化素材，将思想政治教育有效教学与传统文化紧密结合起来。《大学》说"修身、齐家、治国、平天下"，正是在这样的伦理道德情怀的训诫下，多少仁人志士怀着"天下兴亡，匹夫有责"的精神为国献身，成为激励后人的典范和民族符号。而这种精神有利于教师在教育过程中引经据典激发学生的爱国情感和民族责任感。爱国主义是核心价值体系的重要内容，强烈的爱国主义情感有利于团结青年一代，更会成为鼓励当代大学生参与祖国建设的强大动力。"以德养才，以才治国。"我们也正需要以"学而优则仕"的思想去积极引导大学生们积极服务国家建设。

其次，中华传统文化中合理的伦理思想也利于大学生对道德素养的完善。所谓道德修养是指道德个体依据一定的社会道德要求而自我磨炼和自我改造的活动。道德修养构成道德职能得以顺利实现的个体基础，也构成德行砥砺的自我熔炉。甚至可以说，任何一个道德高尚的人，都是他自我道德修养的必然结果。

道德修养的重要意义是由其改善人性这一实质决定了的。马克思甚至曾这样认为："整个历史也无非是人类本性的不断改变而已。"这样一个人性的"不断改变"的历史，很重要的一个途径正是通过每一个个体自觉的道德修养来实现的。中国传统文化几千年积累的文化底蕴对于道德情操的培养有着极为重要的作用。

2. 民族文化传统中的糟粕对高职思想政治教育有效教学的消极影响

事物总有正反两个方面，中国传统文化仍蕴含消极因素。一方面，崇尚权威，等级分明，因循守旧是传统文化的重要特征，尊卑贵贱的秩序思想使人忽视人格的独立和平等。过于严格的等级观念，强调天生的地位差别，这将导致主体意识的丧失。不利于大学生自主意识的培养，同时也让部分大学生过于迷恋"官本位"，权力欲明显，这在目前高烧不退的公务员考试中体现得最为明显。过于强化从众心理，让部分人正常的自我意识受到压制。反映在大学生价值观中就表现出自信心不足，独立意识和创新精神的缺失，而这对于科学理性地认识社会主义，推动中国特色的社会主义改革发展是不利的。另一方面，我国古代伦理思想中的义利观也影响着大学生的思想道德。在中国古代伦理思想体系中，义是指仁义道德；利是指物质利益、功利等。义利之辩是中国伦理思想史上讨论和争论最多也最激烈的问题之一。事实上，它也构成中国古代伦理思想史中延续时间最长久的一对范畴。

因此作为高职思想政治课教师，所肩负的使命应该是客观分析传统文化，辩证对待其文化内容，去粗取精，去伪存真，利用合理的部分去培养大学生以爱国主义为核心的民族精神和以改革创新为核心的时代精神。也只有如此，才能在文化认识上和学生找到统一性与价值认识的共鸣，从而有助于教学活动的有效开展。

（二）高职校园文化对高职思想政治教育有效教学的影响

校园文化是在学校育人环境中，以学生为主体，以教师为主导，以促进学生成长和提高全员文化素质及审美情操为目标，由全校师生员工在教学、科研、管理、生产、生活、娱乐等各个领域的相互作用中共同创造出来的各种具有校园特色的、客观反映学校生活主体追求的物质、制度、精神、行为等方面的成果的总和。其中，物质是载体，制度和行为是形式，精神是内核，四位一体构成校园文化这种特殊的文化形态。

在众多影响大学生成长成才的环境因素中，大学校园理应是大学生思想政治教育的主阵地、主渠道，因此校园文化对学生人格熏陶的作用可见一斑。大学校园文化包括精神文化、制度文化、物质文化和行为文化。大学校园文化对人的教育作用和教化作用，在人的个性养成和信念的确立方面，处于不可替代的地位，对增强课堂教学的实效有着重要的保障作用。

首先，大学校园文化通过其校训指导着师生精神追求的境界，从而对促进大学生思想观念、价值观念的健康发展起着导向作用。同时，作为教学引路人的教师，在日常生活中的言行举止也以行为文化的方式引导学生人生观价值观向良性发展。

其次，良好的教风、学风的熏陶也有助于学生社会主义核心价值观的确立。优良的政治环境，催人奋进的校园精神，深刻地影响大学生知识水平和人格养成，是对课堂教学的延伸和补充，使教育者在潜移默化之间将外在的价值规范内化于心。

最后，校园文化通过营造正确健康的大学校园舆论环境推动大学生主导价值观的形成，以其固有的文化传统引导学生寻求正确的价值标准作为其行为方式。校园中一系列规章制度的设立以及对制度的遵从与否的舆论评价系统使大学生不得不接受一定的文化价值规范，以舆论氛围来引导学生做出正确的价值选择，这实在比单一的说教更有效。

第三节　社会转型对高职有效教学的影响

一、社会转型的内涵

（一）社会转型的概念

所谓转型，是指事物的结构形态、运转模型和人们观念的根本性转变过程。社会转型是学者研究的热点问题之一，所谓社会转型，是指由于社会诸要素及其联系发生根本变化而导致的新旧社会发展模式的更迭过程。广义的社会转型可用于说明社会各层面的变化，如经济转型、政治转型、意识形态转型等；狭义的社会转型则是指文明类型转变，如从农业文明向工业文明的转变。

我国正处于社会转型与社会发展的重要时期，当前我国社会转型是社会经济、政治、文化结构分化重组、递升跃迁的历史运动，是整个社会由僵滞走向变革，由封闭走向开放，由落后走向文明的现代化过程。我国在经历了多年的历程后，取得了较大的成就：第一，我们从体制转型方面开始，且取得了一些成就，即从计划经济体制逐步向市场经济体制转变，并确定了中国特色的社会主义市场经济。第二，从社会形态变迁上看，今天的中国社会逐渐从传统社会向现代社会、从农业社会向工业社会、从封闭性社会向开放性社会的社会变迁和发展。第三，从社会结构变动上看，我们的社会转型主体是社会结构，它是指一种整体的和全面的结构状态过渡，而不仅仅是某些单项发展指标的实现。社会转型的具体内容是结构转换、机制转轨、利益调整和观念转变。在社会转型时期，人们的行为方式、生活方式、价值体系都会发生明显的变化。当然，我国的社会转型也就更具有自己的特点。

（二）社会转型的特点

1. 过程复杂

社会转型就要对原来的旧体制、旧思想等进行更新，以适应新时期的发展要求。我国提出的社会转型决定着必须经历这种痛苦的过程，社会的转型必须抛弃旧体制，这就对我国社会转型管理提出更高的要求；社会转型抛弃的旧思想势必会遭到保守派的阻挠，对我国社会转型的发展构成了挑战；社会转型还没形成强有力的物质成果时，就遭遇到了后现代化出现的问题，特别是后现代化主义的抨击；社会转型中的新体制、新思想等在社会中的应用并不会一帆风顺，决定了我国社会转型过程的复杂性。

随着我国与世界联系的进一步加强，国内外各种思想文化相互激荡，在我国以历史浓缩的形式，把社会转型中的各种社会问题几乎同时呈现在国人面前，带来了前所未有的文明冲突和文化碰撞。在这种冲突与碰撞中，人们的价值取向进一步转化，舍去了传统与保守，追逐着积极向上、与时俱进，而这对高职思想政治课教学无疑是一剂清凉，因为它使学生不再教条式地接受理论教学，而是以自身创造性的思维，放眼全球的眼光，变通地接受马克思主义思想政治理论与观点。但任何社会变迁在跟随时代脉搏的同时，也都会存在着道德风险。因而在机遇的同时，负面的影响仍然存在。以下分别从经济、政治、文化几种角度来分析社会转型所带来的诸多影响。

2. 矛盾多样

每一次社会转型，都伴随着巨大的社会结构和社会形态的变动，社会转型必然要涉及结构转换、利益调整，其具体内容必然引发人们的思想观念、行为方式和价值体系的重大变化。原有利益格局不断调整，不同的社会阶层因在改革过程中所处的位置与扮演的角色不同，出现了新的分化与组合，利益主体多元已成必然之势。由于多种所有制和多种分配方式的存在与发展，也促使新的社会阶层和不同利益主体迅速分化，各种各样的与特定经济结构相连的不同利益主体，已初步形成。多元的利益群体，必然导致多元的权利意识与政治诉求，在维护自身既得利益和预期利益的过程中，彼此必然会存在分歧，产生矛盾，甚至发生冲突。不同利益的主体的存在，决定着不同利益的诉求；不同利益的诉求，决定着矛盾的多样化。

3. 时间漫长

我国的经济环境由原来的政府主导的经济转变为由发挥市场资源配置的基础作用和政府宏观调控相结合，由原来的单一的公有制主体经济转变为多种混合所有制经济，发挥股份制在公有制的作用。邓小平同志指出，"社会主义也可以搞市场经济"，"说市场经济只存在于资本主义社会，只有资本主义的市场经济，这肯定是不正确的。社会主义为什么不可以搞市场经济，这个不能说是资本主义。我们是计划经济为主，也结合市场经济，但这是社会主义的市场经济"。由计划经济体制向市场经济体制转变，党的十四大报告中明确提出了我国经济体制改革的目标是建立社会主义市场经济体制。虽然我国已经建立了社会主义市场经济体制，但目前西方国家还没有完全认同我国完全的市场经济，这不利于我国经济的更好地发展，这也决定了我国经济体制转型的长期性。

二、社会转型对高职思想政治教育有效教学的影响

（一）社会转型对高职思想政治教育有效教学的积极影响

1.大学生的主体意识增强

社会结构的改变是社会发展中的进步，也是社会转型时期的必然产物。在结构转变过程中也会产生因社会结构的改变而出现的一些社会问题，在思想观念领域必然会给人们的思想观念和价值观念带来广泛而深刻的影响。社会群体和个人都要在社会转型过程中，重新认识自己，重新思考个人在社会结构变动中的位置。

为适应市场化、社会化生产需求，各种开放观念、效率观念、效益观念逐步确立，增强了人们主人翁的责任感和成就感。社会主义市场经济的发展确立了人的全面发展的目标，自觉地培养和塑造具有高尚人格，能够适应经济社会发展的新人。它让大学生懂得：作为社会的个体，人既有向社会索取的权利，更有向社会奉献的义务。因此，要想成为时代的弄潮儿，就必须充分发挥主人翁精神，努力学习，在激烈的市场竞争中让自身的能量得到淋漓尽致的释放，最终成为社会发展的优秀资源。经济转型过程中，这种对主体精神的张扬，实质上是将个体高尚的价值取向和精神追求变成人们的内在品质和行为准则。这就为高职思想政治课教师推行有效教学提供了更为积极的教学主动性，使得教学的以人为本成为一种主动的价值追求。

当今时代，中国社会各阶层的价值观念，在我国经济管理体制由传统和计划经济体制逐步向市场经济体制转型的过程中，都不同程度地受到了冲击，社会旧有的价值体系已被打破，而新的价值准则还没有形成。某些价值导向呈现出滞后和乏力状态，使传统的和现实的、西方的和东方的、积极的和消极的各种价值观在相互碰撞中，存在着某些混乱无序的现象。社会转型的过程是渐进的、缓慢的，其中就是因为人的因素在发挥作用，即人对社会转型的推动作用，因为人是社会活动的主体，没有人的自觉主动地社会实践，就不可能产生人类社会的发展规律。因此，社会转型不仅仅是转变体制、加强社会管理、改善民生那么简单，主要还是人的思想、观念的转型。社会转型推动了大学生主体意识的增强，有利于大学生更好地认识自己，形成正确的价值观。

2.陶冶大学生政治情操

第一，社会思潮的丰富性和前瞻性开阔了大学生的视野，活跃了思维，激发了创新意识。社会思潮能够满足高职学生求新求变的心理，提高其辨别能力，促使他们对问题的多向度思考，促进大学生运用理性进行思考。在对社会问题的不断认识过程中，大学生强化了理论基础，提高了分析鉴别能力。他们学会了用辩证的、历史的、科学的研究方法对各种社会思潮进行纵向和横向对比，在比较中更加深入了解社会意识的复杂性，在观念的碰

撞中逐渐形成比较稳定的价值观念。在对先进社会思潮与落后社会思潮的审慎分析、接纳与批判中，逐步达到自我丰富、自我完善的目标。

第二，社会思潮也为青年参与社会政治提供了契机。比如，很多大学生就很关心国家的民主政治建设。高职是民主意识最强的地方，大学生有着天然的民主传统和强烈的民主精神，他们关注国家的政治建设，希望加快民主政治体制的改革。但是，他们又容易受到西方民主制度和民主传统的影响，忽视我国国情的特殊性，照搬西方的民主体制，而当发现行不通时，又容易抱怨党和政府，对民主政治失去信心。做好他们的思想工作，是高职思想政治工作的一项艰难的任务。当然，大学生也有他们对政治的优势。青年能较顺畅地发挥承前启后、开拓创新的功能，更加关注社会现实。并积极传播所接受、所掌握的新思想，促进社会生产关系的变革，在社会思潮的大浪淘沙中健康成长。在各种社会思潮的洗礼下，大学生学会了通过实践—认识—再实践—再认识的过程，正确认识和分析社会思潮，并做出理性的价值判断和选择，并坚定不移地去实现。

第三，对各种社会思潮的批判吸收，增强了青年学生的爱国心，唤醒其民族意识，也增进了大学生的现代理念意识。资本主义国家一方面传播西方文明；另一方面不同程度地丑化发展中国家和落后国家的文明，以凸显资本主义文明，这种做法激起了发展中国家和落后国家人民的愤慨和不满，唤醒了民族意识，激发爱国思潮的兴起。

（二）社会转型对高职思想政治教育有效教学的不利影响

1. 大学生过分强调个体价值

社会转型给大学生带来了广阔的视角，同时也给大学生带来了负面的价值影响。改革开放以前，我国是单一的公有制为主体实行的计划经济，由于个体对集体的依赖性程度高，表现出来的社会价值观具有一定的单一性，大学生的价值观具有较大的依附性、被动性和群体性。在我国由计划经济转变为市场经济后，各种社会思潮对大学生产生了重大的影响。市场经济的发展，政治自由的发展弘扬了当代学生的个性。整体而言，他们的价值取向正从社会本位转向个人本位。崇尚自我，注重自我价值的实现，这些变化有助于大学生树立积极的主人翁意识。他们目光敏锐、情感丰富、思想活跃、关注社会、摄取信息能力强，对自我评价也更客观。在集体活动中，大学生会主动发表看法，并希望自己的看法被肯定和关注。总而言之，政治转型期，对民主自由的推动，极大地增强了大学生的自主意识、参与意识、民主意识和竞争意识。但是，政治转型期的自由化倾向又削弱了大学生的集体意识。

当今社会，随着全球化进程的不断加速，各项改革的深入进行，社会思潮异常活跃，内容广博，涉及经济、政治、宗教、社会、哲学。这对于思维活跃求新求异的大学生来说无疑是一桌文化大餐。青年大学生作为社会思潮的一个关键性载体，在社会思潮这样一个复杂的思想意识发展过程中，必然会受到很多的影响。青年大学生处于容易冲动的时期，情绪不够稳定，可塑性大、自律性不强、辨别是非能力较弱、对国情了解不够。尤其当社会矛盾激化，舆论失控，公众问题突出，意识形态领域斗争激烈时，很容易引发这样或那样的问题，都会影响大学生的思想和行为，造成学生的思想混乱和选择上的困难。

大学生往往过分强调个体价值的思想，在人生价值观上崇尚自我，以个人为主体，强调自我价值的实现，集体观念淡薄，团队协作意识较弱。单纯利己思想使一些人信奉主观为自己客观为他人，把个人名誉、地位、权利、金钱看作实现自我价值的尺度。在这种以自我为中心意识的驱使下，他们无视社会准则，逃避社会责任。他们渴望振兴中华，期待祖国强大，关心国家建设和改革，愿意为建设祖国贡献力量；但当他们感到祖国的发展未能符合个人的愿望时，常常因具体问题而牢骚满腹，甚至有过激言行。道德评价上，常常采取双重标准，对人严，对己宽，承受压力和挫折的能力也随之而降低。

2. 大学生理想信念丧失

近三十年来，对中国主流意识形态冲击最大的是西方的后现代主义思潮。后现代主义采用反本质、反规律、直观平面化的思维，放弃对人生、社会和世界的终极层面的探索，只关注现实，是西方社会理想危机、信仰危机和文化危机的反映。高职院校大学生作为一个特殊而敏感的群体，受这种思潮的影响，出现了各种各样的问题。如，理想破灭，信念动摇。各种心理问题层出不穷，有轻视学业的"混"的心理；有游戏人生的"不恭"心理；有对家庭不满的"叛逆"心理；有对社会的"仇富"的心理，终日生活在空虚无聊之中，思想处于迷茫状态，失去了人生目标。

理论和现实的反差使得大学生对社会主义理想信念的相信度降低，使他们对社会主义发展方向感到困惑。有些大学生甚至怀疑马克思主义的基本理论，认为马克思主义理论过时；也有些大学生受西方新自由主义等社会思潮的影响，对社会主义制度及四项基本原则产生了怀疑，社会主义信念动摇，共产主义理想丧失。没有正确的人生理想，无法对人生做出正确的价值判断，使得部分学生无法正确理解生活的目的，将金钱和消费看作生活的唯一目的，这必然会造成高职思想政治教育教学内容的空洞化和无力化。另外，如果教师在教学中缺乏理论与现实的结合，将会招致他们的抵触和反对，甚至拒绝学习，更谈不上对思想政治教育的接受。

3. 大学生理论观念发生偏差

市场经济的发展，对西方经济发展模式的有效借鉴，使得历史与现实、传统与现代、本土文化与西方文明多重因素交织在一起，利益关系的多元化导致社会价值观的多元化，因而使得道德主体面临空前的困惑与迷惘。

市场经济的功利性致使学生理论观念发生偏差。在日趋严峻的就业形势下，不少大学生将个人主义，实用主义看作社会主义发展的基本准则。他们中的少数人尽管对改革政策也持认可态度，但在追逐物质利益的动机下，毫不掩饰对政治信仰、政治信念和政治活动的冷漠，对集体和公益事业的不屑。在急功近利理想冷漠的同时，另一方面还表现出对社会主义扭曲现象的盲目认可。例如，对腐败的看法，虽然否认其合理性但又承认其具有一定合理性，这种有用即善的看法漠视了一切伦理规则的限制，导致部分大学生重利轻义片面追求实惠，重物质享受、轻精神生活，社会责任感缺乏。

总之，由于社会经济、政治、文化领域的转型，出现的一系列社会问题都对思想政治教育有效教学产生了一系列负面影响。价值观的冲突、矛盾和斗争，必然带来学生道德的滑坡、行为的失范、价值的迷茫、精神的危机以及信仰的真空等现象，这是社会转型必须付出的代价。但是，正如硬币总有正反两面。社会转型所带来的主体意识的增强，却也是对高职思想政治课有效教学的一剂清凉。

综上所述，高职思想政治课有效教学的实现与否不是一个单向度的行为结果，而是在外界各种综合因素的影响下，教育者克服重重不利因素的负面影响，充分发挥其主导作用，对学生进行合理引导而实现的结果。各种现实问题所带来的负面影响无疑增加了教师进行思想政治理论课有效教学的客观难度，要提高课程的有效性，就必须要正视这些负面影响，转变教育路径。也就是要以人为本，把人的全面发展作为教育的核心，一切从学生出发，一切为了学生，切实确立起学生在教学中的主体地位，才能提高教学质量，才能将教育效果落到实处。

第四节　经济市场化对高职有效教学的影响

一、经济市场化对思想政治教育的影响

社会主义市场经济体制的转变，引起了经济和社会生活的许多重大变动，特别是人们的思想观念和价值取向发生了较大的变化。其变化过程所反映出来的总体特点是，过去那种在计划经济体制下的统一化、政治化的思想意识已经被打破，人们的价值取向出现多样化，价值选择出现务实化。由于客观上社会的变化正处于进行之中，主观上人们的主体文化素质又有一定差距，所以目前人们的价值取向呈现出重新定位的动荡和多重化选择之间的混乱。下面主要介绍经济市场化对思想政治教育的积极影响：

（一）社会主义市场经济的发展，为思想政治教育工作奠定了物质基础

经过40多年的改革开放和我国市场经济的发展，中国社会经济建设取得重大进展，

包括农村综合改革、国有企业改革不断深化，非公有制经济健康发展，我国初步建立了现代市场体系和宏观调控体系，人民生活水平显著提高，民主法制建设取得新进展，文化建设登上新台阶，社会建设取得新进步。特别是我国经济平稳较快发展。综合国力大幅提升，财政收入大幅增加……创新型国家建设成效显著，载人航天、探月工程、海洋深潜、超级计算机、高速铁路等实现重大突破。生态文明建设扎实展开，资源节约和环境保护全面推进。

我国经济继续保持健康发展，工业化基本实现，信息化和城镇化得到大力发展，农业现代化和社会主义新农村建设取得显著成效，不仅为思想政治教育创造了丰厚的物质基础，提供了良好的物质条件，也使广大人民群众更加坚定了走中国特色社会主义道路的信心和决心，在无形中也增强了思想政治教育的说服力。同时，经济的发展也使思想政治教育手段得到较大改善，报纸、杂志、影视、广播、录像等手段图文并茂，增强了教育的生动性和感染力，促进了思想政治教育的实效性。

（二）社会主义市场经济的发展，为提高思想政治教育创造了开放性的平台

市场经济的发展，促进了国内和国际市场的建立，通过两大市场的开拓，不但推动了经济的发展，而且加速了地域间、国家间的文化、科技等方面的交流，增进了国家间的多方面的合作。还有，市场经济的开放性有利于思想政治工作者扩大眼界，广开信息，增加见闻，更新观念，从而有利于思想政治教育工作水平的提高。

高职思想政治状况的开放性，首先表现在思想政治的环境是开放的。高职中广泛的国内外的学术文化交流，铺天盖地的各类学术文化讲座，专家名流在这里聚集，各种文化在这里交融，各种思潮在这里激荡，各种思想在这里碰撞，师生在开放的环境中学习和创新。其次表现在思想观点和价值评判的公开。在开放宽松的思想政治环境中，广大师生无论对国家社会的大事，还是对学校的各项事务，或是对身边发生的事情，都能品头论足、直言不讳，谏言献策、各抒己见，在许多高职的各类公共平台上，可以见到师生活跃的身影。最后表现为尊重差异、包容多样的心态。高职院校中来自不同国家、不同民族和不同文化背景的师生都能互相尊重、和睦相处，尊重、欣赏和认同文化思想观念和生活习俗上的差异，包容价值追求的多样和选择的自由。

教育要面向现代化、面向世界、面向未来，与国际教育接轨，开放性自然是高职思想政治状况的时代特征。高职思想政治状况的开放性是适应经济全球化、文化多元化、政治多极化的国际背景新趋势和我国经济体制改革深入发展、经济社会快速发展的国情新特点的必然结果；是适应科学技术的迅猛发展，尤其互联网信息技术的日新月异促进信息的公开和快速传递的必然结果；是高职国际化发展推动学校的开放和交流的需要，更是高职生产、传播知识和文化的灵魂。同时，由于市场经济的开放性，也有利于教育者和被教育者彼此间的沟通、交流，使思想政治教育工作者较容易掌握人们的思想信息和思想动态，增

强了思想政治教育的针对性，提高了思想政治教育的效益。

（三）有助于思想政治教育规范化和制度化的形成

市场经济是法制经济，市场经济的经营和管理都必须以法律、法规为依据，一切市场经济行为都必须在法律规定的范围内进行。市场经济的法制化，有利于增强人民的法制观念，提高依法办事的自觉性。这对在思想政治教育中进行法制教育，开展普法活动提供了有利条件；同时，也促进了思想政治工作者法律意识的增强，有利于克服工作中的以言代法、以权代法现象，使思想政治工作更具规范性和科学性。

（四）有利于高职思想政治教育"以人为本"思想的形成

人的思想观念是一定的社会存在的反映，人赖以生存的物质生活和生产条件是人的最基本的社会存在，因此，人类的一切思想活动和观念归根到底都是人的物质生活和生产活动的反映。满足人的物质生活和与之相适应的精神生活的需求是人类社会最基本的要求，也是人的思想最基本的反映。这种反映人的本源需要的人本思想在人类社会的文明史上源远流长，也是人类社会进步的基本动力。新世纪新阶段，大到治国方略，小到企业管理，纵向各个阶层，横向社会的各个方面，以人为本的思想观念已经成为社会的共识，是现代人思想观念最根本的时代特征。

高职作为文化层次较高、知识分子集中的地方，人本性思想更为普遍和鲜明。第一体现在关注人的全面自由发展。教师不仅肩负着让学生全面发展的使命，也时刻关心自己事业的发展，学生更是把自己自由全面的发展当成头等大事，成为有用之材是学生的自然的追求。第二体现在关注人的权利和利益，尊重个体价值和尊严。人们越来越注重自身的生存发展权利和自由民主的权利，突出个人的价值、尊严和利益，当前学生越来越追求个性、崇尚独立，越来越要求对个体价值和个体选择的尊重。第三体现在关注人的生命和生命感觉。一方面，经济社会的发展和科学技术的进步更加凸显了人的价值；另一方面，以牺牲资源和环境为代价的发展，又把人的生存环境逼到了绝境。

但是，人本性思想观念在某些人的身上也会发生偏差或异化。他们片面地强调以人为中心，不顾人与自然本应和谐相处，巧取豪夺，肆意破坏自然界的平衡，到头来还是让人蒙受自然的惩罚；也有人把以人为本当作以自己为本，只顾自己，从不考虑他人的权利和利益，只想学校和社会应为他提供服务和资源，从不想自己应尽什么义务，成为自私自利的极端个人主义和自由主义者。

第四章　高职思想政治教育有效教学的教育理念

第一节　以人为本的教育理念

一、以人为本的含义

随着和谐社会建设的推进，以人为本、加强人文关怀和心理疏导，将是实现思想政治教育有效教学的重要的教育理念。因此，探寻其应用理论和形态将是十分有益的。思想政治教育以人为本的内涵非常丰富，我们下面将一一进行探讨。

马克思主义学说中也有关于以人为本内涵的阐述。马克思主义的思想政治教育，以宣传和传播社会主义和共产主义思想，引导人们的政治态度，解决各类思想问题，提高思想道德和心理素质，完善人格和调动积极性为根本任务，与人类社会历史上一切剥削阶级的思想政治教育有着本质上的区别。马克思主义科学思想政治教育观一直认为，思想政治教育作为一门应用学科，就本质而言是对人们进行的以思想政治教育为核心，以思想教育、道德教育和心理教育为重点的综合教育实践，最终目标是培养人的社会主义思想，塑造每个人的社会主义理想人格，引导人做出正确的选择。因此，以人为本做好思想政治教育工作，是建立在对马克思主义哲学人本理念清楚的认识基础上的。人民群众是实践主体，思想政治教育以人为本，首先要以人民群众为实践之本。一切实践活动都是由人民群众进行的，人民群众是一切实践活动的主体。思想政治教育要始终依靠人民群众开展社会实践活动，注重增强人民群众社会实践活动的思想共识，加强社会实践活动主体思想和行动的协调，不断激发和调动人民群众的积极性、主动性和创造性，增强社会实践活动的精神动力，把精神力量转化为物质力量，促进人民群众的社会实践活动不断深化和发展。

以人为本的内涵中还包括人的可持续发展。人的发展，既要注重当前的现实的发展，又要注重长远的、可持续的发展。只有实现人的可持续的发展，才能实现人们人生发展的最大价值，也才能为社会的可持续发展奠定最重要的人才基础。人的可持续发展，就是要发现和挖掘人的发展的巨大潜力，增强人们自我持续发展的意识和能力，建立人的发展的长效机制。思想政治教育要引导人们正确认识和处理自我发展与社会发展、现实发展与长远发展的关系，克服发展的短期行为，根据社会和科学发展的需要，适应学习型社会和学习型组织的要求，不断充实和更新自身的知识结构，增强持续发展的坚定意志，克服发展中面临的种种困难和障碍，实现自身的可持续发展。

二、高职坚持以人为本教育理念的意义

（一）有利于增强大学生的社会实践

坚持以人为本，是思想政治工作的本质要求。思想政治工作的本质，思想政治工作的使命，就是向人民群众进行先进的、科学的思想理论灌输，进行党的理论、路线、方针、政策教育，把马克思主义的立场、观点和方法变成人民群众自觉的思想和行动。高职思想政治工作坚持以人为本，就是以学生的全面发展为目标，重视学生的价值，肯定学生的作用，坚持从学生的需求出发，充分激发和调动学生的积极性、主动性、创造性，促进学生实现由被动向主动、由不知到知、由知到行的转化，最终完成思想政治工作的使命。

高职思想政治教育的任务之一是教育广大的青年学生，把这些学生培养成为社会主义事业的优秀建设者和合格接班人。思想政治教育是一种主观见之于客观的实践活动。思想政治教育属于以人为对象的社会实践活动。思想政治教育一定要让广大青年学生真正动起来，走出课堂、感受社会、践履道德、参加社会调查、参与社会服务、深入基层、进入社区农村。"以人为本"思想政治教育理念促进大学生由知到行的转化，对于大学生将来进入社会有重要的意义。

（二）有利于教师展示自己的人文关怀

当代思想政治教育人文关怀的根本指导思想是以人为本。在思想政治教育方法论中，就是要以教育对象为本，以满足和服务于教育对象的发展和需要为出发点和落脚点，即要尊重人、理解人和关心人。随着社会经济的发展和社会阶层的日益分化以及高等教育的大众化，教育对象群体尤其大学生日益复杂和多样化，他们不再是过去的纯而又纯的"精英"，而呈现出更多的"问题大学生"，包括有心理问题的、有学业问题的、有人际障碍的人越来越多，这就需要教育者运用专业知识和能力为大学生的发展提供专门服务，特别要给予

心灵的抚慰，帮助大学生提高适应社会环境的能力，减轻学业压力，走出情感困惑，为他们提供心理咨询和健康服务，在服务中体现大学生至上的理念，认真聆听大学生的倾诉，共同分担其痛苦和喜悦，寻找有效的方法和提供解决困惑的良好方案，使大学生得到满意的服务。

（三）有利于增进师生之间的互动

思想政治教育归根到底是对人的工作，包含着对学生的心理培育和行为引导，关系到学生的人格塑造和思想成长。近年来，虽然高职在大学生思想政治教育的理念上进行了很大的改进，但是总体来说，在实际的政治理论教育教学过程中学生的主体性作用发挥欠佳，这表明传统教学模式的不利影响还是根深蒂固的。

随着时代和社会的发展，当代大学生生长在复杂而又充满矛盾和价值冲突的多元文化环境中，大学生的民主、平等、自尊、自强、自我发展的意识越来越强烈，以前那种理想化的价值标准和价值要求"口号式"地规划教育对象的思想和行为，引起大学生的逆反心理，不能达到思想政治教育的预期目的，这就必然促使大学生的思想政治教育工作朴实化、平民化和具体化。在传统教学过程中，教师是绝对的主体，而学生则是绝对的客体，整个教育过程中缺乏主客体之间的互动。教师不能因材施教了解学生，学生也以自我理解为主。作为受教育者的学生与施教者的思想政治教育工作者之间缺乏面对面的交流和个性化的沟通，师生之间缺少这种必要的互动直接影响了整个思想政治教育教学的质量，严重制约了教学实效性的提高。从大学生思想实际出发改进教育教学理念，是思想政治教育教学面临的一个急需解决的问题。

在思想政治教育活动中坚持"以人为本"的原则，不仅是社会进步的基本要求，而且是思想政治教育本质特征的规定。思想政治教育是统治阶级以其社会成员为对象，塑造社会成员形成符合社会要求的思想观念的政治教育实践活动，促进人的全面发展，是一种"从人出发，为了人、通过人而完成"的活动，是纯粹的"人"的活动。高职实施思想政治教育活动，必须先认识教育对象，把握大学生的思想观念形成的过程，研究大学生思想观念发展的规律，以掌握思想政治教育的主动权，使之有理有效是思想政治教育的本质规定。以人为本是相对于以神为本、以物为本而言的，是人类社会发展的必然诉求。教师可以通过解决大学生日常生活和学习中的实际困难，关心其心理、恋爱、就业等方面的具体问题，改变传统思想政治教育理想化的"价值认同"，注意以把教育对象正当的利益需要与"价值认同"有机契合，这就需要教师改变过去那种"高高在上"的地位，把身份转换成为大学生提供服务和帮助的工作者。另外，教师不仅要把自己变成服务者，更重要的是，教师要理解学生。当一个人设身处地地想他人身处的境遇时就会产生一定的心理体验，就会了解别人的感受，产生一种快乐、同情、憎恨等情感，即理解他人的言行和所作所为。在思想政治教育中，教师要了解大学生的生存状况、心理问题和发展需求，并通过一系列方法帮助大学生获得自主意识、走出困境，并促进其健康发展。

三、高职以人为本教育理念的要求

（一）理解并贯彻以人为本的理念

在深入理解"以人为本"教育理念的基础上，还要贯彻"以人为本"的理念。在贯彻过程中要注意处理好以下问题。

第一，高职的思想政治教育一定要以人的全面发展为工作宗旨，纠正以往存在的思想政治教育单纯只是为了服务于政治宣传的固有观念。传统意义上思想政治教育确实是政治统治的需要，它可以作为思想政治宣传的手段，过去我们也是这样做的，一直认为思想政治教育最为重要的职能就是调动人的积极性以便更好地服务于社会经济文化的发展和阶级统治的需要，一直坚持人的全面发展是社会发展自然应该获得的状态。伴随着党明确提出了"以人为本"的理念，这种偏离思想政治教育的不科学观念才被广泛地质疑。其实马克思主义理论并不反对人的发展和社会发展的辩证统一性，并且在马克思主义者看来它们是同等重要的，它们之间是互为前提和基础的关系。只有从过去片面误区性的观念中跳出来，才能在实践中真正坚持"以人为本"，才有利于在思想政治教育过程中贯彻实施"以人为本"的教育内容和教育方法。

思想政治教育促进大学生的全面发展，就是要促进大学生的思想政治素质、科学文化素质、身心健康素质等方面都得到全面发展，并且重点是要通过提高大学生的思想政治素质来带动和促进大学生的全面发展，进而提高整个中华民族的思想政治素质和科学文化素质。高职思想政治教育要始终以满足大学生的思想道德发展需要、促进大学生的全面发展为根本，这是检验高职思想政治教育是否以人为本的重要标准。

第二，高职在思想政治教育开展中一定要牢固树立"以人为本"的思想政治教育理念。众所周知，人的科学的、正确的思想观念不是通过几次教育就能形成的，况且左右这种思想观念的人的道德水平又是处于不断变化之中，而社会需要的思想道德要求更是处于不断的发展变化之中，因此，这一切都决定始终"以人为本"的思想政治教育理念的重要性。高职的施教者要在长期的教育教学中摒弃把思想政治教育当作一种短期行为的形式主义，客观寻找方式方法，始终贯彻坚持思想政治教育"以人为本"的价值追求。教育者要用高尚的道德情操熏陶和感化学生，要用言行一致的品质、精益求精的教育态度，影响和激发学生的道德感、责任感。抓好教育引导工作不放松，营造积极、健康、向上的校园文化氛围，主动广泛深入地开展各种活动，寓思想政治教育于活动之中。运用多样、灵活的激励手段鼓舞学生，实现思想政治教育方法由单向灌输到教育者与受教育者的双向对话，以达到双向对话过程中双方德行共同生长的目标。

（二）把握以人为本的主体

高职以人为本进行教育教学，要正确把握"以人为本"的主体。简单地说，高职教育教学的主体无非三类：教师、学生和管理者。以人才为本教师为主体，以育人为本学生为主体，以服务为本管理者为主体。只有真正把握"以人为本"的主体，才能践行一切为人的发展目的，才能更好地体现和做到以人为本的教育教学思想。

第一，以教师为主体是高职思想政治教育教学发展的前提条件。教育教学质量是高职教育事业发展的生命线，高质量的教学需要高质量的教师，高素质的教师队伍也是全面推行以人为本教育教学的基本保证。所以，在实践中要加强教师的培训，提升教师的业务水平和综合素质，尤其道德修养、思想品格和执教能力。同时，教师有较高的人生价值追求，高职要不断完善教师的奖励机制，激发教师队伍的活力。学校要以尊重知识、尊重人才、尊重创造的姿态，尊重、理解、期待、关注教师的思想、需要和情感，从而才能最好地发挥教师在教育教学过程中的主导作用。另外，教师充分理解大学生的真实想法和合理需求，动之以情，晓之以理，对合理的想法和需求尽量满足，对不能解决的问题，讲清道理，既能努力化解矛盾，又能努力提高大学生的思想认识和思想觉悟。启发大学生的自主性、自觉性和自我教育意识，培养大学生的自我教育能力，引导他们开展自我教育。最后，由于思想政治教育的实践性特征，还需要不断提高教师的教育教学实践能力，积极将思想政治教育与实践相结合，以期取得更好的教育教学效果。

第二，以管理者为主体是高职思想政治教育教学管理者开创管理工作新格局的核心需要。学校的管理水平影响着教育教学的质量，体现着学校综合的教学管理实力。学校管理质量的提高是由优秀的教育思想、高水平的教师、先进的教学设备、充足的教育经费、科学化的管理体系等综合作用的结果。首先，管理者要树立以服务为本的意识，为教师服务，为学生服务。管理者特别要以"以人为本"的管理理念和以服务为本的管理意识规范教学管理，发挥管理价值，注重实效，制定科学的教育教学制度。其次，在教育理念、教学内容、教学方式等方面构建新的模式，践行和谐、自由发展的教育服务理念，从而实现学校教育教学管理质量的全面提升。最后，从事行政教学管理的教职工要切实转变工作作风，改进工作方法，改善服务态度，自觉地为广大师生服务，为学校的思想政治教育教学科研营造人性化的管理氛围。

第二节　全面发展的教育理念

一、马克思关于人的全面发展理论的论述

关于人的全面发展理论是马克思主义理论的重要组成部分，是马克思主义的最高命题，也是马克思主义思想政治教育理论的指导原则。学习人的全面发展理论并且运用这个理论，指导我们全民族尤其当代大学生的思想道德教育，具有特别重要的现实意义。人的全面发展有着丰富的内涵，具体来讲，主要包括以下四个方面。

（一）"每个个人"的平等发展

在资本主义社会出现之前，人类已经有了分工，这些分工的出现已经造成了人的发展的片面性。资本主义社会使分工达到了极端的地步，人的发展更是出现了畸形。在旧式分工条件下，人们的活动因为受着各种客观条件的限制，使得人们的发展只能具有这样的形式：一些人靠另一些人来满足自己的需要，因而少数人得到了发展的垄断权；而多数人经常地为满足最迫切的需要而进行斗争，因而在新的革命的生产力产生以前暂时失去了发展的可能性。在资本家的工厂中，工人终身专门服侍一台机器，以至于变成了局部机器的一部分。马克思指出："工场手工业把工人变成畸形物，它压抑工人的多种多样的生产志趣和生产才能，人为地培植工人片面的技巧。"实际上，在资本主义社会，出现这种畸形发展情况的不仅仅是工人，而且涉及几乎所有的人。虽然资本主义社会在后来的发展中进行了某些生产方式的调整，特别是随着科学技术革命的发展，人的发展有了一定的改善，但是由于资本家大力追求利润和剩余价值，它不可能实现真正意义上的人的全面发展。只有在社会主义社会，人的全面发展问题才会受到真正的重视。

（二）人的个性的自由发展

个性自由发展主要指：第一，潜能的充分发挥。人的个性和能力是受社会物质生活条件以及具体的阶级关系所制约和决定的。在通常情况下，人们所表现出来的能力只是他所有潜在能力的部分。马克思、恩格斯认为，人的全面发展的内容之一，就是要发挥每个人身上所具有的潜能。第二，肉体和心理的完善。它要求有健康的体魄和心理，尤其心理方面的完善。因为在很多情况下，健康的心理影响着健康的体魄，心理的完善是表明人的发展的主要标志。第三，人的需要的相对丰富。人的发展的内在根据就是人的需要的不断丰富。第四，丰富、全面而深刻的感觉，主要是指现有的物质生活条件赋予人们内在的感受。第五，精神生活的境界，即个性的自由发挥。尤其需要指出的是，虽然马克思、恩格斯所讲的人

的全面发展包括人的需要、能力、社会关系和个性的全面发展，但主要强调的则是人的能力的全面发展。他们指出，任何人的职责、使命、任务就是全面地发展自己的一切能力。

（三）人的类特性的应有发展

这里的类特性，主要是指人的创造性活动。人的类特性的应有发展，在内容和性质上是指人的创造性活动能力与人的主体性的充分发挥和发展。但是在资本主义条件下，工人阶级沦为机器的附庸，劳动成为他们简单的、被动的谋生手段，劳动的形式势必是贫乏的、单一的。长此下去，虽然社会现代化进程在发展，但个人除了失去其行为中的更大社会和宇宙视野外，还失去了某种重要的东西。渐渐地，人们的生活就蜕变为既平庸又狭小，更缺少对他人及社会的关心，这种意义丧失的最终结果，就是人的片面发展。因此，马克思认为，人的全面发展，主要内容应该包括劳动形式的丰富和完整，个人活动相应地充分达到丰富性、完整性和可变动性。这不仅是社会进步的要求，同时，人按其必然性来讲，也应当且必须实现其类特性。

（四）人的充分发展

人的充分发展是与社会发展的历史阶段相适应的，"充分发展"体现了人的一种发展程度。由于社会实践和历史条件的制约，人对自然、社会和自身的认识要经历一个不断发展的过程，因而人的发展要经过若干历史阶段。马克思论述了人的发展的三种形态：起初完全是自然发生的"最初的社会形态"，在这种形态下，"人的生产能力只是在狭隘的范围内和孤立的地点上发展着"，个人没有独立性，直接依附于共同体；以物的依赖性为基础，人在这种形态下，"形成普遍的社会物质变换，全面的关系，多方面的需求，以及全面的能力的体系"，实现了人对"人的依赖关系"的转换；"建立在个人全面发展和他们共同的生产能力成为他们的社会财富这一基础上的自由个性，是第三个阶段"。人们将在自觉、丰富、全面的社会关系中获得自由、全面的发展，成为具有自由个性的人。

（五）人的社会特性的和谐发展

人的社会特性的和谐发展主要包括：第一，个人和一切人的和谐发展。第二，个人和集体的和谐发展；农业社会讲的集体是整体主义，是某种"虚幻"的集体，这种集体不把个人当人看，而在自由人联合体当中，所讲的集体则是尊重个人自由和能力的真实的集体。第三，个人和他人的和谐发展。个人主义曾经被冠以现代文明的最高成就，因为人们可以不再受某些秩序等超越其上的东西的压抑，可以自由选择他所认为有价值的生活方式和生活状态，可以有权利决定自己的信仰，反叛先辈们的生活道路。其缺陷则在于抛弃了社会的公共准则，只重视自我的眼前利益，只把自己看作主体，把他人看作客体。马克思、恩格斯认为，人的社会特性的和谐发展则强调个人与他人的和谐发展。第四，个人自身内部各个方面的和谐发展，主要包括生理、道德和能力等各个方面的和谐发展。

总之，人的全面发展作为人自身发展的高级形态，是人类社会历史发展的必然趋势，也是一个逐步前进、不断完善的历史过程。只有在社会关系实现了根本性变革、财富极大丰富的共产主义社会，作为社会个体的人才能完全彻底摆脱对人的依赖关系和对物的依赖关系。我们应该懂得，不断推进人的全面发展，同不断推进经济、文化的发展和改善人民物质文化生活，是互为前提和基础的，人越是全面发展，社会的物质文化财富就会创造得越多，人民的生活就越能得到改善，而物质文化条件越充分，又越能推进人的全面发展。这两个方面是一种辩证统一的关系，相辅相成，相互促进。社会生产力和经济文化的发展水平是逐步提高、永无止境的历史过程，人的全面发展程度也是逐步提高、永无止境的历史过程。这两个历史过程应该相互结合、相互促进地向前发展。

二、全面发展的教育理念对大学生的促进作用

（一）有助于塑造大学生人格

所谓人格，按照荣格的观点，文化要求于他所起的角色就成为人格，其含义指自我的外延。人格可以分为认知（思想、知识水平、知觉和记忆）、行为（技能、天赋和能力水平）和情感（感觉与感情）几个主要部分。因此，人格可以简单地归结为个体心理特质和行为特征的总和。

人格是人的素质的基础，决定个体包括生理、心理和社会文化素质在内的综合素质的发展。人格是人的主体性意识，即个体对自己本质的清醒的自觉意识，主体人格正是由主体意识所赋予生命的自强不息、持续发展的心理特质。主体性是标志人的本质力量的哲学范畴，马克思主义是从主客体关系的角度来规定主体性，认为主体性是主体在与客体的关系中，主体在对象性活动中表现出来的本质属性。人的全面发展是适应现代实践发展需要的人的主体意识、主体能力的发展。当前，我国社会发展的战略目标是经济、政治、文化建设的全面发展。社会的全面发展离不开人的全面发展。努力促进人的全面发展，就给社会全面发展提供主体条件和基础。但是，现代化建设的主体是人，只有发挥人的主体作用，社会主义现代化建设的目标才能真正实现。社会的进步和发展是人的主体性的对象化，是人的本质力量的实现，可以说没有人的主体性的解放和提升，就不会有社会的发展和进步。大学生是促进社会进步的主力军，在全面发展的教育理念的教导下，必然发挥着自己的作用。

人的人格有高有低。"所谓塑造理想人格，就是有意识地创造人们共同景仰的人格范型，引导人们攀登崇高的道德目标"。人格包括人的认知能力特征、行为动机特征、情绪反应特征、人际关系协调程度、态度信仰体系、道德价值特征等。人格不仅控制着人的行为方式，而且决定了人的发展方向。教师通过一系列传导理论和实践活动方式，促使大学

生形成社会所要求的品格、思想境界、道德情操等。这样，教师把外在的社会要求转化为学生的内在知识，再由这些学生的内在意识、动机转化为其外在的行为和行为习惯。为了促成这两个转化，教师必须不断研究社会要求与人格完善需要之间的关系，研究内化的具体条件，为进一步促进大学生人格的完善提供良好的基础条件。

（二）有助于丰富大学生的精神生活

思想政治教育是精神文明建设的一项主导工程和中心工程，通过提高人的精神境界和道德境界，帮助人们树立科学的正确的世界观、人生观和价值观，抵御各种腐朽思想，为人的全面发展和社会的全面进步指明正确的发展方向和提供精神动力。

任何社会的人们都离不开精神生活，但在不同的时期，人们精神生活的丰富程度和品位的高低是不同的。在人的需要体系中，精神需要是比物质需要层次更高的需要，只有在物质条件十分匮乏的时候，物质需要才会成为整个需要体系中的优势需要，一旦物质需要得到基本满足，人们便开始追求较高层次的精神需要，它将成为人们的优势需要。在现代社会，人民的生活水平有了很大提高，在物质生活需要得到相当满足之后，有越来越多的大学生将从以满足物质生活需要为主，过渡到以满足精神生活需要为主。大学生的心理状态、接受能力、欣赏水平发生了变化，他们越来越倾向于对政治权利、文化利益、休闲娱乐、审美情趣等精神需求的向往和追求。在这种形势下，思想政治教育对丰富和提高大学生的精神生活将发挥更大的作用，它是满足大学生的精神需求，丰富和提升他们的精神世界的重要方式。教师必须有全面发展的教育理念，能够利用各种手段大力宣传真善美的东西，提高大学生的审美鉴别力和审美情趣，不仅要提高大学生的政治素养，还要推动大学生对美好精神生活的追求，促进其全面发展。同时，他们丰富的精神生活形态和内容也给思想政治教育提供了广阔的空间。通过思想政治教育，培养大学生高尚的政治自觉性和道德观，不断提高审美情趣，形成坚定的信念和理想。

高尚的思想或精神可以把人引向健康、进步的方向，没落的思想或精神可以把人引到错误的人生之路。所以，问题不在于人要不要自由而全面发展，而是人如何沿着正确的道路来实现自由而全面发展。高职思想政治教育的一个重要价值就是为大学生的自由而全面发展提供正确的发展方向和思想保障，以促进大学生的自由而全面发展。

（三）有助于规范大学生道德

随着经济全球化和市场经济的进一步推进，一部分人的道德意志严重弱化甚至丧失，为了追求经济利益不择手段，他们不惜损害他人的合法权益，出卖自己的灵魂。大学生在这一时期也受到了腐蚀，道德危机也经常出现。全面发展的教育理念认为大学生不仅仅是完成学业要求，还要完成自己道德观的建构。

教育可以改变人的命运，思想政治教育作为精神生产活动，可以改变一个人的本性，它塑造人的灵魂、品德，解决人们的思想、信仰、品德问题。因此，思想政治教育的个体价值不仅表现在教育者通过自己对他人的精神塑造而体现出自己的价值，更重要的表现为使受教育者的精神性受到良好的培育。思想政治教育的方向性和规范性是紧密相连，不可分割的。如果方向性与规范性相分离，方向性就会成为无规无范的、飘忽不定的想象和意愿，同时规范性也会成为没有一定取向的、随意设置的框框与律条。所以为了引导大学生正确的方向，促进其全面发展，高职院校也应该规范大学生的道德。

高职思想政治教育通过道德教育的手段，对提高大学生的道德修养，规范大学生的行为方式，满足大学生的道德需要和追求有着重要的意义。一方面，高职思想政治教育通过有计划、有组织地对大学生施以道德影响，帮助他们提高道德认识，陶冶道德情操，确立道德信念，养成道德习惯，把道德意识转化为道德品质，使他们了解和掌握社会所需要的、合理的道德规范；另一方面，高职思想政治教育促进大学生内化道德规范，践履道德规范，用符合社会发展要求的、合理的道德规范来指导和约束自身的行为，提高道德自律能力，形成良好稳定的道德品行，建立良好的人与人之间的道德关系，营造良好的人际交往氛围，实现个人与他人的和谐发展。

（四）有助于提高大学生的思想政治素质

大学生思想政治素质是具有整体性的有机存在，思想政治素质既包含认知、体验、实践、自我教育等能力要素，又包括知、情、意、行等个性要素，还包括世界观、人生观、价值观、道德观等社会关系要素，体现了人的自然属性、社会属性、精神属性的有机统一。大学生思想政治素质的全面发展，就是要求大学生的能力素质、个性素质、社会关系素质的全面提升。

思想政治教育的根本目的是提高人的思想政治素质，由于人的思想政治素质是具有整体性的有机存在，所以全面提高大学生的思想政治素质是一个系统工程，单靠某一环节或某些实践活动是无法达成的，应将各种看似不同的教育主体整合为该实践活动的整体主体，将大学生思想政治素质视为整体性对象，运用全面发展的教育理念，并整合各种教育方式方法和途径，使这一实践活动具有培养大学生整体素质全面发展的整体性功能。

马克思主义认为，人作为历史的存在物，始终处于不断提升自己的过程中。大学生只有切实地参与思想政治教育活动，成为思想政治教育的行为主体而不是旁观者，才能在事实上成为思想政治教育活动的主体。高职思想政治教育坚持参与实践的原则，重视实践锻炼法的运用，有利于大学生在实践中把对科学理论的掌握转化成自己观察和解决各种问题的立场、观点和方法，有利于提高大学生的思想政治素质。

思想政治教育的最终目的是通过改造人的主观世界，提高人的认识世界和改造世界的能力。大学生只有积极参与教育活动，才能在教育活动中充分发挥主体性。思想政治教育必须重视实践这个"第二课堂"的作用，通过实践，使大学生将已经内化的思想观念和社会要求转化为相应的行为。

第三节　创新的教育理念

一、创新大学生思想政治教育理念的内容

（一）终身教育理念

终身教育理论的奠基者保罗·郎格郎认为，现代社会变化的速度越来越快。"每隔十年，人们就面临着一场在物质、精神和道德领域内如此广泛的转变，以至于昨天的解释已经不再符合今天的需要。"树立终身教育理念，意味着要改变学校教育定终身的教育理念，随着成人教育、回归教育、继续教育成为终身教育的重要环节和方式，思想政治教育也要在这些环节和方式中成为重要教育内容，并具有继续教育的特点和功能；意味着更要注重培养大学生自教自律的习惯与能力。意味着要发挥大学生思想政治教育的桥梁作用，既要"承"中学德育之"前"，又要"启"成人教育之"后"，要在学校和社会之间架起一座联系的桥梁，引导学生参与社会生活，适应社会发展的需要；意味着要发挥大学生思想政治教育的整合功能，实现学校思想政治教育与家庭教育、社会教育的有机结合，整合各种思想政治教育资源，增强学生德育自觉性。

（二）素质教育理念

教育的根本任务是育人，教育的根本宗旨就是提高人的素质，教育的本质就是素质教育。依据马克思、恩格斯关于"人的自由全面发展"理论，我国确立实施具有中国特色的素质教育的思想和模式。素质教育是以提高国民素质为根本宗旨，以培养学生的创新精神和实践能力为重点，以促进人的全面发展为目的的高质量教育。

一般认同高职素质教育的内涵主要是思想道德素质、专业业务素质、身心健康素质和科学文化素质。另外，不同的素质会在整体素质的形成中发挥不同的作用。科学文化素质是基础，专业业务素质是主干，身心健康素质是条件，而思想道德素质是方向和灵魂。

思想政治教育树立素质教育理念，就是要改变传统的应试教育理念，从以知识传授和理论传授为主向以提高思想政治素质为主转变，注重对学生创新精神和实践能力的培养；就是要切实促进学生德、智、体、美的融合性、协调性发展；就是要培养学生的爱国主义、

社会主义和集体主义思想，提高学生辨别是非的能力；就是要改革传统的教育方法，采用灵活多样的方式进行教育教学，充分发挥学生的主观能动性，培养学生独立思考的能力与创新能力。

二、教师创新大学生思想政治教育理念的方法

（一）教师转变思维方式

创新是一个国家的灵魂，也是思想政治教育者的灵魂。思想政治教育是任何一个统治阶级或执政党的核心价值理念或主体思想的体现，不断保持对其教育理念的创新，是使思想政治教育充满活力，永葆自己青春的不竭动力。

教育者的理念创新要实现由被动式思维方式向主动式思维方式转变。所谓被动式的思维方式是一种依赖性的思维方式，也就是做什么事情都是"等""靠""要"，即等着别人来安排，靠别人来帮忙，向别人要办法。而主动式的思维方式则是一种创造性的思维方式，也就是做什么事情都要自己去开拓，自己去闯荡，自己去创新。当然，这并不是说要排斥与别人合作，而是强调个体的主动精神。被动式的思维方式对于新时期高职思想政治教育的进行是非常不利的，它会使思想政治教育方法流于形式而很难取得实效。过去在思想政治教育领域，机械的上传下达已经成为一种固定的教育模式，当教师习惯了这种教育模式后，自然也就形成了被动的思维方式。但是，被动式的思维方式已经不适应新的历史时期思想政治教育工作的要求，甚至有碍于思想政治教育工作的有效开展，所以教育者必须有意识地变被动式思维方式为主动式思维方式。当然，教师要想有所改变并不容易，因为内容与体系，无疑都是经过深思熟虑而沉淀的。但是，我们能否转换一下视角，不仅仅从教师自己，也要从学生那里得到创新教育理念的启发。

教育者的理念创新不仅要实现由被动式思维方式向主动式思维方式转变，而且，还要使教育者从单向型的思维方式向多向型的思维方式转变。所谓单向型的思维方式，是指在认识事物或思考问题时，只是针对事物本身，从一点出发，沿着一个固定不变的方向发展的思维方式。单向型的思维方式一般具有简单性、静态性、片面性、封闭性的特点。而多向型的思维方式，则是指在认识事物或思考问题时，针对事物本身，从多点出发，沿着多个不同方向发展的思维方式。多向型的思维方式是具有复杂性、动态性、系统性、开放性的思维方式。显然，单向型的思维方式不利于教育者创新教育理念，而多向型的思维方式可以促进教育者进行教育理念创新。

（二）教师要始终站在理论和实践的前沿

始终站在理论和实践的前沿，是实现思想政治教育创新的必要前提。教师只有善于学习，勇于实践，勤于思考，始终站在理论和实践的前沿，才能引导大学生自觉地把思想认

识从那些不合时宜的观念、做法和体制的束缚中解放出来，从对马克思主义的错误和教条式的理解中解放出来，从主观主义和形而上学的桎梏中解放出来，树立符合社会主义初级阶段基本国情、适应时代新变化和扎根于现代化建设实践的新观念，用发展着的马克思主义指导发展着的实践，指导发展着的思想政治教育工作。

在高职思想政治教育工作中，对于那些新形成的、流行范围很广的理论和观念，教师要进行具体分析，认真鉴别。在对外开放和信息传播手段日益现代化的条件下，外来理论和观念纷纷涌进来。为了提高思想政治工作的科学性和实效性，教师必须辩证地看待外来理论和观念，积极引进和吸收有益的新理论、新观念，并且与我国具体国情相结合，经过科学地加工改造，使之变成我们的东西。

站在理论和实践的前沿，进行思想政治教育观念的创新，要求教师做到：第一，善于及时、深刻地学习马克思主义的最新理论成果，党和国家的重大决策，以及与思想政治工作相关的各学科的最新知识，努力使自己成为新的思想理论和知识、信息的拥有者和传播者。第二，认真观察和深入调查，敏锐发现和及时掌握思想政治教育工作面对的新现象、新矛盾和新问题，使自己的思想观念跟上形势发展的步伐。第三，主动地进行自我反思，勇于进行自我否定，突破思维定式，准确把握社会发展的趋势和大学生对思想政治教育工作的需求。

三、创新思想政治教育机制

（一）思想政治教育工作机制创新的意义

创新思想政治教育机制，是顺应时代潮流的必然选择。在新的历史时期，社会主义市场经济体制逐步完善、民主法制日益健全、文化科教不断繁荣，对思想政治教育工作提出了更高更新的要求。思想政治教育工作仅靠传统的教育机制，已难以满足时代的需要。因此，只有坚持与时俱进，善于把握客观现实的重大变化，克服因循守旧、墨守成规的思想，大胆扬弃那些与时代、与改革和发展不相适应的条条框框，建构新机制，思想政治教育工作才能保持其旺盛的生命力。

1. 思想政治教育机制是解决思想政治教育基本矛盾的保障

思想政治教育机制是解决高职思想政治教育基本矛盾的保障。教师所掌握的一定社会的思想品德要求与受教育者思想品德水平之间的矛盾是思想政治教育的基本矛盾，它贯穿思想政治教育活动始终。

在高职进行思想政治教育的过程中，各类人员都要协调一致，坚持育人为本、德育为先，所有教师、管理人员都要切实把思想政治教育与业务工作结合起来，坚持教书育人、管理育人，形成持久的教育合力。但是现实情况不是这样的，教师的思想品德已经不能满足大学生的要求，因此，针对思想政治教育基本矛盾，必须全面创新思想政治教育机制，才能收到实效，达到素质教育的目的。

2. 创新思想政治教育机制，有利于加强高职人才建设

目前，我国高职的思想政治教育从体制上看，基本形成了党委领导下的三级管理模式，在学校层面由党委学生工作部统管；在院系层面，由总支负责；最基层有班级和支部的设置。这种模式有其合理性，发挥的作用整体而言也是良好的，但随着新时期高职思想政治教育的发展和学生群体特征的变化，也存在着很多不适应的地方。高等教育体制的分工模式制约了"全员育人"的实现。高等教育体制使我国大学生培养被人为地分割为智育和德育，这集中体现在：在领导层面上，智育即教学工作往往由一位副校长分管，德育即思想政治教育或学生工作由一位党委副书记分管；在执行层面上，智育由教务部门执行，德育由思想政治理论课教学部门和学生工作部门执行；在德育内部，也被人为地分割为课堂内的思想政治教育和经常性的思想政治教育。这就导致思想政治教育无法在一个统一的思路和框架下进行。

从目前实际情况看，高职全员育人的平台相对缺乏，全员育人的氛围尚未形成。学校的教学、科研、管理等方面或多或少存在着与德育脱钩的现象。现有的体制无法有效动员教师、管理人员和服务人员开展工作，"全员育人"只能流于形式。因此，为了实现高职"全员育人"的目标，必须创新思想政治教育机制，将智育与德育结合起来。

创新思想政治教育机制，教师不仅要全面研究和准确把握新形势下大学生思想活动的新特点，还要进一步增强思想政治工作的主动性、针对性和实效性，引导大学生正确认识当前教育改革中出现的新情况、新问题，引导大学生正确处理学习和生活中的成长难题，才能进一步创新和规范思想政治工作的管理和运行方式，实现思想政治工作机制创新，为高职人才建设提供可靠的思想保证。

（二）思想政治教育机制创新的内容

机制是机构的具体实现和运作方式，思想政治教育机制是指思想政治教育运行过程中各构成要素由于某种机理形成的因果联系和运转方式。良好的机制是顺利开展思想政治工作的重要保障。正确、合理地创新思想政治工作机制，使思想政治工作切合广大干部群众的思想实际和工作实际，符合全面建设小康社会、构建社会主义和谐社会的需要，符合思想政治工作规律的要求，推动各方面工作的顺利开展，必须做到以下几个方面的创新：

1. 创新控制机制

思想政治教育控制机制可以分为常态控制机制和非常态控制机制两类，分别用以对思想政治教育正常运行状态的控制与思想政治教育过程中各类突发状况下的预警控制。

常态控制机制主要包括沟通机制、时间管理机制和项目管理机制。我们主要介绍一下

沟通机制的创新。沟通机制是控制活动最基本的手段，高职思想政治教育者首先要加强工作系统内部的沟通，形成系统内部的协调一致；其次要加强教育主体与客体之间的沟通，及时了解学生的思想和行为动态，掌握学生的接受情况和反馈情况；最后要改善外部沟通，加强学校与社会各方面工作力量的整合，形成良好的工作氛围。

非常态控制机制的创新包括完善现有的以稳定为主的预警控制机制和逐步发展建立教育效果预警控制机制。前者主要是说，从危机管理理论和现代控制理论角度出发，面对一些可能发生的高职各类突发公共事件，建立一套成熟的预警控制机制是非常必要的。

危机管理机制主要包括危机预防、危机处理和危机解决三方面的内容，还需配套地建立或发展危机管理的组织及制度，以应对未来可能发生的危机。尤其在当前互联网自由与开放的环境下，还要建立网上信息监控机制，规定网络各责任主体与其网络行为具有可追寻的对应关系，切实做好网上突发事件的防范和应急处置的准备工作，从而形成统一协调、快速反应、处置有力的网络信息监控机制。

2. 创新管理机制

思想政治工作效果的好坏，与其管理机制直接相关。创新思想政治工作的管理机制，就是要在"明确权责，科学管理"上下功夫，要建立健全党委统一领导、党政工团分工协作、党政主要领导亲自抓、一把手负总责、各级干部一岗双责的管理机制，形成以思想政治工作者为骨干，管理人员和广大人民群众广泛参与的思想政治工作新局面。在纵向上，要做到管理目标逐层分解，责任逐级落实，真正形成目标同向、责任同担的合理的管理梯度；在横向上，要做到各组织、各部门齐抓共管，人人有责，通过建立联席会议制度、思想动态分析制度、工作效果反馈制度，建构主管明确、分工落实、协调有力、条令清晰、工作有序的周密的管理网络。总之，只有创新管理机制，提高管理水平，落实管理责任，思想政治工作才能取得良好的实际效果。

3. 创新渗透机制

思想政治教育中的渗透机制，不仅仅是一个方法问题，它反映了思想政治教育的本质属性。思想政治教育要遵循人的思想受"综合影响"形成与"渐次发展"的规律，把思想政治教育渗透到工作中去，与各项具体工作有机地结合起来，融合各种教育因素及中介，通过潜移默化的形式循序进行。

首先，思想政治教育工作者必须具备和强化渗透意识。渗透意识是指思想政治教育要与业务工作融合，离开了业务工作，思想政治教育就会失去依托。只有渗透到业务工作的各个环节中，才能及时了解对象的思想实际，才能有的放矢地做好工作，才能摆脱思想政治教育与业务工作的"两张皮"状态，避免出现"空头政治"。其次，思想政治教育工作者要改变过去"孤军奋战"的局面，努力使家庭教育、社会教育、学校教育互相配合，形成纵横联系的教育网络，实现思想政治教育合力的最大化。家庭教育、学校教育、社会教育虽然各自有其地位、作用和特点，但它们又是互相联系的，要取得良好的思想政治教育效果，必须实现三者目标的一体化，并形成环环衔接的"教育环"，努力做到相互配合、相互补充，从而使三者形成思想政治教育的最大合力。最后，要把思想政治教育渗透到管理工作中去，使二者有机地结合起来。人们正确的世界观和人生观的形成，良好思想品德和行为习惯的养成，既要依靠长期的思想政治教育，也要遵循行之有效的管理。第一，只有把教育与管理结合起来，才能使党政工作配合得更好。第二，只有把教育与管理结合起来，才能适应多样化的现实社会。因此，在建立、健全必要的规章制度和实施管理的过程中，必须伴之以深入细致的思想政治教育。只有把教育与管理有机地结合起来，把思想政治教育渗透、贯穿于管理的全过程，才能使各项规章制度的贯彻变为人们的自觉行动，同时又用管理来巩固思想政治教育的成果，促使人们逐步养成良好的思想作风和行为习惯。

4. 创新评估机制

思想政治教育评估就是根据社会对思想政治教育的要求以及思想政治教育评估对象的实际，确立指标体系，运用测量和统计分析等先进方法，对思想政治教育的实际效果进行价值判断的过程。对思想政治工作的效益进行评估，是加强和改进思想政治工作的需要，还能为保证思想政治教育系统的有效管理和正确决策提供可靠的依据。

创新思想政治工作评估机制，就是要努力克服思想政治工作评估机制的随意性、片面性和模糊性，坚持科学的态度，采取同类分析、目标分析、过程分析的方法，坚持物质成果与精神成果、静态效益与动态效益、定性分析与定量分析的统一，日常考核与定期考核、过程考核与结果考核有机结合，进行多形式、多层次、多方面的综合性评估，通过创新评估机制，杜绝思想政治工作领域存在的粗放的工作方法，正确评价思想政治工作的价值和成果，促使思想政治工作走上规范化的发展道路。

总之，只有很好地把握上述特点，才能有效地开展评估工作。要提高思想政治教育工作的效果，开创工作的新局面，必须建立、健全有中国特色的、高效率的运行机制，只有这样，才能使思想政治教育工作落到实处。

第五章 高职思想政治教育的教学优化

第一节 高职思想政治教育的教学原则

一、思想政治教育原则的确立依据

（一）直接依据：党的路线、方针、政策

思想政治教育属于意识形态的范畴。作为一种意识形态，按照马克思主义的观点，它由一定的社会经济、政治决定，又为一定的社会经济、政治服务。在我国，思想政治教育具有鲜明的阶级性，它始终是党和政府联系人民群众的重要途径，是实现党的领导的基本手段之一，也是实现党的任务和国家发展目标的重要条件。一方面，党和国家的路线、方针和政策给思想政治教育提出了新的要求；另一方面，思想政治教育必须全力为实现党和国家的路线、方针和政策服务。从这个层面上说，党和国家的路线、方针和政策为思想政治教育的原则提供了直接也是根本的依据。

（二）内在依据：思想政治教育规律

思想政治教育作为意识形态领域的工作，虽然与其他形式的政治工作有各方面的联系，但它又具有自身的特点和规律。马克思主义认为，所谓事物的规律性，就是事物内在的、本质的、必然的联系。

我们从社会意识与社会存在的关系、从长期的思想政治教育的实践、从思想政治教育与社会其他系统的关系等方面来看，思想政治教育的规律性，大致包括以下三方面的内涵：一是思想政治教育与社会经济、政治系统的本质联系；二是思想政治教育系统内部各要素

（如教育者、受教育者、教育目的、内容、方法和艺术等）之间的内在必然联系；三是思想政治教育与社会其他系统（如经济工作系统、行政管理系统、社会教育系统等）之间的本质联系。思想政治教育的这种规律性为我们确定思想政治教育的原则提供了内在的依据；或者说，思想政治教育的这种客观规律性，决定了我们思想政治教育的基本原则。

（三）实践依据：思想政治教育的经验

思想政治教育是我们党的一大政治优势，也是我们党的优良传统之一。党和国家在长期对人民群众的思想政治教育过程中，积累了如何有效地进行思想政治教育以及大量处理各方面矛盾和关系的丰富经验，这些经验为思想政治教育原则的确立提供了实践依据。而在思想政治教育实践中所确立的原则，反过来又指导思想政治教育实践；同时，这些经验也为我们在新的条件下，面对思想政治教育的新课题、新任务进行思想政治教育原则的创新，提供了有益的借鉴。

二、思想政治教育原则的基本特征

（一）整体性

思想政治教育原则体系是一个由不同层次的原则构成的丰富而完整的体系，具有整体性特征。首先，思想政治教育原则体系是以思想政治教育规律作为贯穿始终的客观依据而构建起来的，各原则层次之间和各具体原则之间相互联系、相互作用、相互补益，构成具有紧密内在联系的整体。上一层次原则对下一层次原则具有规范、指导作用，下一层次原则在某种意义上讲是上一层次原则的具体化，又对上一层次原则产生一定的影响。如果对此认识不足，对思想政治教育原则的把握和运用就有可能出现偏误。其次，思想政治教育原则体系的整体功能大于各个具体原则功能的简单加和。思想政治教育原则体系由从属层次、关联层次及运行层次等层次的众多具体原则构成，但并不等于这些原则功能的简单相加；这些原则通过相互联系、相互作用而使思想政治教育原则体系产生主体功能，即保证思想政治教育的性质和方向，指导教育者正确选择教育内容和方法、采取正确的教育行为等。因此，在运用思想政治教育原则时不能顾此失彼，而应充分考虑其相互协同的特点，对其综合运用，以充分发挥整体效应。认清思想政治教育原则体系的整体性特点，有助于我们全面认识并把握思想政治教育原则体系，充分发挥其整体功能。

（二）层次性

思想政治教育原则体系可依照由整体到局部、由一般到个别的次序，分层次加以排列，每一层次原则都在一定的范围内和条件下起作用，都有自己特殊的功能和意义。如从属层次的原则反映了思想政治教育与经济基础和上层建筑之间的本质联系，是处理两者关系的基本准则；关联层次的原则反映了思想政治教育与其他社会子系统之间的紧密联系，是处理思想政治教育与经济工作、管理工作等平行子系统之间关系的基本准则；运行层次的原则反映了思想政治教育系统各要素之间的内在关联，是处理思想政治教育各要素之间关系的基本准则。三个层次的原则区分明显，有主次之分，呈现出明显的层次性。即使同一层次中的各个具体原则也有主次之别，表现出一定的层次性。如在关联层次原则中，求实原则体现了正确思想路线的要求，对同一层次的其他原则具有指导意义，同一层次的其他原则基本上是这一原则的展开和具体化。再如，运行层次原则中，民主原则涵盖面宽，具有总的指导意义，同层次的其他原则在某种意义上讲都是民主原则的具体化，因而带有基本原则的性质。

（三）辩证性

辩证性是指人们对思想政治教育原则的认识和把握既具有绝对性又具有相对性，是绝对性和相对性的统一。首先，思想政治教育原则体系是人们在辩证唯物主义和历史唯物主义指导下对思想政治教育客观规律主观认识的产物。它和其他真理性认识具有共同的特征，即绝对真理与相对真理的辩证统一。人们对思想政治教育规律和反映这一规律的思想政治教育原则的认识具有绝对真理性的成分，这种认识每向前一步，都意味着我们对思想政治教育原则的认识达到了一个新水平；随着思想政治教育实践的发展和人们认识能力的提高，对思想政治教育原则认识的水平总体来说是在不断提高。但由于思想政治教育是一个不断发展的过程，新事物、新情况、新问题层出不穷，人们对思想政治教育的规律和原则的认识总是有局限、不全面的，加上不同认识主体的认识能力、认识水平存有差异，因而人们对思想政治教育规律和原则的认识又具有相对性。这也是关于思想政治教育原则存在一些不同意见的重要原因。其次，思想政治教育原则的划分具有相互运用性。实际上，思想政治教育不同层次原则之间以及具体原则之间既有区别又有联系，对各个原则的认识不能绝对化，要看到它们之间的相容性、交叉性、衔接性。最后，思想政治教育原则是对思想政治教育所涉及的各种关系的辩证抽象，只有深刻理解思想政治教育过程中的各种关系，对思想政治教育原则的认识和把握才能符合实际，避免片面性。例如，热情关怀与严格要求相结合的原则，有人片面强调前者而忽视后者；教育与自我教育相结合的原则，有人片面夸大自我教育的作用而否定思想政治教育的影响，不懂得真正的自我教育内在地包含着受教育者积极接受教育影响的自觉状态；等等。这在某种意义上讲，都是对思想政治教育过程的各种关系把握不当、对思想政治教育原则的辩证性认识不清导致的。总之，思想政治教育原则是人们对思想政治教育规律的真理性认识，和其他真理一样，是绝对性和相对性的辩证统一。

（四）发展性

思想政治教育原则是在思想政治教育实践活动中形成和发展的一个多层次的动态体系。首先，随着社会历史条件的变化、人们社会实践的发展，思想政治教育的新经验将得到不断总结，新规律将会不断被认知，反映这些规律的新原则将会不断出现。例如，过去竞争被看作资本主义社会所特有的东西，随着我国改革开放的深入和社会主义市场经济的发展，我们社会的各个领域都出现了竞争，促进了我国社会的发展。这一情况使思想政治教育者认识到，要更好地开展思想政治教育并取得实效，也必须在思想政治教育活动中引入竞争，确立竞争激励原则，努力培养受教育者的竞争意识；否则，思想政治教育就会缺乏生气，难以适应社会主义市场经济建设的要求。其次，即使同一原则，其内涵也会随着实践的发展而不断丰富。如在延安整风时期，鉴于"左"倾错误领导所实行的"残酷斗争、无情打击"造成的危害，党中央提出了"惩前毖后、治病救人"的方针，达到"既要弄清思想又要团结同志"的两个目的，使整风运动取得了巨大成就。新中国成立初期，随着人民内部矛盾突起，毛泽东同志提出了"团结—批评—团结"的公式，丰富和发展了延安整风时期的正确方针。总之，只有在思想政治教育实践的不断发展中认识、把握和运用思想政治教育原则，才能避免认识上的僵化、实践工作中的机械，从而充分发挥思想政治教育原则的整体效应。

三、思想政治教育原则的主要分类

（一）人本原则

思想政治教育在实质上是以马克思主义人学理论为指导，来研究人的发展变化，从而揭示思想政治教育的活动本质和规律。所以，人本原则就成了思想政治教育的重要原则。

1. 内涵

思想政治教育的人本原则就是以人为中心，即在思想政治教育中，从促进人的发展的要求出发，以人为本，注重人的思想、感情和各种需求，把思想政治教育与人的幸福、自由、尊严、终极价值联系起来，使思想政治教育真正成为对人的教育。具体来说，这种以人为中心的思想政治教育，一方面，以激发人的主动性和创造性为根本，以达到调动人的积极性的目的；另一方面，促进个体发展，为实现人的自由全面发展创造条件。

2. 必然性

思想政治教育的对象是生活在社会中的人，这就在根本上决定了思想政治教育工作必须坚持以人为中心的人本原则。相反，离开了以人为中心，也就没有思想政治教育可谈了。

第一，人是社会领域的"双重主体"。在社会领域，人既是构成社会的主体，又是社会活动的主体，即一切社会活动都是通过人来进行的。从管理学的角度来说，现代管理的核心是人，人既是管理的主体，又是管理的客体，离开人，就不存在管理。在这之中，以人本原则为指导，实施人文管理，最大限度地调动人的积极性，挖掘人的潜能，是现代管理学的基本要求。因为只有这样，才能创造良好的社会人文环境和管理环境，使人的主观能动性得到充分发挥。

第二，现代思想政治教育的内在要求。从根本上说，坚持人本原则，既是现代思想政治教育的出发点，也是现代思想政治教育的内在要求。因为人是思想政治教育的中心、出发点，也是思想政治教育的归宿。马克思主义观察社会历史现象的根本观点和方法，最基本的就是从现实的人出发。思想政治教育既是属人的，也是为人的，现实的人是现代思想政治教育的出发点和归宿。因此，现代思想政治教育应该关注现实人的三大需要，即物质需要、社会需要和精神需要，回归到人的现实生活世界，关注人的日常生活世界和非日常生活世界。本质上看，人文关怀是现代思想政治教育的核心，坚持人本原则就成了现代思想政治教育的出发点和内在要求。

第三，现代思想政治教育的价值目标要求。坚持人本原则，实际上是现代思想政治教育的价值目标要求。现代思想政治教育的价值目标，是培养现代人与全面发展的人。因此，在思想政治教育中，以马克思主义人学思想为指导，坚持人本原则，立足于对时代精神的把握，开创现代人本思想政治教育的理念和实践模式，以现代人的精神培养现代人，以现代人的视野培养全面发展的人，是实现现代思想政治教育的价值目标的必然选择和要求。

第四，现代思想政治教育学科建设的要求。坚持思想政治教育的人本原则，是发展与完善现代思想政治教育学的客观要求。我们在思想政治教育中坚持人本原则，一方面，有利于我们树立思想政治教育的新理念，把思想政治教育与人类的两大根本任务——社会的发展与人的发展紧密地联系起来，从而发展和完善思想政治教育人学理论；另一方面，有利于从内容和方法论上推动思想政治教育朝着系统化和科学化的方向发展。坚持以人本原则为指导、坚持以社会历史发展和人的全面发展的一致性为出发点，开展现代思想政治教育学的理论研究和实践探索，使我们能够在学科发展取向中，扬长避短，建设有特色的为社会所认同的现代思想政治教育学，进一步促进现代思想政治教育的学科建设；再一方面，也有助于我们进一步探索思想政治教育的规律。

3. 基本要求

坚持人本原则，关心人、尊重人、爱护人、注重人的各项利益，是现代思想政治教育的基本前提，也是现代思想政治教育的本质特征。从有效坚持人本原则的角度来说，它给我们的思想政治教育工作提出了许多新的要求。

第一，树立人文关怀理念。马克思主义的人本思想认为，人与人之间是平等的。因此，思想政治教育要以平等为前提，对教育对象在利益上加以关心、在感情上加以关怀，这是人本原则在思想政治教育中的具体体现，也是思想政治教育坚持人本原则最基本的要求。

在这之中，尤其要注重教育对象的个体利益、个体目标、个体发展和个体价值的实现。以个人利益而论，过去我们在抽象的集体主义价值观的指导下，无视个体合理的利益要求，使思想政治教育成了一种简单的说教，因而显得十分无力。所以，在新形势下，我们必须以人文关怀为出发点，放弃对个体利益不合理的抑制行为，对教育对象合理的利益主张和要求给予认同，并帮助其拓宽谋求个体利益实现的渠道；同时，将教育对象的个体利益置于与社会利益双向互动的背景下，引导他们反思自身利益的合理性，从而把思想政治教育落到实处。

第二，尊重教育对象的主体地位。所谓主体性，是指人的主观能动性在实践中的外在表现，它从本质上反映了人们在思想政治上的精神状态、劳动实践中的基本态度，以及社会活动中的事业心、责任感。尊重思想政治教育对象的主体地位，最根本的就是尊重教育对象在教育活动中的自觉能动性和创造性。客观地讲，尊重思想政治教育对象的主体地位，是贯彻人本原则的起码要求，它是受教育者通过自我认识、自我管理、自我激励，达到自我完善的内在力量，也是推动思想政治教育深化与创新的一种强大动力。所以，我们在思想政治教育中，要将教育对象真正放在主体位置上，采取"灌输与参与并重"的方式，实行双向交流，尽可能地使其自身的潜能得到最大限度地发挥。

此外，与尊重教育对象主体地位密切联系的，是要关注教育对象个性的发展。人的个性的发展，既是社会进步的动力，也是人全面发展的必然选择。因此，它是我们在思想政治教育中坚持人本原则的必然要求。

第三，尊重教育对象的民主权利。尊重教育对象的民主权利，既是现代社会中强化人的平等观念、增强民主意识的必然要求，也是思想政治教育贯彻人本原则的重要条件之一。

具体来说，我们在思想政治教育中尊重教育对象的民主权利，一是要尊重教育对象的参与权；二是要尊重教育对象的建议权；三是要尊重教育对象的批评权，这些是教育对象责任感的重要体现。我们只有尊重教育对象的这些民主权利，他们才会感到心情舒畅、充满信心，才会对教育者产生亲近感，从而自觉地提升自身的思想道德素质，调控自己的行为习惯。当然，尊重教育对象的民主权利的首要前提，是教育者要以平等的精神、以理解和宽容的态度对待教育对象。

我国市场经济的发展和社会的全面转型，以及新的国际环境的出现，必然进一步促使人们的思想观念发生变化。解放思想、更新观念，继续探讨思想政治教育的原则，适应变化，增强思想政治教育的针对性，是现代思想政治教育的必然要求，也是现代思想政治教育学发展的内在动力之一。

（二）求实原则

思想政治教育的对象、内容等方面是不断发展变化的，我们只有以求实的态度，科学认识和把握这些变化，才能有效地开展工作。因此，求实原则就成了思想政治教育的一项根本原则。

1. 内涵

求实原则也就是我们通常所说的实事求是的原则。思想政治教育的求实原则，就是在思想政治教育整个过程中始终坚持理论联系实际，一切从实际出发，实事求是。

求实原则体现了马克思主义唯物论、辩证法、认识论的有机统一，它是党的思想路线在思想政治教育中的具体体现。

2. 必然性

思想政治教育是党的日常重要工作之一，更是学校教育的重要工作。但它是否有效、有多大效果，一个非常重要的方面，就是我们的思想政治教育是否求实，在思想政治教育中是否坚持了实事求是。

第一，是克服现实思想政治教育滞后性的必然要求。在现实思想政治教育中，虽然我们采取了许多措施，使思想政治教育有所加强，也取得了比较明显的效果，但是，随着改革开放的深入，我国政治、经济、文化以及社会结构都发生了巨大变化。而我们的思想政治教育，不仅在很大程度上与这种变化不相适应，而且在不少方面与现实脱节，使得思想政治教育在总体上呈现出滞后性。这种滞后性的存在与发展，必然对人的发展和我国社会的发展造成极大影响。因此，我们在思想政治教育中，有必要依据求实原则进行教育内容、教育方法、教育途径等方面的创新，以适应新形势发展的要求。

第二，是提高思想政治教育实效性的必然要求。社会主义市场经济体制在我国的建立，是我们几十年探索、改革的重要成果，它促进了我国经济的巨大发展。但是在这一过程中，它的一些运行原则随之被渗透到许多领域，尤其在思想意识领域，使人们的世界观、价值观、人生观、伦理道德、思维方式和行为规范等方面，与改革和社会进步的要求相悖。这就要求我们在思想政治教育中，一方面，要以党的指导思想为方针，坚持党的意识形态的基本原则，保障思想政治教育的正确方向；另一方面，要通过求实的作风、踏实的工作，引导人们树立正确的"三观"和正确的伦理道德，从而提高人的思想政治素质，促进人的发展。

第三，是增强思想政治教育对生产力发展的促进作用的必然要求。按照马克思主义的观点，思想政治教育属于意识形态的范畴，它对经济基础和生产力的发展具有反作用，这就是毛泽东同志所说的："代表先进阶级的正确思想，一旦被群众掌握，就会变成改造社会、改造世界的物质力量。"我国正处在改革开放深入发展的时期，前景光明，但形势依然严峻、任务繁重。在这种情况下，思想政治教育的重要任务，就是必须以求实的态度，把提高人民群众的思想政治素质同把党和国家的路线、方针和政策与人民群众的实际行动结合起来，从而实现它在促进生产力发展方面的反作用。

3. 基本要求

求实原则作为思想政治教育的一项重要原则，决定了我们在思想政治教育的实际工作中必须加以坚持，同时也给我们提出了一些基本要求。

第一，与我国社会的转型密切联系。经过几十年的改革，我国社会发生了很大变化。在经济领域，所有制结构、分配方式、资源配置方式、产业结构等方面，都发生了根本性的变化；在政治领域，党的领导方式、执政方式、政府工作方式也发生了很大变化，民主政治、法制建设有了很大发展；在人的观念意识领域，利益观念明显增强，服从意识减弱、主体意识增强；在社会领域，单一结构已经被打破，一个多层次的社会结构开始形成，过去简单的阶级结构被各阶层的密切结合所代替，社会职能也由单一性转向了综合性。这些情况表明，我国社会已经全面转型。面对这种社会的转型，我们要立足实际，与社会转型相适应，转变观念、更新方法、探索规律，增强思想政治教育的针对性，从而拓展思想政治教育的本质。

第二，与人民群众的思想实际密切联系。人民群众是我国社会的主人。他们的思想变化与发展，既受到当时的社会条件制约，也往往受到个体的观念意识的影响。所以，思想政治教育既要重视群众思想的转变，也要重视影响群众个体的思想因素。也就是说，我们在思想政治教育的过程中，要从社会的实际出发，从群众的思想现状出发，把对人民群众的整体教育与个体的针对教育有机结合起来，这样就能够避免理论与实际脱离的空洞的说教式的教育，增强思想政治教育的针对性和有效性。

第三，与求真务实、为人民办实事的工作作风密切联系。求真务实、为人民办实事是党的优良作风的集中体现，也是过去我们思想政治教育的重要经验。今天我们在思想政治教育中坚持求实原则，必须自觉养成求真务实的作风，言行一致，杜绝形式主义；同时，必须坚持和发扬理论联系实际、为人民办实事的传统作风。因为生活在现实社会中的人，他们的思想认识往往与其实际生活、现实环境有着直接或间接的关系。所以，我们既要注意解决人们的思想问题，也要注意解决实际问题，把二者有机结合起来。这就要求我们以求实原则为指导，深入人民群众之中，关心他们，了解他们的要求，帮助他们解决实际困难。只有这样，才能使思想政治教育落到实处，从而达到调动人民群众积极性和创造性的目的。

第四，与新形势、新情况、新要求密切联系。由于当代我国社会的全面转型和外部世界的影响，在整个社会生活中不可避免地出现了一些新的矛盾和问题，这对人们的思想观念产生了极大的影响和冲击。这些情况使我们的思想政治教育面临着严峻的挑战。我们能否化解这些矛盾、解决这些问题，既关系到人的发展问题，也关系到社会的稳定与发展问题。所以，我们必须以求实原则为指导，宣传党和国家的路线、方针和政策，转变观念，不断探讨和充实新形势下思想政治教育的内容与方法。只有这样，思想政治教育才能取得实际效果，使思想政治教育不断获得发展的动力。

（三）民主原则

民主原则是在长期的思想政治教育实践过程中形成和发展起来的，它是思想政治教育的基本原则之一。

1. 内涵

思想政治教育民主原则，是指思想政治教育要在民主集中制原则指导下，正确地发扬民主精神，坚持民主作风和民主方法，也就是在进行思想政治教育的过程中，"对于思想问题，无论如何不能用压服的办法，要真正实行'双百'方针"。

一般而论，民主原则包括民主态度和民主方式，具体表现在民主意识、民主作风和民主方法三个方面。本质上说，思想政治教育民主原则就是思想政治教育中的疏导方针，思想政治教育者以民主的态度和民主的方式解决人们的思想问题，同时加以疏通和引导。

2. 必然性

坚持民主平等、注重疏导是思想政治教育的基本要求，也是我们在长期思想政治教育实践中所形成的优良传统和作风。在新的历史条件下进行思想政治教育，仍然是我们所要坚持的重要原则。

第一，是思想政治教育的内在基本要求。思想政治教育无论是过去、现在还是将来，都是党的整个工作的一部分。我们在这一工作中，只有运用民主手段，才能反映广大人民群众的要求和愿望，从而密切党和政府与人民群众的关系；只有运用民主手段，才能动员广大人民群众，自觉行动起来，实现党和国家的路线、方针和政策，从而使国家获得发展、自己获得利益、社会得到稳定；只有运用民主手段，才能启迪人民群众的思想并使之形成正确的世界观，提高认识世界和改造世界的能力，从而获得全面的发展。

第二，是正确处理人民内部矛盾的必然要求。从思想政治教育的实践来看，尽管不排除有转化对抗性的矛盾可能，但是，一般来说，思想政治教育的对象是人民群众，所要解决的问题是人民内部的思想认识问题，所解决的矛盾是人民内部矛盾。显然，解决这种思想认识问题和矛盾，不能用强制的方法、压服的方法，而只能用民主的方法。诚如毛泽东同志所说："凡属于思想性质的问题，凡属于人民内部的争论问题，只能用民主的方法去解决，只能用讨论的方法、批评的方法、说服教育的方法去解决。"

当前，在我国社会生活的许多领域，出现了各种各样的矛盾，有些矛盾还在加深与激化，对社会稳定和人的发展带来了极为不利的影响。但客观而论，一方面，这是社会转型和社会发育时期不可避免的现象，我们没有必要大惊小怪；另一方面，我们应该重视这些矛盾，然而这些矛盾在总体上，仍然是人民内部矛盾。所以，坚持民主原则、运用民主讨论的方法有效地解决这些矛盾，促进社会有序转型和良性发展，既是必要的，也是可行的。

第三，是增强人们主体意识和自主意识的必然要求。主体意识和自主意识对人的自身发展和促进社会进步，具有重要的作用。思想政治教育的任务之一，就是培养和增强人们的主体意识、自主意识，所以，我们在思想政治教育中，要以民主原则为指导，引导人们深刻认识自身在社会发展中的价值，独立思考，自主发展，提高自己的能力。

第四，是推动我国政治文明建设的重要途径。政治文明建设是我国社会主义政治发展的重要目标，是社会主义现代化的重要内容，也是思想政治教育的任务之一，思想政治教育又是推动政治文明建设和发展的重要途径。因此，我们在思想政治教育中，一方面要向广大人民群众广泛宣传社会主义政治文明；另一方面，要坚持民主原则，采取民主手段，培养人们的政治参与意识，并且引导人们理性参与，从而推动我国社会主义政治文明建设的健康发展。

3. 基本要求

思想政治教育的民主原则体现了教育者与受教育者的平等性，是马克思主义平等观在思想政治教育中的具体运用。要有效贯彻与坚持这一原则，我们必须注意以下几个问题：

第一，树立正确的观念。人的观念是行动的基础。在思想政治教育中，教育者只有树立了正确的观念，民主原则才能得到落实。从这个意义上说，树立正确的观念是坚持和贯彻民主原则的基本前提。

首先，树立正确的群众观。历史唯物主义认为，人民群众是社会主人的意识。思想政治教育者在工作中，要有尊重人民群众、尊重教育对象的基本立场，也要有向人民群众、向教育对象学习的基本态度。这就要求我们做工作、办事情，既要相信群众、尊重群众，也要依靠群众，从群众中来、到群众中去，决不能无视群众、主观武断。具体来说，要鼓励人们积极思考，畅所欲言，对正确的意见要注意吸取，并努力实现；对不正确的意见要耐心引导，给予必要的批评和帮助。

其次，树立正确的平等观。树立正确的平等观，是坚持思想政治教育民主原则的一个重要方面。从根本上说，在思想政治教育中，教育者与教育对象互相尊重是最基本的要求。一方面，教育者与教育对象之间人格是平等的；另一方面，在思想政治教育的沟通中，教育者与教育对象的目的是一致的，就是要努力实现人的全面发展，把教育对象培养成为社会所需要的人，目的具有一致性；再一方面，平等是思想政治教育规律的客观要求，思想政治教育主要是引导人们树立符合社会发展要求的思想和道德，而人的思想和道德的形成与发展必然受到客观外界因素和主观内部因素制约，这就使得人们形成或接受某种思想和道德成为一个主动选择的过程。在这之中，思想政治教育者任何不平等的做法，都会影响和制约人们正确思想和道德的形成与发展。思想政治教育的过程，从一定意义上说，是教育者和教育对象之间的信息和情感的双向交流活动。而这一活动的前提，是双方对平等人格的认同和尊重。在这个基础上，通过交谈、论争来相互启发、相互补充，使认识逐步深入，最后达成共识。

第二，运用民主讨论方式有效疏导。疏导是思想政治教育的基本手段之一。但是，不同的环境和采取不同方式疏导，其教育的效果是有区别的。这就要求我们在思想政治教育的过程中，一是创造宽松的环境、和谐的氛围。这种宽松的环境、和谐的氛围，即邓小平同志所说的要形成"不抓辫子、不扣帽子、不打棍子"的"三不主义"的民主氛围；二是运用民主讨论的方式进行教育和疏导。思想政治教育作为做人的工作，必然要以理服人、摆事实、讲道理，而且要耐心细致，"家长制""一言堂"的简单粗暴方式是行不通的。所以，"在党内和人民内部的政治生活中，只能采取民主手段、不能采取压制、打击的手段"。同时，"历史经验证明，用大搞群众运动的办法，而不是用透彻说理、从容讨论的办法，去解决群众的思想教育问题……从来都是不成功的"。只要做到了这两个方面，受教育者就能够自愿接受教育，自觉地与教育者进行交流与沟通，净化心灵。

第三，坚持民主原则内涵与外延的统一。在思想政治教育中，民主原则的内涵是指思想政治教育本身是一个民主化的过程，也是推动社会民主政治发展的过程；其外延是指在思想政治教育中要以高度的民主意识，坚持民主作风，采取民主方法。教育者只有把它们统一起来，才能形成整体效应。

第四，把民主与集中有机结合起来。从民主与集中的关系来看，民主是集中的基础，集中是民主的升华。所以，我们在思想政治教育中如果离开民主，采取压制、强迫和堵塞的方法，就是导而不疏；如果离开正确集中的指导，采取自由放任主义或无政府主义的方法，就是疏而不导。

第五，增强思想政治教育的透明度。增强思想政治教育的透明度，是坚持民主原则的基本要求之一。因为，在思想政治教育中仅仅有教育者对受教育者的教育是不够的，还应该引导受教育者自觉参与到思想政治教育中，进行自我教育。所以，思想政治教育者对某一时期思想政治教育所要解决的问题，尤其涉及人们切身利益的事情，应该而且有责任告诉人们，引导人们思考并积极参与解决问题。

（四）开放性原则

在信息时代的今天，开放性是整个社会的重要特点，国家的发展和各项工作的开展，都必须考虑这个特点。思想政治教育作为我国社会一项必不可少的工作，理所当然地要遵循开放性原则。

1. 内涵

开放是相对封闭而言的，开放性原则就是在开放的形势下，利用各种有利的条件、有利的时机，去研究和推动事物的发展。而思想政治教育的开放性原则，是指在思想政治教育中，必须与外界保持密切的、全方位的联系，要多渠道、多形式、多层次、多方面地获取信息，把握信息，从而在一个开放的系统中进行思想政治教育。

2. 必然性

总的来说，包括思想政治教育在内的任何一个事物都不可能孤立地存在，它必然与其他事物、与周围环境密切地联系在一起。

第一，由社会的开放性所决定。开放是现代社会的基本属性。一方面，社会作为一个系统，必然在开放中进行物质、能量、信息的交流；另一方面，人是社会的产物，又生活在具体的社会之中。所以，社会的开放性必然对人们的意识、观念产生深刻的影响。社会的开放性作为一种重要的社会现象，决定着人们思想的产生与变化。从这个意义上讲，思想政治教育必须坚持开放性原则。

第二，由人的思想的开放性所决定。随着我国改革开放的深入、社会转型的演进，以及解放思想的推动，人们的思想呈现出开放性特征。这种开放性表现在两个方面：一方面，人们的思想已经从过去的封闭状态下解放出来，主动接受新思想、新观念，积极思考和探索新问题；另一方面，人们的思想在许多问题上表现出过分现实。比如，在利益问题上，把重心完全放在自身利益方面，而不管他人、国家和社会的利益；在权利与义务问题上，把重心完全放在权利方面，而不讲义务。支持人们注重现实的利益和权利，是党和国家的基本主张，也是社会发展、进步的要求与表现，但是，如果太过分走向了它的反面，势必会对人的发展、对社会的发展造成极大的障碍和阻力。除此之外，人们对国外的一些学说、一些思想、一些价值观也备感兴趣。人们思想的这种开放性，要求我们在思想政治教育中实行开放式的教育，进行科学的引导。

第三，由思想政治教育系统的开放性所决定。思想政治教育作为我国整个社会系统的有机组成部分，它既面对这个社会的个人，也面对这个社会的所有群体，它实际上是一个开放的系统。思想政治教育这个系统的开放性，内在地决定了思想政治教育的开放性。

3. 基本要求

面对瞬息万变的社会生活，面对社会变革和各种思潮的冲击，一方面决定了在思想政治教育中采取开放性原则的必然性；另一方面，也决定了思想政治教育中采取开放性原则的基本要求。

第一，坚持纵向联系。在我国，思想政治教育作为社会教育的一个重要组成部分，作为党在思想战线的重要工作，既有现实的发展性，也有历史的继承性。所以，我们在进行思想政治教育的实际工作中，要注意把握它的现状与历史、未来的联系。现状是从历史发展而来的，又是走向未来的基点。因此，我们必须认真分析、思考思想政治教育的现状与过去，厘清哪些是正确有效、应当加以坚持或巩固的；哪些是错误或成效小、应当摒弃或改善的；哪些是在新条件下需要创新的，适应性强、效果显著，应当加以总结推广的。同时，还要以现状为起点，根据掌握的信息量分析、评估未来思想政治教育的发展趋势。

第二，坚持横向联系。思想政治教育作为一门学科，本身就是综合运用伦理学、社会学、教育学、心理学等相关学科的知识，对人们进行思想政治教育的。所以，在思想政治教育中，一要加强与这些相关学科的联系，及时把握这些相关学科的发展情况和研究成果，为思想政治教育提供理论支撑和信息；二要根据形势的变化，以及党和政府的要求，随时对思想政治教育进行分析与评价，提高思想政治教育的有效性；三要加强不同部门、不同系统合作，交流思想政治教育的经验和信息，不断完善自身成果，逐渐形成一套适合本单位、本部门特色的思想政治教育模式。

第三，增强教育内容的开放性。面对开放的世界，调整充实思想政治教育的内容，增强其开放性，是坚持思想政治教育开放性原则的必然要求之一。由于受到外部世界的影响，尤其是在加入世界贸易组织以后，我国在受到外部经济因素制约的同时，西方的价值观念、意识形态必然渗入进来，敌对势力的分化、"西化"意图也更为突出，从而使得思想政治领域的斗争紧张并且更隐蔽。

在这种情况下，一方面，我们必须加强思想政治教育，坚定不移地坚持四项基本原则；另一方面，也要调整思想政治教育的内容，增强其开放性。在这之中，一是思想政治教育内容要体现改革开放时代的特点和要求；二是思想政治教育内容要体现社会转型时期人们的思想特点；三是要把思想政治教育内容与学习西方文化结合起来。比如，对西方的价值观念、意识形态以及民主政治制度，我们应该采取科学的态度进行比较与分析，在看到它消极性的同时，也看到它产生的历史必然性以及历史的进步性，分离出它的合理"内核"。这些合理"内核"，也是人类改造社会的优秀文化成果，我们应该吸取和接纳。

第四，增强教育基本方法的开放性。在增强思想政治教育内容开放性的同时，借鉴和开拓思想政治教育的教育方法。增强教育方法的开放性，是坚持思想政治教育开放性原则的又一必然要求。

关于人的教育问题，无论是在东方还是在西方，都是一个普遍的社会问题。人们在解决这一问题的过程中，形成了具有各自特点的方法。在现实社会生活中，由于人们思想具有开放性与活跃性，对人的教育方法也具有开放性与灵活性。因此，我们在思想政治教育中，要把借鉴与开拓结合起来，形成开放性的教育方法。在这之中，一是要善于通过比较发现国外值得学习的方法，充分吸取其中有益的成分；二是要充分利用互联网平台，建设思想政治教育的专门网站；三是要把继承传统方法与方法创新有机结合起来。

（五）层次性原则

在生活现实中，人们在思想道德、观念意识、行为方式等方面不可能是完全一致的，相反，会呈现出巨大的差异。我们在思想政治教育中只有认识和把握这种差异，才能进行科学决策。

1. 内涵

所谓层次性原则，是指"思想政治教育要从教育对象的特点出发，根据受教育者不同的思想状况，区别对待，因材施教，分层次进行教育的原则"。

概括地讲，思想政治教育的层次性原则，就是思想政治教育要根据受教育者的不同情况，区别对待，分层次进行。其实质就是承认受教育者的差异，并根据受教育者的不同层次，做到因地、因人、因事、因时制宜，选择相应的内容与方法进行有的放矢、对症下药的教育，加强教育的针对性。正如邓小平同志所说，我们"要针对每个单位、每个人的不同情况去做思想工作"。

2. 必然性

从人们各自的不同特点和实际情况出发，进行有针对性的教育，是我们进行思想政治教育的根本要求。

第一，由受教育者能力和素养的层次性所决定。从思想政治教育的实践来看，受教育者的能力和素养所表现出来的层次性，决定了我们在思想政治教育中必须坚持层次性原则。我们承认在现实生活中人们的社会地位是平等的，但由于先天遗传因素和后天环境影响以及教育等原因，人们在能力素养方面存在一定程度的差异。这种差异现实地表现为一定的层次性。比如，就价值选择而论，人们的选择是不同的，必然存在着差异，这种"不同"或"差异"既体现为不同人群价值选择的区别，也体现为不同人群和同一人群价值选择的层次性。所以，思想政治教育的层次性原则，客观地体现了教育对象的内在机理。

第二，由受教育者对事物认识的差异性所决定。在社会现实生活中，受教育者对事物认识存在着不同程度的差异，这就决定了我们在思想政治教育中必须坚持层次性原则。由于受各种主客观条件的限制，人们对事物的认识、对自身的认识也不尽一致，呈现出了明显不同的层次。比如，在现实生活中，人们反映出来的思想观念、政治观念、价值观念、道德观念等，可能符合社会发展的要求，可能与社会发展要求有一定的差别，也可能不一致，甚至可能是对立的。这种现象，一方面表明了思想领域的复杂性和层次性；另一方面，也为我们有效进行思想政治教育提供了客观依据，提出了根本要求。

第三，是实事求是思想的必然要求。实事求是是我们党的思想路线的核心内容，也是包括思想政治教育在内的各项工作的根本指导思想。思想政治教育的对象是生活在特定社会中的人，而社会环境必然给人们打上不同的烙印，使人们在思想意识、行为方式上表现出多样性。显然，我们在思想政治教育中，要实事求是地分析人们的思想和行为，区别对待不同领域、不同层次的情况，从而做出科学的决策。

总之，我们在思想政治教育中只有认识和把握人的这种层次性，才能进行科学决策。从这个层面上讲，层次性原则是我们进行思想政治教育的基本原则之一。

3. 基本要求

我们在坚持层次性原则的过程中，必须遵循一些基本的要求。

第一，正视差异。在思想意识领域，人们的思想存在着差异是绝对的，一致是相对的，这是符合人的思想的形成、发展规律的。这是思想政治教育存在的客观基础。也正因为存在着这种差异，人们的思想才能异彩纷呈，才能不断发展。因此，在思想政治教育中，我们要承认差异，并正确对待差异。但要明确的是，正视差异不是迁就和包庇错误，不是容忍更不是鼓励错误思想泛滥，而是求实态度的体现，是我们进行思想政治教育的起点。

第二，尊重教育对象。尊重教育对象，就是在思想政治教育的过程中，对在思想认识、道德状况方面处于不同层次的人，在情感上同等对待，尊重他们的人格，倾听他们的要求，关心他们各方面的利益；同时，引导他们发挥自己的长处和优点，不能放弃他们，更不能歧视他们。

第三，注重方式方法。在思想政治教育的过程中，要对不同类型、不同层次的教育对象采取不同的教育方式和方法。在总体上，我们在思想政治教育的过程中，对教育对象不能随意指责，要善于引导与沟通。当然，在此过程中，也不乏实事求是的严厉的批评。我们只有对处于不同思想层次的人采取不同的教育方式和方法，增强针对性，才能提高教育的效果。

第二节　高职思想政治教育的主要教学内容

一、世界观和人生观教育

（一）世界观教育

世界观的教育是十分重要的。因为世界观在人们精神世界中居于核心地位，世界观决定和支配着人生观、价值观、道德观和政治观等。世界观教育是思想政治教育内容中带有根本性的教育，是思想政治教育的核心内容。世界观教育就是要使人们学习和掌握辩证唯物主义和历史唯物主义，引导和帮助人们树立马克思主义世界观。

1.马克思主义世界观教育

马克思列宁主义、毛泽东思想、邓小平理论和"三个代表"重要思想是科学的理论体系，是指导我们思想的理论基础。

世界观教育就是教人们学会正确认识物质与意识的关系，正确认识世界，树立科学思想、养成科学态度、运用科学方法、坚持科学精神。使人们在认识世界和改造世界的过程中，想问题、办事情能够从客观实际出发。教育人们在改造客观世界的过程中改造主观世界，实现认识与实践、改造主观世界与改造客观世界的统一。教育人们以科学的态度，用发展的观点观察和分析问题，树立实践的观点，到实践中锻炼，虚心向群众学习，不断提高学习和工作的自觉性与责任感。教育人们掌握社会发展的基本规律，坚持从社会物质生产特别是生产力和生产关系的矛盾来解释世界，把生产力作为推动社会前进最活跃、最革命的力量。教育人们树立人民群众创造历史的观点、劳动的观点等。教育人们把个人的发展同伟大祖国的前途和人民群众的实践活动紧密结合起来，坚定社会主义、共产主义信念，坚持中国共产党的领导，坚定不移地走社会主义道路。

2. 为人民服务的世界观教育

全心全意地为人民服务既是中国共产党人的宗旨，也是新时期思想政治教育的根本。一个人，能够爱我们的社会主义祖国，自觉自愿地为社会主义服务，为广大人民群众服务，这就是他已经初步树立起科学的世界观的重要标志。

（二）人生观教育

人生观就是人们对人生目的和意义的根本看法和态度。人生观与世界观是密不可分的，人生观是世界观的组成部分。进行世界观教育，必须落实到人生观的教育上，因为人生观是世界观在看待人生问题上的应用和推广，是世界观的核心。人生观教育的内容主要有以下几方面：

1. 人生价值教育

人生价值是人生观的核心问题，是指人在一生中在多大程度上满足社会物质和精神需要。这个价值包含两个方面：一方面，个人对社会的责任和贡献；另一方面，社会对人的尊重和满足。两个方面是相互联系的，一个人要实现人生价值，不能够依靠社会给你提供多少享受，更重要的是责任的履行，义务的履行，做出相应的社会追求，只有达到这两者的完美结合，贡献多，收获多，这样才能使人生价值更大。要教育人们树立为人民服务的人生观。这主要包括：人生的价值首先在于劳动和创造；实现人生价值也需要发挥主观能动性，创造必要的主观条件。衡量人生价值的主要标准是对社会的贡献，完成时代任务是实现人生价值的主要历史舞台。

2. 人生态度教育

人生态度是一个人在实现人生理想的过程中，在处理复杂多变的人生矛盾时，比较一贯的立场、观点和方法。人生态度是人生观深刻且直观生动的表现和反映。人生态度形成后，对世界观与人生观的巩固或变革具有明显制约作用。人生态度是一个人在实现人生理想的过程中，在一定的社会生活环境中，经过自我的生活体验所形成的关于人生问题的比较稳定的心理倾向。我们对待自己到底是什么倾向？我们要的是积极的、乐观的人生态度。为此，我们要进行认知、情感方面的教育，使受教育者正确认识人生价值所在，从而达到对自己的积极认可，树立正确的人生态度。

3. 人生道路教育

人生道路是指人们在度过自己一生的生命历程中所走的道路。实现人生价值，应该走什么样的人生道路，每一个人都有自己的选择，只有把为人民服务作为一生的追求，才会使自己身后留下闪光的人生足迹。

4. 人生理想信念教育

理想是人们在实践中形成的、有可能实现的、对未来社会和自身发展的向往和追求，是人们世界观、人生观、价值观在奋斗目标上的集中体现。信念是人们在一定的认识基础上确立的对某种思想或事物坚信不疑并身体力行的心理态度和精神状态。树立崇高的理想信念也是有力抵制和克服各种错误思想的精神武器。理想内容包括：社会理想、道德理想、职业理想和生活理想，最重要的是人生观和社会理想。理想信念教育始终是人生观的核心要素，理想信念决定着人们的政治价值选择和评价，决定着人们政治价值观的性质和方向。

二、价值观和道德观教育

（一）价值观教育

价值观是人们对于各种客体满足主体需要的有用性、积极意义所进行的评价以及根本看法。价值观是世界观和人生观的核心，是世界观、人生观的组成部分。价值观教育包含：

1. 价值观教育要建立社会主义价值观体系

建设社会主义核心价值体系是建设社会主义和谐社会的关键之一。正确的价值观为群众所掌握，就会达成群众的共识，就可以成为强大的动力源泉。

2. 价值观教育要引导形成集体主义价值观

集体主义价值观强调集体利益高于个人利益，并不排斥、否定个人的正当利益，坚持自我价值和社会价值的统一。个人的价值必须依赖于社会的价值，我们为社会做出贡献，社会发展了，物质财富增加了，精神文明发展了，我们每一个人才能得到最大的满足。

3. 价值观教育要求始终坚持义与利统一观

社会主义义利观的"义"是指崇高的理想境界和高尚的精神生活；"利"是指国家和集体利益及在国家、集体利益之下的合法的个人利益。人们应该遵守道德义务，在道德上和利益上相统一。一方面，国家和集体利益是满足个人利益的保障和前提，是个人利益的集中表现；另一方面，没有个人利益的实现，国家和集体利益也难以充分发展。国家和集体利益比个人利益是更重要、更根本的利益，每一个人的命运都是与国家的、集体的命运紧密相连的。坚持义与利的统一，也就是要掌握一定的道德规则，达到道德上的自律，在道德自律下，通过合法的劳动，达到利益最大化。

（二）道德观教育

社会主义道德，是以社会主义公有制为主体的经济基础的反映，是以马克思主义的世界观为指导，由无产阶级自觉培养起来的道德。它是代表无产阶级和广大劳动人民根本利益的先进道德体系，是以坚持国家和集体利益、个人利益相结合的集体主义为基本原则。它属于共产主义道德体系，是共产主义道德在社会主义历史阶段的具体体现。现阶段，社会主义道德是调节我国社会关系的主要道德类型，社会主义道德同社会历史发展规律、人民的利益是完全一致的，为了建设和发展中国特色社会主义，我们应当在全社会认真提倡社会主义道德。

道德教育既是社会主义精神文明建设的重要组成部分，也是世界观、人生观教育的重要方面。道德教育有着独特的地位和作用，它是人们形成优秀道德品质的重要环节。道德教育是对人们进行有组织、有计划、有目的、有系统的道德灌输，以使人们形成优秀的道德品质，成为有道德的人。

随着社会主义市场经济体制的逐步建立，积极建立社会主义思想道德体系，确立全体社会成员共同遵循的价值取向和行为准则，培养有道德的社会主义公民，已经成为当前加强社会主义精神建设的一项紧迫任务。

1. 积极进行以为人民服务为核心、以集体主义为原则的社会主义道德观教育

为人民服务，是社会主义道德区别于其他道德的显著标志，为人民服务也是社会主义道德要求的集中体现。在社会主义社会，要成为一个有道德的人，就一定要有为人民服务、为社会献身的精神。人们在社会中，总要同其他人发生关系。一个有道德的人，就要时时处处想到别人，想到国家和社会，从而能够设身处地、推己及人、与人为善、服务他人，使他人能够得到益处。一个有道德的人在践履服务他人、献身社会的行为中，必然会使自己的道德觉悟不断提高，思想境界不断升华。事实上，一个人越是自觉地、经常地为他人服务，为社会献身，他的品德就越高尚，他的思想境界就越崇高。可见，"为人民服务"，就是一种对他人、对社会的献身精神，这种献身精神的大小，同个人的道德升华成正比。

集体主义是社会主义的道德原则。集体主义中的"集体"，不能理解为某个小团体或某个单位，也不能理解为经济所有制意义上的"集体"。集体的本质意义，表现为以无产阶级为核心的利益集团。建立国家政权后，无产阶级的集体扩大为整个国家，整个社会的集体。我国现阶段，在建设有中国特色社会主义的进程中，全国人民的根本利益是一致的，集体主义原则中所维护的集体利益，是最广大人民群众的共同利益。集体主义是社会主义

道德的基本原则，因为集体主义是人类社会本质的必然选择。以社会为本位的集体主义，这是社会主义社会确立的价值目标。社会是一个有机整体，个人与社会的关系是辩证统一的。人类社会的本质在于社会的稳定性。正因为是以社会为本位，人类社会才得以延续和发展。以社会为本位的集体主义价值原则，是社会本质的必然选择和要求。集体主义也是社会经济关系所表现出来的利益决定的。社会主义经济关系的基础是劳动人民占有生产资料，它反映的最基本的利益关系是劳动人民的共同利益。维护、巩固和发展社会主义公有制，维护劳动人民的共同利益，则是社会主义道德赖以存在和发展的基础。而反映这个基础的道德观念，必然是社会主义的集体主义。集体主义还是调节个人与社会利益的基本原则。在社会主义社会里，集体利益是个人利益的基础和保证。个人利益的不断实现，个性的全面发展，要依靠集体事业的发展。只有通过集体和劳动群众的联合力量，才能获得个人全面发展的条件。调节社会主义条件下个人与他人，个人与社会利益的基本原则，只能是集体主义。在社会主义条件下，明确了社会主义道德原则是集体主义，便能正确地处理好人与人之间的各种利益关系，正确处理好个人利益同社会利益、集体利益、国家利益之间的关系。集体主义，是社会主义政治、经济和文化建设的必然要求。要把集体主义精神渗入社会生活的各个层面，提倡个人利益服从集体利益、局部利益服从整体利益、当前利益服从长远利益，要旗帜鲜明地反对个人主义、本位主义、损公肥私和损人利己的不道德行为。

个人主义是同集体主义相对立的剥削阶级的道德原则。我们要教育人们提倡社会主义道德，反对个人主义，弘扬集体主义精神。弘扬集体主义精神，就是从价值导向上引导人们坚持以集体利益、国家利益为重，坚持社会主义方向，全面推进建设有中国特色社会主义的伟大事业。个人主义是私有制经济基础的产物，是资产阶级的人生观、价值观、道德观的核心和基本原则。它是一种一切从个人出发，一切以个人为目的的剥削阶级的思想。个人主义以个人为核心，一切为了自己，损公肥私、损人利己，把个人利益置于国家、集体利益之上。个人主义是私有制，特别是资本主义私有制的意识形态，与社会主义格格不入。虽然作为资产阶级精神武器的个人主义，在反对封建制度和宗教统治中曾经起过积极作用。但个人主义是彻头彻尾的自我中心论，在理论上是错误的，在实践上是有害的。

2. 要积极进行"三德"教育

"三德"教育，即职业道德教育、社会公德教育和家庭美德教育。

职业道德教育。职业道德，是从事一定职业的人在职业活动中应当遵循的具有职业特征的道德要求和行为准则。职业道德是整个社会道德规范体系的重要组成部分，是社会主义道德原则和规范在职业行为、职业关系中的特殊表现。社会主义的职业道德继承了传统职业道德的优秀成分，体现了社会主义职业的基本特征，具有崭新的内涵，其基本要求是：爱岗敬业，诚实守信，办事公道，服务群众，奉献社会。对大学生进行职业道德教育的主要途径有三个：一是通过现行"思想道德修养与法律基础"课进行，其教学目的主要是帮助大学生认识进行职业道德修养的意义，了解职业道德的要求，明确职业道德修养的途径；二是通过专业实习和毕业教育进行；三是通过日常生活进行。在日常生活中，要教育引导大学生在学习和生活中学会与他人合作，积极参加集体活动，力戒自私散漫，发扬团结协作的精神；敢于坚持真理，大胆探索，力戒消极保守，发扬开拓进取的精神；提倡艰苦朴素、勇挑重担，力戒贪图享乐，发扬艰苦奋斗的精神；养成执着认真、刻苦钻研的学习习惯，力戒浮躁不专的作风，发扬精益求精的精神。同时，还应教育引导大学生自觉培养廉洁自律意识，提升人格境界，为今后在职业生活中为人民服务、依法办事、廉洁奉公打下坚实的基础。

社会公德教育。社会公德是指在社会交往和公共生活中公民应该遵循的道德准则。社会公德涵盖了人与人、人与社会、人与自然之间的关系。在人与人之间关系的层面上，社会公德主要体现为举止文明、尊重他人；在人与社会之间关系的层面上，社会公德主要体现为爱护公物、遵守公共秩序；在人与自然之间关系的层面上，社会公德主要体现为热爱自然、保护环境。在现代社会，由于社会公德涵盖社会生活的广泛性，公共生活领域不断地扩大，人们相互交往日益频繁，社会公德在维护公众利益、公共秩序，保持社会稳定方面的作用更加突出，成为大学生在内的每一个社会成员道德修养和社会文明程度的重要表现。

社会公德包括以下主要内容：文明礼貌、助人为乐、爱护公物、保护环境和遵纪守法。

另外，随着网络的迅猛发展，产生了网络道德。网络道德是人们在网络生活中为了维护正常的网络公共秩序需要共同遵守的基本道德准则，是公德规范在网络空间的运用和扩展。网络道德主要有以下要求：一是要正确使用网络工具，不涉足不良网站，不浏览不良的内容；二是要健康进行网络交往，做到诚实无欺，不侮辱、诽谤他人，不通过网络进行色情、赌博活动；三是要自觉避免沉迷网络；四是要养成网络自律精神。

进行公德教育，对于培养大学生良好的公德素质，建设文明校园，形成良好的校园公德风气，发挥大学生对社会的文明辐射作用，使大学生成为社会公德的模范践行者和传播者，具有十分重要的意义。因此，社会公德教育是大学生道德观教育的一项基础性内容。

对大学生进行社会公德教育，其途径主要有四个：一是通过现行"思想道德修养与法律基础"课进行，其教学目的主要是帮助大学生认识进行社会公德修养的意义，了解社会公德的规范和要求，了解与公德相关的法律规范，明确社会公德修养的途径；二是教育大学生自觉遵守学校的纪律和公共场所的有关规定；三是经常组织大学生开展社会公德实践活动（例如，开展文明寝室、文明大学生、文明校园活动、志愿者活动，等等），营造讲公德的环境氛围；四是做好宣传工作，宣传、表扬讲公德的先进人物和事迹，褒扬与尊重模范遵守社会公德的大学生，对不讲公德的大学生要做好批评教育工作，树立正气，抵制歪风邪气。

家庭美德教育，家庭美德是每个公民在家庭生活中应该遵循的行为准则，涵盖了夫妻、长幼、邻里之间的关系。家庭美德在维系和谐美满的婚姻家庭关系和社会的安定和谐中具有十分重要而独特的功能，每一个大学生都归属于一个特定的家庭，结婚后还会组成新的家庭。家庭生活与大学生有着密切的联系。正确对待和处理家庭问题，共同培养和发展夫妻爱情、长幼亲情、邻里友情，关系到家庭的美满幸福。另外，家庭生活与社会生活也有着密切的联系，正确对待和处理家庭关系和邻里关系，也有利于社会的安定和谐。

家庭美德的主要内容是：尊老爱幼、男女平等、夫妻和睦、勤俭持家、邻里团结。

对大学生进行家庭美德教育，主要应抓好以下两方面工作。

一是要做好"思想道德修养与法律基础"课关于这一部分内容的教学。通过教学，使大学生认识进行家庭美德修养的意义，了解家庭美德的规范与要求，了解家庭美德修养的途径，培养家庭美德的思想意识。这一部分内容的教学要结合《婚姻法》的教学一道进行。二是要教育引导大学生与家庭保持密切关系，处理好与家庭的关系，按照家庭美德的要求，处理好与家庭发生的矛盾。

3. 积极开展可持续发展意识教育与网络道德教育

可持续发展意识是指人类负有保护和改善这一代和将来世世代代的环境的庄严责任。这是一种新的道德观念。

现代社会网络的出现，其信息传播速度之快，容量之大，覆盖范围之广，及高度的开放性和交互性，使现代人充分享受到了信息网络化这一现代技术文明。然而信息网络化，给人类发展带来了机遇，也带来了许多问题，如网上黑客的出现、色情内容的传播、信息欺诈等，不仅带来了负面影响，甚至导致了严重的网络道德失范。而且网络是一个自由的传播媒体，上网者具有很强的自主性，这就给人的道德自律提出了更高的要求，也给道德教育提出了新的要求，增添了道德教育的新内容。因此，现代社会对人们进行网络道德教育已是非常必要。网络道德教育既需要有网络操作"网风"与"网德"教育、网络道德纪律教育和网络爱国主义教育，增强对全球网络文化的识别警觉能力、自律抵诱能力的教育；也应着力制定有效的网络道德规范，完整的网络行为规范，把网络道德意识贯彻到网络技术规划和发展的全过程中去，利用网络这一先进工具，将正确的、科学的、文明的、健康的内容移植到网络文明建设上来，通过网络传播主流价值文化，以生动活泼的形式建立起弘扬主旋律的网络阵地，把人们的网络行为引向文明的方向和轨道，使网络为我所用，造福人类。

三、政治观和民主法制教育

（一）政治观教育

1.基本国情教育

国情是党和政府制定方针、政策的根本依据，正如毛泽东同志所说："认清中国社会的性质，就是说，认清中国的国情，乃是认清一切革命问题的基本的根据。"

国情是指一个国家相对稳定的总体的客观实际情况。国情包括社会发展所处的阶段、经济、政治、思想、文化、人口、民族、历史特点、地理状态、自然资源等多种因素，这些因素对一个国家的经济社会发展起着决定性的作用。国情教育包括自然国情教育、历史国情教育、现实国情教育和比较国情教育等方面。

就目前来说，进行国情教育，最主要的就是要引导人们认识我国处在社会主义初级阶段，想问题、办事情都必须从这个基本的国情、最大的"实际"出发。进入21世纪以来，我国经济总量在世界的位次不断提升。综合上述因素衡量，我国处于社会主义初级阶段的基本特征没有改变，属于发展中国家的事实没有改变，实现由经济大国向经济强国的转变任重而道远。讲清这些基本国情，就有助于引导人们自觉坚持党的基本路线不动摇。

进行国情教育，还应帮助教育对象正确认识中国人民为国家独立和民族富强而进行的革命斗争历史。江泽民同志曾多次强调要在全国特别是在青少年中，由浅入深、坚持不懈地进行中国近代史、现代史和我们党的发展史教育，使他们认识到现在的和平局面来之不易，增强青年的民族自尊心和自信心。历史国情的教育，有助于教育对象全面认识我国发展的阶段、现状和走向，增强对党和国家路线、方针和政策的认同。

进行国情教育，除了帮助人们系统地了解我国经济、政治、军事、外交，以及社会、文化、人口、资源等各方面的历史和现状，了解我国社会主义现代化建设的目标、步骤和宏伟前景外，还应进行国情对比教育，从中国和世界其他不同类型国家的科学对比中，看到我国的优势和差距、有利条件和不利条件，增强教育对象的使命感和社会责任感，更好地发挥艰苦奋斗、勤俭建国的创业精神。

2.经济制度教育

正确认识国家的基本经济和政治制度，是政治观教育的重点。帮助教育对象正确认识国家的基本制度，有助于提高其对中国特色社会主义的信心。

我们在进行基本经济制度教育的过程中，应该突出重点，具体可从以下三个方面入手。

第一，引导教育对象准确认识我国选择社会主义市场经济体系的理论和实践基础，选择的历史过程和社会主义市场经济体制的性质和内容，指出它是改革开放实践发展的必然结果。

第二，帮助教育对象全面理解公有制和按劳分配的含义及其主体地位，坚持主体地位的重要意义以及公有制经济与非公有制经济、按劳分配和按生产要素分配的关系。

第三，帮助教育对象准确认识保持我国经济又好又快发展，促进国民经济战略转型的重大意义。同时，也要引导教育对象正确认识经济发展过程中所出现的问题和矛盾。

3. 政治制度教育

在思想政治教育中进行基本政治制度教育的时候，也应该突出以下三方面。

第一，全面介绍和正确评价中国特色社会主义的政治制度，科学分析西方国家的政治制度，明确为什么我们不能实行西方国家的政治制度。

第二，帮助教育对象准确理解我国民主政治发展的基本方向，即依法治国，建设社会主义法治国家。

第三，帮助教育对象认识推进我国政治体制改革的必要性以及坚持党的领导、人民当家作主和依法治国有机统一的重要性。

4. 时代精神教育

时代精神是一个社会在最新的创造性实践中形成的，反映社会进步发展方向、引领时代进步潮流、为社会成员普遍认同和接受的思想观念、价值取向、道德规范和行为方式，是一个社会最新的精神气质、精神风貌和社会风尚的综合体现。全面建设小康社会，加快推进社会主义现代化，必须大力弘扬以改革创新为核心的时代精神，使全体人民始终保持昂扬向上的精神状态，使全民族的创造精神和创造活力充分迸发。

改革创新是时代精神的核心。弘扬和培育时代精神，应该以弘扬和培育改革创新精神为重点。改革创新精神表现为一种突破陈规、大胆探索、勇于创造的思想观念，表现为一种不甘落后、奋勇争先、追求进步的责任感和使命感，表现为一种坚韧不拔、自强不息、锐意进取的精神状态。弘扬和培育改革创新精神，首先，要坚持解放思想、与时俱进。要坚决克服满足现状、不思进取的思想，居安思危、奋发图强；坚决克服因循守旧、故步自封的思想，勇于创新、昂扬向上；坚决克服惧怕困难、畏首畏尾的思想，锐意进取、勇往直前。其次，要着眼于改革开放的具体实践。要把弘扬时代精神体现到深化改革的实践中，着力回答时代对改革提出的新课题，着力解决体制转轨中的深层次矛盾和问题，推动改革不断取得新突破；体现到加快发展的实践中，着力把握发展规律、创新发展理念、转变发展方式、破解发展难题，提高发展质量和效益，实现又好又快地可持续发展；体现到推动创新的实践中，敢为人先，勇于超越，让全社会的创造活力竞相迸发，创新人才脱颖而出，创新成果不断涌现。

（二）民主法制教育

1. 社会主义民主教育

《中共中央关于社会主义精神文明建设指导方针的决议》指出："高度民主是社会主

义的伟大目标之一，也是社会主义精神文明在国家和社会生活中的重要体现。"

进行社会主义民主教育，首先要使人们理解和把握社会主义民主的本质和内涵。就本来意义而言，民主是指人民的权利、多数人的统治。在阶级和国家存在的社会里，民主是一种国家形式或国家形态。列宁曾明确指出："民主是一种国家形式，一种国家形态。"民主既是政体，也是国体，是国体和政体的统一。所谓国体，就是国家的阶级性质，即国家的权力由社会的哪个阶级或哪些阶级掌握。所谓政体，主要是指国家的政权组织形式，即体现国体的具体政治制度。

进行社会主义民主教育，要引导人们正确认识民主和专政、民主和集中、民主与法治的关系。社会主义民主是对人民实行民主和对敌人实行专政的统一，对人民实行民主，是对敌人实行专政的前提；而对敌人实行专政，又是对人民实行民主的保障。社会主义民主是民主和集中的统一，只讲民主不讲集中会导致无政府主义、极端民主化，离开民主讲集中会导致官僚主义。社会主义民主和法治密切相连，民主是法治的基础，法治是民主的保障。只有正确认识和把握这些关系，才能对社会主义民主有一个全面的认识，才能更好地发扬社会主义民主。

进行社会主义民主教育，要培养人们的民主意识。民主意识作为一种政治意识，是享有民主权利的人们基于一定的政治知识和经验，对置身于其中的政治系统及其运作的自觉意识，是一种充满政治责任感、使命感和义务感的主体意识。人们的民主意识的发展程度，决定着人们参与民主生活和行使民主权利的水平，从而决定着社会主义民主的实现程度。民主意识的培养是一个系统工程。在我国社会主义初级阶段，培养人们的民主意识，必须做到：第一，以马克思主义政治理论武装人。通过学习马克思主义政治理论，形成无产阶级的政治立场、政治观点、政治思维方式，从而提高政治鉴别力和政治敏锐性。第二，以社会主义政治制度规范人。加强社会主义基本政治制度的教育，加强党和国家各项路线方针政策的教育，是提高人民群众民主意识的重要手段。第三，以集体主义的政治价值观引导人。第四，以广泛的政治参与锻炼人。政治参与是提高人民群众民主意识的重要途径。广大人民群众可以通过提供政治信息、选举和罢免、政治协商和政治对话、政治批评和政治监督等形式参与党和国家的政治生活，在具体的政治参与中得到锻炼，不断提高民主意识。

2. 社会主义法制教育

健全社会主义法制，依法治国，建立社会主义法治国家，是建设中国特色社会主义的重要目标。而加强社会主义法制教育，提高人们的法律素质，是达到这一目标的重要举措。当前，进行社会主义法制教育要抓好以下几方面工作：

其一，向公民普及法律知识。普及法律知识是提高公民法律素质的基础，是培养公民法律意识和指导公民法律实践的前提和基础。要注重加强法律常识教育，帮助人们理解和掌握马克思主义法学的基本观点，了解我国的法律制度和法律体系，了解宪法和法律的基本精神和内容，尤其与人们日常生活密切相关的法律规范的基本精神和内容。这是社会主义法制教育的基础性工作，应持之以恒地坚持抓好。

其二，培养公民的法治观念。法治观念是指人们对法律现象在理性认识的基础上形成的重视、遵守和自觉地执行法律的思想观念。要着重培养人们的社会主义法治观念、权利义务观念、法律面前人人平等等观念。首先，引导公民树立社会主义法治观念。引导人们以马克思主义为指导，正确理解社会主义民主的性质和特征，树立符合时代精神的社会主义法治观念。其次，引导人们树立权利与义务观念。帮助人们正确理解法律权利与法律义务的性质，把握法律权利与法律义务的关系，懂得如何适当行使法律权利，正确履行法律义务。最后，引导人们树立宪法至上和法律面前人人平等的观念。要使人们认识到，公民在法律面前一律平等，所有公民都必须平等地遵守法律，依照法律规定平等地享有和行使法律权利，平等地承担和履行法律义务；任何组织、政党、团体的活动都不得超越法律，都必须依照宪法及其他法律进行。帮助人们树立明确的法治观念，既是法制教育的基本任务，也是法制教育的核心。

其三，提高公民的法律能力。公民不仅要具备一定的法律知识和法治观念，而且应当具备一定的法律能力。在法制教育中，要通过多种途径着力提高公民的法律能力，以使法律更好地促进人们的工作和生活。

其四，促使公民养成法律习惯。培养人们的法律习惯，要着重培养法律思维习惯和法律行为习惯。法律思维习惯是人们依照法律的规定、原理和精神，思考、分析和解决法律问题的思维方式与倾向。法律行为习惯是人们在实践中形成的依照法律办事和行为的习惯。促使公民养成法律习惯，是法制教育的落脚点，是法律转化为现实力量的重要体现。要着重培养人们讲法律、讲证据、讲程序、讲法理的思维方式和依法办事的行为习惯，使法律落实到人们的生活中。

第三节　高职思想政治教育的教学方法改革

一、精神鼓励与物质利益结合的方法

（一）它是一种行之有效的教育方法

马克思主义认为，物质利益是人类生存和发展的根本条件，人们的物质需要是人们进行生产和其他活动的基本动因，思想一旦离开利益，就会处于尴尬的地位。因此，为绝大多数人谋利益是我们党制定一切政策的出发点。在革命战争时期，毛泽东同志在《关心群众生活，注意工作方法》一文中曾把关心群众生活作为思想政治教育的重要任务，他说："要得到群众的拥护吗？要群众拿出他们的全力放到战线上去吗？那么，就得和群众在一起，就得去发动群众的积极性，就得关心群众的痛痒，就得真心实意地为群众谋利益，解决群众的生产和生活的问题，盐的问题，米的问题，房子的问题，衣的问题，生小孩子的问题，解决群众的一切问题。"

（二）物质利益鼓励需要注意的问题

贯彻物质鼓励，要与强调精神鼓励作用相结合。在革命战争时期，中国共产党在极其艰苦的条件下，领导中国人民进行了民主革命，夺取了政权。新中国成立以后，面对满目疮痍、一穷二白的现实，在物质条件极其匮乏的情况下，我们所进行的独立、民主、富强的国家建设，中国共产党主要依靠的是马克思主义革命精神的激励力量，强调的是社会主义精神的鼓舞作用。社会主义市场经济使人们的利益意识增强，在注意用利益杠杆调动人们的积极性强调物质利益的时候，不能忘记精神的力量。因为，有时候只讲物质利益是不够的，物质利益本身具有不稳定性和两重性，没有革命精神和社会主义的精神状态，单纯地强调物质利益就会走向另一个极端。

运用精神鼓励与物质利益相结合的方法需要正确认识追求正当的个人利益与个人主义、自私自利的界限。正当的个人利益是通过诚实劳动、合法手段获得个人生存发展的条件，个人利益的追求要求从社会整体利益出发，在尊重集体利益的前提下追求个人利益；个人主义、自私自利则是一切从个人出发，把个人利益摆在首位，甚至不择手段地损公肥私、害人利己。

运用精神鼓励与物质利益相结合的方法需要正确处理好国家、集体和个人三者之间的关系。在社会主义社会国家、集体和个人三者的利益从根本上是一致的，但是三者之间也存在着矛盾，解决的办法是统筹兼顾三者的利益，片面强调一方面，忽视或损害另一方面，都会破坏社会主义的利益原则。要坚持个人利益服从集体利益和国家利益、眼前利益服从长远利益、局部利益服从全局利益。在这个前提下，国家、集体要尽可能满足人民群众的物质利益要求，逐步提高人民的生活水平。要坚决反对个人利益高于一切，甚至不惜牺牲共同利益去追求个人利益的做法。

运用精神鼓励与物质利益相结合的方法必须注意防止两种倾向：一种是片面夸大精神的作用，忽视群众的物质利益；另一种是用物质利益取代思想政治教育，这是当前的主要思想倾向，有人认为"千讲万讲，不如一奖"，这样做的结果是从"精神万能"走到"物质万能"。

（三）建立思想政治教育的激励机制

激励即激发鼓励。激励的作用主要是通过激励使人最充分地发挥其积极性和能动性，从而保持工作的有效性和高效率。思想政治教育以转变人的思想，调动人的工作积极性为直接任务，应该十分重视强化对教育对象的激励机制。

建立激励机制的基础是满足人们的实际需要，关心他们的实际利益。人们在工作和生活中产生的思想问题大致有三类：思想意识上的错误、思想认识上的偏差、现实问题引发的思想问题。解决思想问题除了用科学的理论武装人们的头脑，克服各种错误的思想意识，用摆事实讲道理等解决人们的思想认识问题之外，就是帮助人们解决经济生活中、家庭生活中、人际关系中由于就业困难、住房困难、同事失和产生的实际问题，这些问题和矛盾解决了，这些思想问题也就迎刃而解了。

激励主要有两种方式：外在的激励方式，如，各种福利、晋升、授衔、表扬、嘉奖、认可等。外在的激励方式能显著地提高效果，但不宜持久，处理不好有时还会降低工作情绪。内在的激励方式，如，学习各种新知识、新技能、责任感、光荣感、胜任感、成就感等。内在的激励方式激励过程需要的时间较长，但一经激励，不仅可提高效果，而且能持久。

二、言教与身教结合的方法

（一）言教与身教结合方法的含义

在思想政治教育中，所谓言教就是运用马克思主义真理的力量说服群众，团结群众；所谓身教就是以自身的模范行为和人格力量来感化群众，带动群众。在思想政治教育中，必须言教与身教紧密结合，思想政治教育才能具有令人信服的力量。

中国古代先哲孔子曾说："其身正，不令而行；其身不正，虽令不从。"也就是说，如果领导人本身行为端正，即使不发出命令、号召，他所管理领导的地方的工作也会做得很好；如果领导人自己行为越轨，纵使他三令五申，别人也不听他的。可见，只有修己才能修人。孔子还说："苟正其身矣，于从政乎何有？不能正其身，如正人何？"意思是，如果端正了行为，那治理国家就不会有什么困难了；连自己的行为都越轨，那怎么叫人不越轨呢？所以孔子反复申述修己以安人。季康子问政于孔子。孔子对曰："政者，正也。子帅以正，孰敢不正？"孔子告诉季康子：政治就是正己正人，统治者自己能够带头做到端正，那还有谁敢不端正呢？修己安人的原则实际是正己正人的原则，只有正己才能正人。荀子也认为，道德教育一定要身体力行。"道虽迩，不行不至。事虽小，不为不成。"知而后行是荀子思想政治教育的一大特点。

（二）发扬言教与身教相结合的优良传统

中国共产党在长期的思想政治工作中，一向把言教与身教紧密结合起来，始终强调党员和干部要以身作则，为人师表，言行一致，身体力行。凡是要求群众做到的，自己首先做到；凡是要求群众不做的，自己带头不做。正如毛泽东同志所要求的那样：共产党员"应该成为英勇作战的模范，执行命令的模范，遵守纪律的模范，政治工作的模范和内部团结统一的模范"。群众是从榜样示范的作用中看到言教的真实可信，从而接受言教。离开了身教的言教则苍白无力，失去说服力，身教重于言教。

（三）新时期言教与身教结合法的意义

新时期，思想政治教育者不仅通过言教灌输思想理论和社会规范，更主要的是以身立教。因为思想政治教育者的世界观、人生观、知识水平、品行表现，以及对每一件事物的态度，都对教育对象有着潜移默化的影响。不仅如此，思想政治教育者的身教之所以如此重要，还因为思想政治教育者一般是具有良好思想政治素质和品德修养、有一定文化知识素养和良好身心素质，堪称社会楷模的人。他们如果能够在执行党的路线、方针和政策时垂范群众，就能带领群众贯彻执行党的路线、方针和政策；他们如果能够做讲道德和遵纪守法的模范，起表率作用，做到克己奉公、不搞特权、全心全意为人民服务，做到正直、公正、廉洁、诚信自律，他们就能在思想政治教育中赢得崇高的威信，取信于民。坚持身教示范，是新时期思想政治教育取得良好实效的关键环节。

三、典型教育方法

（一）典型教育方法的含义

典型是指在同类事物中最具有代表性的、能表现和说明其本质特征、发展趋势和规律的个别事物。它是理论的形象说明，是实践的理论化身。典型教育是发现、培养、总结、推广、宣传先进典型经验，发挥先进典型的示范引导功能，影响、带动人们思想转化，促进、推动各种工作积极发展的过程。在思想政治教育中，典型教育方法是通过典型的人或事进行示范，以榜样的力量引导人们学习、对照和效仿，提高人们思想认识的一种教育方法。

（二）典型教育方法的依据

在典型教育中，一般来说，先进的典型具有强大的精神感染与激励作用和行为号召与带动作用。为什么典型教育能产生这样的效果？其理论依据是，人们的思想意识中，都具有仿效榜样的倾向，这种倾向来源于人们的模仿心理，模仿是人的本能倾向。人从孩提的时候就有模拟的本能，人们最初的知识就是从模拟得来的。模仿是由非强制性社会刺激引起的，使个人再现某一过程的某种社会心理行为。宣传心理学有一个规律就是，当个体感知别人的行为时，便产生实现同一行为的愿望，随之而来的便是模仿的趋向。模仿便是榜样行为的感染力的影响，使模仿者自觉或不自觉地发生与榜样者相似的行为。小孩子看电影，对影片中的人物行为的模仿，社会上"追星族"对影视明星的仿效等都体现出榜样的力量；同时也说明了社会公众人物对人们行为的重要影响，人们的仿效其实是有选择性的。

（三）典型教育方法的环节

在思想政治教育中，典型教育方法一般有三个环节：选择典型、培育典型、宣传典型。选择典型就是在实践中注意发现、识别和选拔典型。选拔典型应该遵循的原则是：第一，群众性。典型要有坚实的群众基础，受到群众的拥护，有群众基础的典型才能真正为群众所接受，起到典型教育的作用。第二，真实性。典型的真实性是典型生命力的保证，唯有真实，才能使人感到可信、可亲、可学，产生赞赏、景仰的思想感情和激励仿效的动机行为。人为捧起来的或"造"出来的虚假的典型违背了真实性的原则，只会产生恶劣的后果，诋毁典型教育方法的效果。第三，层次性。典型要符合教育对象的思想实际、职业特点、知识层次等具体需要。第四，时代性。典型人物要凝聚时代精神，反映时代风貌。在改革开放的条件下，就应选择锐意改革的时代楷模。培育典型就是帮助、培养、提高、完善典型。宣传典型就是在认识上引导群众把握典型的精神实质，认识典型的价值，在与典型的对比中找到差距，引导广大群众向先进典型学习。

第四节　高职思想政治教育的教学模式探索

一、目前我国高职思想政治的教育模式

目前，我国的思想政治教育为适应社会的发展也处于调整过程中，这次调整是在我国经济、政治体制改革进一步深化和信息技术的冲击下进行的。这次调整才刚刚开始，远没有结束，但从现有的理论讨论和实践探索上，我们可以分析出一些当前我国高职思想政治教育模式改革的大致趋势。我国高职传统的思想政治教育模式基本上是一种以理论为中心的，是一种比较强调外力与管理作用，比较注重系统灌输与集体教育的方式，这是一种与传统计划经济基本相适应的，遵循着一种行政运作方式："我讲你听，我说你做。"因此，传统思想政治教育模式可概括为：经典理论—教师—学生，这样一个单向线性传播模式。随着我国改革开放的深入，出现了所有制、分配方式、生活方式以及思想意识领域的多元化趋势，我国高职传统的自我封闭的保守性思想政治教育模式已遭遇到市场经济和信息社

会要求信息平等、自由传播的挑战。首先，需要教育者从根本上转变观念，形成与社会主义市场经济相适应的意识，这就要批判"本本主义"，树立"以人为本"的意识。其次，消除对思想政治教育的误解，以单纯的政治教育代替德育，片面、简单化思想政治教育；以理想教育代替思想政治教育，脱离实际。此外，还要树立整体思想政治教育观念，即要超越以观念养成、道德修身为主要内容的传统德育观念，形成融合政治参与、法律规范、心理调适等多种现代教育理念，其包括思想（价值观）、政治、道德、法制、心理素质教育五个方面的整体教育观念。

二、我国高职思想政治教育模式的主要特点

（一）党性强

我国高职思想政治教育的党性非常强，坚持党对思想政治教育领域的绝对领导权是我国高职思想政治教育模式的最大特点。在社会主义中国，思想政治工作是党的工作的一部分，加强党的领导是搞好思想政治教育的根本。高职建设作为我国社会主义事业的一部分，同样也不例外，因此，我国高职都是实行党委负责制，并在校、系、年级、班、小组各级组织设立党支部，层层负责学生的思想政治工作。

（二）坚持马克思主义

坚持意识形态领域的马克思主义"一元论"，反对"多元论"是我国高职思想政治教育的一大特点。但坚持"一元论"并不完全否定或杜绝非马克思主义理论的传播，特别是在今天的网络时代，"堵"是堵不住的，只有在对西方社会思想的分析、比较、鉴别后，才能使大学生树立科学的共产主义信念，掌握马克思主义的世界观、人生观。

第五节 高职思想政治教育的载体

一、思想道德教育的活动载体

活动载体是指思想道德教育主体为达到一定的教育目的，有意识地开展多种多样的活动，寓思想道德教育的内容于活动之中，使教育客体在活动过程中受到教育，提高思想政治道德等方面的素质的行动方式。

活动载体的具体形式是多种多样的，大致可划分为以下三大类型：第一大类型的活动

是直接为实施思想道德教育的某些内容而有意识开展的活动。如，庆祝类活动、参观类活动、理论学习类活动。第二大类型的活动是结合经济工作和各项实际工作开展的各种活动。如，各种合理化建议活动、科技扶贫活动、青年志愿者活动等。第三大类型的活动是文娱体育活动。如，各种演讲比赛、知识竞赛、书法摄影、书评影评、音乐欣赏、集体舞会、各种球类比赛、各种棋类比赛等。

活动载体与其他载体区别的重要特征是：作为思想道德教育的载体的活动具有确定的目的性；活动载体具有广泛群众性参与性；活动载体具有显著的实践性等特点。

活动之所以成为思想道德教育的载体是因为：第一，活动具有重要的教育功能。思想道德教育活动载体具有确定的教育目的性，即通过开展活动，满足人们的各种精神文化需要，提高社会成员的综合素质。第二，活动载体具有教育目的隐蔽性特点。这种寓教于乐，寓教于积极健康的活动之中的教育形式，融思想性、知识性、娱乐性于一体，为受教育者构筑一个有所启迪和领悟的美好境界，教育者的教育意向随着不同的活动，悄然进入受教育者的心田。第三，以活动为载体的教育方式具有平等性、愉悦性。以活动为载体的教育是无讲台教育，大家既可以充分发表自己的意见，又可以自由地接受别人的观点，每个人都在无意识之间受到了教育，也在无意识之间教育了别人。教育的平等性激发了人们的参与意识，不容易产生逆反戒备心理和对抗情绪，因此教育效果显著。在改革开放的条件下，我们尤其要注意学习运用这种方式进行思想道德教育。但是，应当看到以活动为载体的教育具有很大的局限性。它的内容不够深刻，作用不够持久、稳固，且容易消失。

以活动为载体的要求是：（1）将以活动为载体的教育与系统的理论教育相结合。使潜隐教育与系统教育的作用相互补充、相辅相成、相得益彰，收到良好的效果。（2）教育者要精心组织与设计，精心选择活动方式，构筑环境，创造氛围，使人们在潜移默化之中受到心灵的感化、人格的升华。（3）开展以活动为载体的教育要有的放矢，教育者要适应心理正在成熟的大学生的情况，要根据教育对象的年龄、性别、性格的差异与需要，组织设计活动，使活动做到有的放矢。

二、思想道德教育的管理载体

思想道德教育方法以管理为载体是指寓思想道德教育内容于管理活动之中并与管理手段相配合，使人们在长期的严格管理中逐渐养成良好的思想道德素质和行为习惯，调动人们学习、工作的积极性的方法。这种方法实质上是以现代管理为手段，对人们进行严格纪律熏陶，使思想道德教育落到实处。

将管理作为思想道德教育载体的依据是：第一，管理的严谨性、规范性特征是思想道德教育增强有效性的重要手段。人们正确的世界观、人生观的确立，良好的思想品德和行为习惯的养成，既要依靠长期的思想道德教育方法的引导，也要依靠必要的管理办法训练。

因为良好的思想品德和行为习惯是对人的较高要求，它的养成不是一个自然而然的过程，它需要意志的努力，才能使人的正确的思想变为正确的行为，继而变成良好的习惯。在现代社会，要充分调动发挥人的积极性，单靠思想道德教育一种手段很难达到理想的效果，必须辅之以必要的管理，增强思想道德教育的有效性。第二，由于人们对政治和权威意识的淡化，教育者要善于从各种途径找寻思想道德教育的切入点，努力探索适应社会主义市场经济体制下的思想道德教育的新思路，思想道德教育以管理为载体正好适应了社会的发展要求，教育者可以做到在全局的把握上有清醒的政治意识，但在教育方法上、手段上，淡化教育色彩，是不为教育对象所腻烦的教育方式。

三、思想道德教育的环境载体

思想道德教育的环境载体是指由思想道德教育者依据教育目标设定的环绕在教育对象周围并对其产生影响的外部条件的总和。环境载体对人的思想道德和心理发展的影响方式具有与其他教育方式不同的特点。（1）潜移默化性。环境对人的影响是感染、熏陶、渗透性的、积累式的，是润物细无声的。（2）长期性。环境载体对人的思想品德的影响与塑造，不是短期的、显著的功利性行为，它是在较长时间内发生作用的因素。（3）环绕性。环境的环绕力具体表现为：第一，环境的发展变化，必然推动人的思想、观念、道德、心理发生变化，优良的思想道德教育环境推动和激发人们奋发上进，不良的思想道德教育环境则助长歪风邪气蔓延。第二，思想道德教育环境作为一种巨大的精神力量，成为人们行为的参照系，以此调整自己行为的方向，形成对人们行为的巨大约束力量。

第六章　高职思想政治教育中教师的角色研究

第一节　高职思想政治教育教师队伍建设的意义

一、高职思想政治教育有其客观必然性

（一）高等教育改革和发展要求加强思想理论课教师队伍建设

多年来教育改革发展的事实说明，全面实施素质教育，推进教育教学改革，关键在于有一支具有实施素质教育能力和水平的教师队伍；促进教育均衡发展，统筹城乡教育、区域教育协调发展，实现教育的公平和公正，关键在于有一支具有较高素质而且配置合理的教师队伍；加强和改进未成年人思想道德建设和大学生思想政治教育，关键在于有一支政治强、业务精、作风正、师德优的教师队伍。当前，人民群众和社会发展对教育更多更高的需求同优质教育资源供给不足的矛盾，是我国教育的基本矛盾。解决这个矛盾的根本出路在于建设高素质的教师队伍，发展高质量的教育。

（二）社会主义荣辱观教育需要建设一支师德过硬的思想政治理论教师队伍

高等学校承担着培养一大批高级专门人才的重要任务，是培养高素质人才的摇篮，是知识创新的重要阵地，理应在弘扬和践行社会主义荣辱观方面走在社会前列，切实发挥好引领、示范和辐射作用。要在大学教育中强化社会主义荣辱观教育，把树立和弘扬社会主义荣辱观的客观要求内化为大学生的自觉行动，必须把社会主义荣辱观教育与教师队伍建

设结合起来。

（三）思想政治理论课课程对教师队伍建设提出挑战

本科所开设的马克思主义基本原理、毛泽东思想、邓小平理论与"三个代表"重要思想概论、中国近现代史纲要和思想道德修养与法律基础四门课，由于课程门数少，课时压缩，对高职思想政治理论课教师队伍的素质要求很高。该课程设置方案使教师的教育思想、教育模式和教育方法面临严峻的挑战。思想政治理论教师只有具备坚定的马克思主义理论素质和政治信仰、勇于创新的精神、掌握科学的教学方法以及较强的科学研究能力，才能胜任思想政治理论课程的任务。

二、高职思想政治教育教师队伍建设的意义

教师思想政治素质的提升，可以帮助他们以高度的社会责任感、较强的集体意识、求实创新的态度、因材施教的工作思路投入到工作之中，从而推动我国向教育强国迈进，提高我国的综合国力，在新的国际竞争中占据优势和主动权。因此，教师思想政治素质的提升有利于推进党和国家教育战略的实现，对我国高等教育进入国际先进行列具有重大意义。

（一）有助于教师顺利地完成历史使命

随着我国高等教育逐步走向大众化、普及化，高职思想政治理论课教学在提高全民族的思想道德素质和哲学社会科学素质方面，发挥着越来越重要的作用。在各类人才的培养上，思想政治理论课也是人力资源开发和建设的一项基础性工程。接受思想政治理论课教育是各类德才兼备的人才健康成长的重要保证。现在的大学生，将来是国家建设的宝贵人才，一些人将成为科技骨干，一些人将成为企业经营管理者，一些人将成长为各级领导干部。他们能否从宏观上把握社会发展和现代化建设规律，能否懂政治、识大体、顾大局，能否驾驭复杂局势，不断提高决策能力与领导水平，无疑同他们的思想政治理论素质有很大的关系。宏观来看，高职思想政治理论课教师从事的工作，肩负着关系到中国特色社会主义建设的历史重任。

教师的政治思想、道德素质对学生的熏陶和感染作用，早已被许多教育家、思想家所认识。特别是作为思想政治理论课教师，在给大学生传授马克思主义理论知识的同时，还主要承担着思想道德教育的任务。这样的教学性质和任务决定了思想政治理论课教师除了具备较高的政治理论修养和丰富的人文知识以外，还必须具备比一般教师更高的良好的思想道德素质。这样，才能不辜负党和人民的信任与重托，承担起学生灵魂的塑造者的神圣职责和历史使命。

思想政治理论课教师不仅应该是知识、技能、智慧的传播者，更应该是展示高尚人格魅力的领导者，因此思想政治理论课教师应该在教学中，充分展现自己良好的政治、思想、

品德、人格素养，进而赢得学生的敬重诚服，从而对学生产生榜样教育和示范作用，使教育教学工作取得满意的效果。而且从一定的意义上说，思想政治理论课教师的一言一行，不仅传递着个人的思想品德，而且传递着他所讲授的马克思主义理论的思想品质，因而高职思想政治教育理论课教师只有在思想政治上、道德品质上、学识学风上，真正做到全面以身作则、自觉率先垂范，才能使学生从中感受到马克思主义理论的真谛，信仰马克思主义，从而使思想政治教育具有强大的说服力。作为对学生进行思想政治教育教学的主体，思想政治理论课教师的政治思想道德素质对教育对象的影响具有关键性意义。很难想象，一个以自我为中心的利己主义者能够把学生培养成为思想进步、品行端正的合格人才。加强思想政治理论课教师队伍建设，提高思想政治理论课教师的政治理论、思想道德素质，使其真正成为大学生健康成长的指导者和引路人，不仅是高职思想政治工作的重中之重，也是提高思想政治理论课教学实效的关键之举。

（二）有助于增强高职思想政治理论课的实效性

思想政治理论课是国家规定的各级各类高等学校都要开设的必修课程，它承担着对高职学生进行系统的马克思主义理论教育的任务，是对高职学生进行思想政治教育的主渠道，是为高职实现人才培养目标服务的。其最终目的是通过课程教学，使高职学生热爱中国共产党、热爱社会主义，使其具有较高的马克思主义理论素养、良好的道德品质和健康的心理素质，将来更好地服务祖国、服务人民，成为中国特色社会主义事业的合格建设者和可靠接班人。对此，思想政治理论课教师要始终站在政治的高度来看待。在种种挑战下，避免思想政治理论课在高职课程体系中的地位和作用受到削弱，关键是要围绕提高教育效果这个核心，通过积极的努力来克服由于课程减少、学时减少带来的不利影响，使思想政治理论课真正融入学生的头脑，成为学生所理解、接受和喜欢的课程。

一方面，要充分挖掘思想政治理论课课堂教学要素——创新课堂教学诸环节、激活课堂教学、提高既有学时利用率。这就要求教师要转变教学理念、更新观念，从单纯的灌输式教育向辨析式教育转变。辨析式教育是一种把观点藏在背后，把分析推向前台的教育方式，富有启发性与亲和力，可以有效地引导学生自主地选择正确的立场、自我形成正确的观点，进而树立科学的世界观、人生观和价值观，达到思想政治教育的目的。辨析式教育符合高职大学生求新求异的个性，有利于充分调动学生学习理论和探索真理的积极性，增强思想政治理论课教学的生动性和吸引力，有效地发挥思想政治教育的社会功能。另一方面，要积极拓展思想政治理论课教学外延——开辟多种教育途径、营造教育环境氛围，多管齐下形成思想政治教育整体合力。在拓展外延上，包括如下几点：其一，思想政治教育向其他课程渗透，融入各科教学过程之中。其二，思想政治教育向第二课堂延伸，加强校园文化建设，使思想政治教育润物细无声地渗透于大学生的头脑中。其三，向社会大课堂扩展，积极开展思想政治教育实践教学活动，使思想政治教育渗透于学生成才的全过程。

要做到以上两方面，无疑对思想政治理论课教师提出了更高的要求。它不仅要求教师要有过硬的思想政治教育专业理论知识、丰富的实践教学经验，还要求教师能有效地指导课程的实践活动，并能充分利用专业资源优势，有效地开展校园活动，促进和谐校园文化建设，同时要具备一定的职业教育技能，给学生以心理辅导和职业指导等，帮助学生排忧解难，真正实现既教育人、引导人，又关心人、帮助人，使思想政治理论课真正成为学生所理解、接受和喜欢的课程。可见，加强高职思想政治理论课教师队伍建设，建设一支高素质的思想政治理论课教师队伍，对于增强高职思想政治理论课的实效性，是十分必要的。

此外，为了实现思想政治理论课教学的目标，思想政治理论教师还应采用灵活多样的教学方法，把传统的课堂教学与案例教学、课堂讨论等教学方法结合起来，实现教师与学生双向交流和沟通，充分调动学生学习的趣味性、积极性和创造性；实现教学手段现代化，充分利用互联网，在制作电子教案、电子课件和应用多媒体教学方面，进行积极的探索，因为多媒体等现代化教学手段具有形象、生动、信息量大等特点，能有效地提高教学的思想性、生动性和形象性。这些都是与思想政治理论课教师队伍建设密不可分的。

（三）有助于应对新时期高职思想政治理论课的新任务和新要求

世界多极化和经济全球化日益明显，科技革命日新月异，综合国力竞争日趋激烈。各种思想文化相互激荡，西方敌对势力加紧对我国实施西化、分化的政治图谋并未减弱。我国改革开放进一步深入，社会经济成分、组织形式、就业方式、利益关系和分配方式日益多样化。如何引导大学生正确认识当今世界错综复杂的形势及其对我国社会经济发展、人们思想变化带来的种种影响，把握国际局势的发展变化和人类社会的发展趋势；如何引导大学生正确认识社会主义和资本主义发展的历史进程及关系的变化，认识我国社会主义改革实践过程对人们思想的影响，认识时代和社会主义建设的客观规律，认识执政党建设的规律，认识社会主义物质文明、精神文明、政治文明建设的规律，增强在中国共产党领导下全面建设小康社会、加快推进社会主义现代化的自觉性和坚定性；如何引导大学生在新的历史条件下，形成正确的世界观、价值观、人生观和坚定的理想信念，自觉地肩负起建设中国特色社会主义，实现中华民族伟大复兴的历史使命，努力成为德智体美全面发展的人，是包括广大思想政治理论课教师必须认真研究解决的重大而紧迫的历史课题。

在当前的国际国内条件下，敌对势力争夺下一代的斗争依然十分尖锐复杂。大学生思想政治教育工作面临着许多新情况、新问题，还面临着与新形势、新任务不相适应的问题，还存在不少薄弱环节，亟须进一步加强和改进。如何准确地把握当前大学生思想、生活、学习的特点，有针对性地加强和改进大学生思想政治教育，是一项极为重要而紧迫的战略任务。

只有对学生进行系统的马克思主义理论教育和思想品德教育，才能帮助他们树立正确的世界观、价值观和人生观；才能帮助他们用马克思主义的基本原理、基本观点和基本方法去观察、分析、处理复杂的现实问题；才能帮助他们正确地理解和坚持我国社会主义初级阶段党的基本路线，识别和抵制各种背离党的基本路线的错误倾向；才能帮助他们树立社会主义民主和法制观念，正确行使法律赋予公民的各项民主权利，自觉地履行法律所规定的各项义务；才能帮助他们树立正确的学习目的、养成良好的学风，帮助他们养成高尚的社会主义道德品质和文明习惯，真正做到诚实守信、勤劳敬业、谦虚谨慎、言行一致、乐于助人。高职思想政治理论课是高职思想政治教育的主渠道和主阵地，加强思想政治理论课教师队伍建设对大学生健康成长，对学校思想政治工作具有导向、动力和保证作用，对建设社会主义物质文明、精神文明和政治文明，促进社会全面进步，具有重要的意义。

第二节　新时代下高职思想政治教师队伍建设的强化

一、我国高职思想政治教育中教师的特点

（一）高职思想政治教育中教师的德育特点

改革开放后，高等教育实现了跨越式发展，人才培养的数量和质量大幅提升。但在这种蓬勃发展的大背景下，高等教育更多地将目光锁定在"才"的培养上，某种程度上忽略了对"人"的关切。高等教育要重视才的培养，更要重视人的培养。

德育既是高职对受教者的培养准则，也是施教者的育人准则。大学要培育有德行的学生，首先要培育师德，师德是教师的基础性素质，是教师的立师之本。立德树人理念从内在价值尺度和外在职业标准两个方面规范了教师的角色定位。"立德"是衡量教师优劣的内在价值尺度，构建了教师职业的精神追求；"树人"是衡量教师优劣的外在评价标准，构建了教师职业的使命担当。"立德"与"树人"在"如何做"和"做什么"两个维度上共同确立了高职教师的角色规范，成为高职教师的核心价值理念。

高职教师在立德树人理念中的核心地位缘于教师职业定位的重要性和特殊性。在"学生、学者、学术"高职的三个核心要素中，学者的重要性日益凸显。学者既是学生的施教者又是学术的创造者，失去学者也就失去了"大学之为大学"的内在动力。拥有什么样的

学者就会形成什么样的大学，培育有德行的教师就能营造德行文化、培养出有德行的学生，建设有德行的大学。因此，高职要充分重视学者的主体地位，呼唤学者的主体意识，提升学者的德育水平，营造浓厚的德育氛围，让德育成为高职安身立命的根本。

教师职业定位的特殊性体现在身为人师和行为世范的职业使命上。高职教师对学生起着引导、示范、激励作用，他们是世界观、人生观、价值观的携带者和传播者，其思想觉悟、政治立场、价值取向所外化出来的言传身教传达给学生，潜移默化地影响着学生的认知和判断。高职教师群体左右了学生的价值选择和德行水平，在某种程度上代表了学校的价值取向和德行标准。因此，高职教师的思想政治状态某种程度上决定了高职的思想政治教育水平。

先"立德"后"树人"是高职教师职业的内在规定和必然选择，作为高职教师，要"立己德"而后"树人德"。那么立什么德，就是要立社会公德、职业道德、家庭美德、个人品德，要在"德"的框架下提升高职教师的精神内涵，约束高职教师的行为表达，培养他们广博的师爱、强烈的师责和崇高的师品，让他们成为人师之师，成为学生智慧的传播者和人生的启迪者。"树人德"就是让学生"作为人而成为人"，不能将学生锁定在成为"某种人"的工具理性上，而是在成为"人"的价值理性上，让学生具有健全的人格、向善的人性和高尚的人品，成为德才兼备的社会主义合格建设者和可靠接班人。

（二）高职思想政治教育中教师的人文关怀特点

人文关怀的核心在于肯定人性和人的价值，也是师德教育的基础。对学校而言，应坚持师德教育的人本性原则，从人的需求出发，尊重人的现实性，实现人的全面发展，积极为高职教师的困惑寻求出路，满足人的生存与发展需求，使他们在工作中拥有自我存在感、自我实现感、自我价值感。要深入了解教师的心理健康、生活处境和工作状态，满足他们的利益诉求、情感诉求，消除高职教师的后顾之忧，使他们全身心投入工作当中，实现精神的充实感、生活的幸福感、个人的自由感。对高职教师而言，高职教师要形成人本性教育观，不断提升自身学识魅力和人格魅力，妥善处理师生关系，营造和谐共进的师生氛围。高职教师要关注学生、尊重学生，形成开放、包容、自由、互动的教育模式，满足学生个性化成长需求，让教师成为学生的贴心人、领路人。高职教师要不断提升人文修养，不断丰富自身教育资源，不断完善自身教育手段，培养既具备有容乃大的文化情怀和独特犀利的文化眼光，又有健康向上的文化追求，能够做出科学合理的文化选择的大学生。

（三）高职思想政治教育中教师的引领特点

在教育环境和教育对象发生深刻变化的同时，教育理念、教育方法、教育载体不能以不变应万变，而要与时俱进，不断突破陈规，彰显优势。首先，创新教育理念，在思想观念多元化背景下，一方面尊重差异，包容多样；另一方面要在多元中立主导，在多变中把握方向，确保教育理念的先进性、主流性；变管理为服务，思想政治教育组织者要低姿态进入，破除身份和岗位壁垒，尊重教师的主体地位，呼唤教师的主体意识，提高教师的主体参与度。要高度重视德育的重要性，发挥"德"对教师综合评价的主导性和主控性作用。其次，更新教育方法。将传统工具性教育转向目的性教育，由单向灌输转变成双向交流，丰富教育形式，教育过程要做到以理服人，以情感人，以德化人，让教师真正认识思想政治教育的价值，真正体悟思想政治教育的生命力，真正融入思想政治教育过程。再次，丰富教育内容。要充分发挥思想政治理论课主渠道作用，注重政治性、文化性、道德性相融合，在立德树人视域下开展政治教育和理想信念教育，在理论灌输中融入人文情怀和道德精神。教学内容上要科学设计，引入传统文化丰富资源和人类文明的重要成果，切实突出"德"在教学体系中的位置，提升思想政治课的文化品位和道德含量，切实增强教学的针对性、科学性、时效性。最后，拓宽教育载体。由于高职教师对传媒的敏感性、依赖性越来越高，高职要充分利用网络、手机等载体，拓展教育覆盖面，提高思想政治教育的普及性、常态性。要充分利用网络资源，提升网络建设，提高网络文化供给能力和网络教育专业化、科学化水平。建设贴近社会、贴近现实、贴近学生的主题网站、主题微博，在内容上，确保健康向上、内涵丰富、喜闻乐见；在形式上确保灵活多变、丰富多彩、时尚新颖，做到既有文化深度又有普及广度，既有文化内涵又有时尚元素，成为文化思想交流的重要平台。另外，在"自媒体"时代大背景下，要不断提高师生的媒介素养养成教育，引导广大师生在德行的背景下满足情感需求和自我认同。

二、新时代高职思想政治理论课教师队伍建设的强化

加强高职思想政治理论课教师队伍建设，是加强和改进高职思想政治理论课的关键环节。认真学习和贯彻落实中宣部、教育部工作会议精神，应进一步提高对此项工作重要性和紧迫性的认识，从增加高职思想政治理论课教师在教育教学中的科研含量入手，切实加强马克思主义理论学科建设，以学科建设支撑教育教学；下决心设置独立的思想政治理论课教学科研组织机构，为高职思想政治理论课教育教学和马克思主义理论学科建设提供坚实的组织保障。

（一）不要让马克思主义理论学科建设成为高职思想政治理论课教育教学工作中的薄弱环节

要通过扎扎实实的努力，建设一支"让党放心、让学生满意"的思想政治理论课教师队伍，进而把思想政治理论课建设成为大学生"真心喜爱、终身受益"的优秀课程。要讲好高职思想政治理论课，要求有好的教材，可有了好的教材，为什么教学效果还不

一样呢？这里更关键的、更基础的、更重要的在于必须有高水平的教师。思想政治理论课的政治性、政策性、理论性很强，而要使大学生对这样的课程爱听、能懂、有启发，还需要教师的讲授有艺术的水准，在教材体系向教学体系转化上下功夫，理论与实际联系，教学内容要鲜活，教学方法要得当，教学手段要新颖，等等。只有做到了这些，思想政治理论课才能有吸引力、感染力和说服力，才能实现教学内容进学生头脑的目的。加强和改进高职思想政治理论课，需要从教材建设、学科建设、教师队伍建设、教学方法改革和宏观指导等方面开展工作，而在所有工作中，教师队伍建设是决定性因素，是重中之重。认真抓好这项工作，既是着眼长远建设的战略任务，又是目前工作需要突破的重点。

加强高职思想政治理论课教师队伍建设，要坚持以马克思列宁主义、毛泽东思想、邓小平理论和"三个代表"重要思想为指导，深入贯彻落实科学发展观，以教学科研组织建设为平台，以选聘配备为基础，以培养培训为抓手，以学科建设为支撑，以制度建设为保障，以实现教学状况明显好转为目标，培养一批坚持正确政治方向、理论功底扎实、善于联系实际的教学领军人物、中青年学术带头人和学术骨干，努力建设一支政治坚定、业务精湛、师德高尚、结构合理的教师队伍。

（二）增加高职思想政治理论课教师教育教学中的科研含量

讲好思想政治理论课，这是高职思想政治理论课教师的本职工作，也是日常的中心工作。这里需要进一步讨论的是，如何才能讲好思想政治理论课，才能使这种课程受到学生的重视和欢迎。其中一个重要条件就是教师得有科研能力和科研成果，这也是目前普遍存在的弱点。解决这个问题，切实加强思想政治理论课教师的科研能力，努力提高科研水平，力争用高水平的科研成果去支撑教学，这是加强思想政治理论课教师队伍建设工作中需要突破的重要一环。

为什么思想政治理论课教师要开展科研，这里除了有作为一名高职教师所必须具有的研究品位之外，还有几个特殊的原因：

一是马克思主义本身所具有的既一脉相承又与时俱进的理论品质要求有科研。思想政治理论课承担着对大学生进行系统的马克思主义理论教育，而什么是马克思主义，怎样对待马克思主义，这本身就是学问。马克思主义的基本原理具有长久的和普遍的指导意义，但是这些基本原理的指导作用又必须同当时当地的具体实际相结合才能发挥和展现出来。人们对马克思主义基本原理的认识，随着实践的发展也会有新的提高，对马克思主义经典文本的研究随着形势的变化也会有新的发掘。特别是思想政治理论课突出强调马克思主义中国化的新进展，而这种新进展又有着丰富的新内容和新的表述形式。所有这些，都需要不断地提出研究的任务并开展研究，否则我们就跟不上马克思主义的发展历程，就反映不了马克思主义发展的最新成果。

二是思想政治理论课在同其他大学生思想政治教育渠道的比较中要求有科研。在这里，首先，遇到的是大学生在中学阶段已经接受的思想政治理论方面的教育。为此，除了有一些是新的理论观点外，对于原先学生已经知道的那些理论观点再来教授，一定不能简单重复，而必须使高职思想政治理论课教学具有研究的意蕴。我们要在大学生中提倡研究型的学习，首先，教师得有研究，否则教师就不能对学生的研究发挥应该发挥的指导作用。其次，还必须注意党团组织活动和大众传媒也进行了很多思想政治理论教育的工作，其中也包括马克思主义理论方面的宣传，如果高职思想政治理论课教师不能有研究的层面，那就只能形成一种与之简单竞争的局面，而思想政治理论课没有党团组织活动那样的纪律要求，也没有大众传媒所特有的生动性和感染力。思想政治理论课的优势在于把道理讲透，以及教师与学生面对面的交流。最后，还要注意高职其他专业课程特别是哲学社会科学方面的课程也具有对大学生思想政治教育的功能。一般来说，其他专业课程中都具有很强的学术性，这种学术性对于大学生具有天然的吸引力，如果思想政治理论课教师不加强研究，讲授中没有多少科研含量，不能使思想政治理论课的政治性寓于学术性之中，其结果可能不仅仅使自己的形象受损害，还可能会使学生对马克思主义理论和党的方针政策的认识受影响。

三是思想政治理论课教师的研究涉及很多方面的内容。首先是需要研究各门课程所涉及的基本理论，这是必须下功夫搞懂弄通的。如果教师对理论都认识肤浅甚至错误，那怎么去要求学生有正确和深刻的认识呢？其次是需要研究与这些理论相关联的实际以及还没有进入理论研究视野的实际。人们对理论问题的很多不理解往往并非理论本身的原因，而是因为实际与理论之间的复杂关系，特别是实际与理论的反差。实际是一个十分广泛的领域，古今中外都在其内。历史的、现实的、中国的、外国的，很多问题都需要教师了解并使自己具有研究的层面。当然这其中最主要的还是正在进行的中国特色社会主义建设的实际以及与此相关联的国际国内形势。在这里，还必须强调思想政治理论课教师要搞好教学必须研究教学对象，真正做到了解学生、理解学生、为学生服务。我们常常会觉得，如今的大学生不懂得马克思主义的真理性，不重视思想政治理论课的学习，但是我们也从很多实例中懂得，如今的大学生，不论是"95后"也好，"00后"也好，尽管他们存在思想认识上的种种模糊的甚至是错误的认识，但不存在同马克思主义天然的隔阂。他们存在的问题是青年人成长中的问题，用不着大惊小怪。关键在于，思想政治理论课教师怎么为学生服好务。最好的办法就是用教师对所教课程的科研成果去说服学生、打动学生、启发学生。这样的教师，就是对学生有帮助的教师，就一定会受到学生的欢迎。总之，思想政治理论课教师的教学要想达到高水平，必须把科研搞上去。由于种种原因，长期以来，不少思想政治理论课教师走着一条单纯教书匠的路子，很辛苦，也有贡献，但教学效果不理想，以致自己在学生中和社会上的形象不高大。在历史新时期，加强和改进高职思想政治理论课，必须重新定位思想政治理论课教师的形象，对其科研提出明确的要求，并提供必要的政策支持，其中包括将思想政治理论课教学中的重要理论和实际问题的研究作为重要选题，列入国家和地方教育教学研究和人文社会科学研究规划，项目单列，单独评审，单独检查，力求不断推出一批又一批高水平的思想政治理论教育教学研究成果。思想政治理论课教师应该有信心，经过艰苦努力走出一条科研与教学并重的路子来，培养出一支又一支立场坚定、始终与党中央保持一致、马克思主义理论素养高、人文社会科学基础知识扎实、学贯中西、功底深厚，善于运用现代教育教学手段、创新教学方法、师德修养好、富有人格魅力和亲和力、年龄结构合理、教学领军人物不断涌现的思想政治理论课教师队伍。

（三）促使高职思想政治理论课教师成为学科建设的骨干力量

加强马克思主义理论学科建设，是加强思想政治理论课教师队伍建设的一个关键环节，也是正确认识和处理思想政治理论课教师的教学与科研关系的核心问题。

随着客观形势的变化和学科发展的需要，我国正式设置了马克思主义理论一级学科，目前下设马克思主义基本原理、马克思主义发展史、马克思主义中国化研究、国外马克思主义研究、思想政治教育、中国近现代史基本问题研究等六个二级学科。这是党和国家加强和改进思想政治理论课的重大举措，是中国马克思主义理论研究和建设工程的重要成果。如果说，这些学科的设置只是为了思想政治理论课教育教学的要求，那肯定是片面的，因为这个学科在更大的领域中承担着研究和发展马克思主义理论、继续推进马克思主义中国化和大众化进程的任务，承担着不断培养适应改革开放和现代化建设所需要的思想政治工作者优秀人才的任务。但是，为高职思想政治理论课提供强有力的理论支撑，的确是这个学科设立和建设的一项十分重要的和首要的任务。在高等学校，学科建设是最具有整合力和影响力的工作，是各项工作中起龙头作用的关键环节，也是教师队伍建设的重要抓手。只有抓好学科建设，高职教师才有科研的平台和学术的家园。马克思主义理论学科的设立和建设，就是为了使思想政治理论课教师有自己的学科阵地，同时也为了吸引更多的优秀人才加入思想政治理论课教师队伍中来，从而为从根本上提高思想政治理论课的教学质量和教学水平奠定人才基础。不过，从目前的情况看，马克思主义理论学科建设对思想政治理论课的支撑作用还远远不够，一些高职的马克思主义理论学科点没有把为思想政治理论课服务作为学科建设的首要任务来对待，很多思想政治理论课教师还没有真正解决学科归属问题，还游离在马克思主义理论学科建设之外，这个问题必须尽快加以解决。

我们应该准确理解和把握中央独立设置马克思主义理论学科的意图和要求，促使思想政治理论课教师自觉进入学科建设的前沿阵地，尽快找到自己在学科建设中的位置，明确自己在学科建设中的任务，力争成为马克思主义理论学科建设的骨干力量。要通过马克思主义理论学科建设的带动作用，努力提高思想政治理论课教师队伍的整体素质和学科地位，增强他们的学科归属感和成就感。学科建设与教育教学密切相关，教育教学促进学科建设，学科建设支撑教育教学，这是两者之间的辩证关系。从学科建设的角度和高度看问题，思想政治理论课教师的知识面起码应该达到二级学科的范围，学术带头人和学术骨干应该具有一级学科的领域。就思想政治理论课教学来讲，思想政治理论课教师不要再以某一门课程论教学，而应该以某一学科论课程。已经具有的学科点应该明确学科规范，凝练研究方向，扎实推进工作，对于那些正在申报新的学科点的高职，更要注意学科要求，注意学科建设与教育教学之间的关系。即使是目前尚没有设立学科点的高职，思想政治理论课教师也不能游离于学科建设之外，也要以主人翁的姿态积极参与到学科建设中来，密切关注学科建设的最新成果，自觉用学科建设的成果来支撑思想政治理论课教学。在学科建设这个问题上，思想政治理论课教师应该有全员意识，学科建设、人人有责。如果我们这样做了，马克思主义理论学科建设与思想政治理论课教育教学就有希望获得双丰收，进而思想政治理论课教师也就从单纯教书匠的角色转变为马克思主义理论学者的形象。

（四）理顺高职思想政治理论课教师队伍的管理体制

各高等学校应该建立独立的、直属学校领导的思想政治理论课教学科研组织机构。这是认真分析多年来思想政治理论课教学科研组织机构的现状，针对目前存在的实际问题提出来的，这个规定对于搭建高质量学科平台，凝聚高素质教师队伍，推动高职思想政治理论课建设，具有全局性和战略性意义。目前，我国高职思想政治理论课教学科研组织机构设置很不统一，大体分以下三种情况：第一种，设置有独立的二级机构，集中组织思想政治理论课教育教学和马克思主义理论学科建设，统一管理思想政治理论课教师队伍。第二种，虽然设置有相对独立的机构，但只是学校某一个学院管理下的三级甚至四级机构，这种情况目前还比较普遍。第三种，没有设置独立的组织机构，思想政治理论课教师分散在不同的专业院系，很多教师是作为第二职业来参与思想政治理论课教育教学的。因而，思想政治理论课教学科研组织机构设置比较混乱，名称也五花八门。特别是，一些有马克思主义理论学科点的高职，将这个学科设置在思想政治理论课教学科研组织机构之外，使得学科建设与思想政治理论课教育教学分割开来，而且使得一些与马克思主义研究领域关系不直接的教师当上了这个学科的研究生导师，从一开始就对马克思主义理论学科起着一种瓦解作用。这种情况很不利于中央有关精神的贯彻落实，不利于思想政治理论课教育教学和马克思主义理论学科的统筹规划，不利于思想政治理论课教师队伍的领导和管理。

实践证明，没有统一的组织机构，要完成统一规定的任务是不可能的。为了完成好思想政治理论课教育教学任务以及科研和社会服务等各项工作，没有一个独立的教学科研组织机构是不行的。从实际情况看，组织机构不落实，教师分散在不同的单位，一定程度上弱化和边缘化了思想政治理论课教师队伍，也影响了课程教学质量的提高。这些马克思主义学院对于在我国高职高举马克思主义的旗帜、凝聚思想政治理论课教师队伍、集中管理思想政治理论课教育教学、建设马克思主义理论学科等，发挥了重要作用。按照这次中宣部、教育部工作会议精神，大多数高职的思想政治理论课教学科研组织机构的名称可以叫"思想政治理论课教学科研部"。不管是叫这个名称也好，还是叫马克思主义学院也好，需要明确把握这一组织机构的定位和职责，它不是传统意义上的单纯教学组织机构，而是教育教学与学科建设融为一体的单位，它是思想政治理论课教学部门，同时也是马克思主义理论研究单位，是马克思主义理论学科点的依托单位。这个机构要统一管理思想政治理论课教师队伍，其主要任务是开好全校公共性思想政治理论课程，同时要抓好马克思主义理论科学研究和社会服务工作，抓好马克思主义理论学科建设。需要强调的是，思想政治理论课教学科研组织机构建设与马克思主义理论学科建设必须有机地紧密地结合起来，再也不能"两张皮"。一方面，思想政治理论课教学科研组织在主管全校性思想政治理论课教育教学的同时，必须担负起马克思主义理论学科建设的任务，马克思主义理论学科点必须设在这一组织机构之中；另一方面，马克思主义理论学科的学术骨干必须承担思想政治理论课教学任务，必须同时是思想政治理论课的教学骨干。

独立设置思想政治理论课教学科研组织机构，此项规定已经很明确。可以预见，随着此项工作的落实到位，而且获得在政策上的更多支持，高职思想政治理论课教师将会出现工作有条件、干事有平台、发展有空间的大好环境，高职思想政治理论课教育建设必将开创新的局面。

第三节　思想政治教育中高职辅导员队伍的建设与发展

一、辅导员在大学生思想政治教育中的地位和作用

（一）辅导员是大学生德智体美协调发展的引导者

高职的辅导员工作重在对大学生"德"的引领。当代大学生在国家改革开放中成长，他们关注国内外大事，关心国家的改革和发展；他们思想活跃，创新意识和创造能力比较强；他们注重自身素质和能力的提高，注重自我价值和利益的实现。但是随着独生子女比例的增大、高职大规模扩招、从精英教育到大众教育的转变、就业形势的日趋严峻等，大

学生在眼前利益与长远利益、集体利益与个人利益等关系的选择上，存在着很多误区。《中共中央 国务院关于进一步加强和改进大学生思想政治教育的意见》明确指出，"学校教育要坚持育人为本，德育为先，把人才培养作为根本任务，把思想政治教育摆在首要位置"。辅导员作为大学生思想成长的引路者，要把思想政治教育工作落到实处，全面推进素质教育，引导大学生德智体美全面发展。

（二）辅导员是大学生德智体美协调发展的推动者

当前，随着社会主义市场经济的深入发展，社会经济成分、组织形式、就业方式、利益关系、分配方式日益多样化，大学生思想活动的独立性、选择性、多变性和差异性日益增强，由此带来的是大学生对自强、创新、成才、创业等成长成才方面的需求，并呈现多样化、复杂化发展趋势。高等教育的发展和当代大学生的特点要求必须根据学生成长成才的发展需求，包括学生学习辅导、科技活动辅导、社会实践辅导、生活辅导、心理辅导、职业生涯规划辅导等一系列涉及学生成长发展的内容，去建设一支学科背景适应、能力水准优异、发展潜质强劲、个性素养良好的辅导员队伍。

（三）辅导员是学校安全稳定工作的管理者与维护者

学校的安全稳定是学校其他一切工作的基础，学生的稳定是辅导员的重要职责。辅导员要树立对学校负责的全局意识，要有维护学校稳定和促进其发展的大局观念。在对学生进行日常管理的过程中常会遇到突发事件，这就需要辅导员准确把握形势，积极疏导，及时上报，做学校安全稳定维护的应急者。辅导员在日常生活中要注意了解学生的学习、生活情况，注意了解学生的热点和焦点问题；要建立学生反映问题的有效机制，做到有问必答；对群体性事件或突发性事件要制定应对预案；要培养一批学生骨干，能够随时传递信息、反映情况；在突发情况发生时，能从现实出发，对原有的决策、方案和意见进行及时的修改和补充，因势利导，把工作做好、做实。高职辅导员队伍是高职学生最直接的管理者和教育者，是一支长期战斗在高职思想政治工作第一线的主力军，他们既要用自己的一言一行去教育、影响学生，同时又要对学生的言行及一切有关学生方面的工作效果负直接或间接的责任。

（四）辅导员是大学生教育的引导者

辅导员对学生所具有的教育引导作用是显而易见的，既要对学生开展党的基本路线、爱国主义、集体主义和社会主义思想教育，又要引导大学生树立正确的人生观、世界观、价值观；既要教育学生有正确的学习态度，又要引导学生有文明的言谈举止。因此，这种教育并不仅限于"思想政治教育"一个方面，而是几乎涵盖了与学生成长有关的所有方面。

（五）辅导员是大学生教育的基层管理者

很多高职的师生都把辅导员称为"管理员"。就是因为所有有关学生方面的工作事无巨细，政治辅导员都得过问、参与管理，而且这种管理还体现在协调学校各部门之间有关学生方面的各种关系，促进学校各环节的紧密衔接，更好地保证学校整体力量的发挥。同时，还要对学生在学校的遵纪守法及学习等情况进行监督，以保证学校有良好的学习环境，保证学生往健康文明的方向发展。

（六）辅导员是大学生教育的桥梁与纽带

学校的政策、规章制度要靠辅导员去贯彻与落实，学生的意见、想法要靠辅导员去收集、汇报。这样，辅导员就在学校与学生之间架起了一座"上情下达，下情上传"的桥梁，沟通了思想，畅通了渠道，增进了了解，使学校的工作更能在一种"和谐状态"中稳定、高效地运转。

（七）辅导员对大学生教育具有榜样示范作用

俗话说，"什么样的将军带什么样的兵，有什么样的师傅就有什么样的徒弟"。学生从入校开始直至大学毕业接触最多的就是辅导员，感情的因素和心理的因素决定了学生的思想观念、行为方式、个性特征、价值取向等诸多方面都会受到辅导员不同程度的影响，因此，辅导员对于学生的榜样示范作用在学生的成长过程中表现得十分突出且重要。

二、新时期对高职辅导员的素质要求

（一）思想政治素质

所谓思想政治素质，是指人们从事社会政治活动所必需的基本条件和基本品质，它是一个人的政治思想、政治方向、政治立场、政治观念、政治态度、政治信仰的综合表现。一个人的思想政治素质与其在社会生活中的位置，政治生活经历密切相关，它随着个人的成长，在长期社会生活实践中逐步形成、发展和成熟。一个人的思想政治素质带有鲜明的阶级性和相对的稳定性，个体的政治思想、政治态度、政治情感、政治信仰、政治理想和情操，在相当长的时间里影响个体的政治活动和政治追求。在我国，思想政治素质集中体现为一个人对社会主义制度，对建设有中国特色社会主义和我国政治过程的认识、态度与参与情况。对高职辅导员而言，扎实的马列主义理论基础，高度的政治觉悟，高尚的道德情操，以及强烈的责任心和甘于奉献的精神是其思想政治素质的具体体现。

（二）知识文化素质

文化知识是人类在改造自然和社会的实践活动中所获得的认知和经验的总和，是人类实践活动和思维成果的结晶，也是人类文明发展和延续的基础。在知识经济时代，科学技术的飞速发展使人类知识文化总量急剧增长，呈现出既高度专业化，又相互渗透；既高度综合，又纵横交叉的态势，这对新时期人才的素质提出了更高的要求。高职政治辅导员的工作环境和工作特点，要求他们应该具备以下几方面的知识文化素质。

1. 马列主义理论

马克思、列宁主义的经典理论，始终是指导我们在前进中不断战胜困难、取得胜利的指导性世界观和方法论。在建设社会主义市场经济的今天，我们更应该认真学习马列主义与当代中国国情相结合的思想理论精华——邓小平理论，不懈地坚持社会主义，坚持改革开放，用科学的理论去分析、判断和解决实际工作中遇到的问题和困难。

2. 思想政治教育专业知识

思想政治教育是研究人们思想形成和发展的规律，以及在此基础上对人们进行思想政治教育的科学。作为高职的基层教育工作者，辅导员的职责侧重于从思想政治的角度来服务于高职培养现代化人才的总体目标，因此，深厚的思想政治教育专业理论知识是辅导员工作必不可少的理论武器。只有从理论上科学地把握大学生的思想，特别是政治思想的形成、发展规律，才能做到有的放矢地对他们进行思想政治教育，解决他们思想形成过程中及其发展方向上的各种问题，使大学生的整体思想观点、政治立场向符合社会主义道德和法制规范的方向发展，为今后的立足社会、服务人民打下良好的基础。

3. 管理科学知识

高职辅导员是高职最基层的学生管理工作者，必须具备一定的管理科学知识，懂得综合运用系统科学、政策科学、科学决策等手段去引导和调节学生的各种活动，掌握管理的艺术和提高决策的水平，在工作中做到游刃有余，取得尽可能大的工作实效。

4. 全面的科学文化知识素质

搞思想政治工作，仅仅有满腔的热情是远远不够的，尤其工作对象是整体素质较高的青年大学生，因此，辅导员必须具备全面的知识文化素质。在这方面，辅导员首先应该对所带学生学习的专业及其发展有一定程度的了解；除此之外，辅导员还应具备一定的人文文化知识和自然科学知识。一个不仅在思想、道德方面，还能在学业及其他方面与大学生进行深入探讨，并且知识广博的辅导员容易赢得学生的亲近和信任，做起学生的思想工作来也能从各个角度找到准确的切入点，思想政治工作的能力很大程度上本来就是一个人知识文化能力的综合体现；相反，一个知识贫乏，跟不上时代的辅导员，会被思想活跃、知识面广泛的当代大学生瞧不起，会影响其顺利地开展工作。

（三）能力素质

能力就是人在认识世界和改造世界的过程中所表现出的一种能动性。根据教育体制改革的要求和学生工作的新特点，高职政治辅导员必须具备和强化以下几种能力。

1. 组织管理能力

高职政治辅导员首先必须有能力把绝大多数学生团结和组织起来，为完成学校学生工作的战略目标，分阶段、分步骤地策划和安排具体实施计划，善于调动不同性格、不同爱好、不同特长的学生的积极性、主动性和创造性，同时帮助学校领导、各有关部门协调好当前学生工作中的侧重点，形成学生工作的强大合力，共同保证学校育人目标的顺利开展和实施。

2. 开拓创新能力

对于高职政治辅导员来说，开拓和创新能力是工作得以不断改进和发展的动力所在。我们所处的时代，是一个极具挑战性的动态变化的时代，生产条件在变，社会环境在变，文化氛围在变，竞争方式在变，人的思维和理念也随之在变。一名合格的高职辅导员，必须能够在把握基本原则的大前提下，因时、因地、因事、因人制宜地运用不同的方法，开动脑筋，解放思想，探索、开拓新思路和创造新的工作方法，更好地为社会主义人才培养目标服务。

3. 良好的人际沟通能力

思想政治工作以人为中心，因此，思想政治工作者应具备较强的人际沟通能力，善于分析和抓住学生的思想动态和心理特征，以平等的心态接近学生，尽最大努力为他们排忧解难，替他们争取更有利的发展空间，与他们成为无话不谈的朋友。只有得到学生的信任和尊重，才能够化一般人想来单调枯燥的思想政治工作为无形的"春雨"，在大学生身心健康成长的过程中起到"润物细无声"的巨大作用。

4. 驾驭语言的能力

语言是人际交往中与人沟通的桥梁，做思想政治工作同样以语言为主要媒介物，高职政治辅导员驾驭语言的能力就显得尤为重要。耐心、细致的思想政治工作并不意味着长篇空洞无物的刻板说教，严密的逻辑、确凿的论据、丝丝入扣的推理、推心置腹的交谈、设身处地的落脚点，这样才能让人信服。面对学生的各种长处与进步，辅导员应该及时地加以察觉并用恰当的语言表达自己的高兴和赞赏；对待学生的缺点和失误，辅导员则必须根据每个学生的性格特征、个性心理，把自己的意见恰如其分地以让人能接受的方式表达出来，既表明自己的立场态度，又不至于伤及他们的自尊心，培养和保护他们乐观豁达的上进心。

5. 较强的适应能力与应变能力

当前我们正处于社会转型的关键时期，社会政治、经济、文化各方面的变革都不可避免地要对高等教育、教师及大学生产生重大深远的影响。高职政治辅导员必须具有良好的心理素质，紧跟时代的步伐，正确地评估和预测社会变革给自己的工作环境和工作对象带来的影响和变化，及时地调整自己的工作目标、工作重心和工作计划，以适应高等教育改革对人才思想政治培养方面的需要，从自身工作的角度积极配合学校各项育人战略规划的修订和顺利实施。同时，由于工作环境的变革和大学生价值观念的日趋多元化，各种在以前工作中从未遇到过的新情况、新问题随时都可能发生，辅导员按部就班的工作秩序极有可能被打乱，这对辅导员的应变能力提出了新的挑战。在这种情形下，尤其在一些必须马上处理的突发事件中，辅导员显然只能不等不靠，严格以国家的政策法规和学校的育人目标为指导，在保护学生健康成长和维护学生整体利益的原则下灵活应对，从容处理。事后，辅导员还应该把相关事宜的来龙去脉、处理情况、事后反馈、经验教训等信息及时加以总结，向社会及学校有关部门通报和反映，为今后类似问题的妥善解决，甚至政策法规的相应修订提供事实依据。

6. 科研能力

随着学科体系的丰富和完善，思想政治教育学已经成为高职政治辅导员开展工作的理论依据。高职辅导员应该主动强化自身的"知识型""学者型"定位，在具备较高的思想政治教育专业素养的同时，结合自己的工作实践，将理论与实践结合起来，以实践来作为检验理论的科学标准，用对自己实践的研究和总结来补充和完善科学的理论。

（四）心理素质

心理素质是指人在感知、想象、思维、观念、情感、意志、兴趣等多方面心理品质上的修养和能力。良好的心理素质，即心理健康是现代健康概念的重要指标之一，也是跨世纪人才必需的重要素质之一。一名高职辅导员应该具备的心理素质必须包括：一是乐观向上的人生态度，具有积极学习，努力探索的强烈愿望，对自己所从事的事业充满信心，勇于正视和战胜在事业中遇到的挫折和困难。二是具有正常的人际关系，在与人交往中保持自尊、自信和自重，具有与他人合作的良好意识。三是能积极解决问题，面对矛盾不害怕、不回避，能够利用现实的有利条件和运用有效的方法加以妥善地对待和解决，迅速适应新的环境。四是具有较强的情绪协调和控制能力，能经常保持较为平静的心态和控制自身行为的自觉性，在挫折或压力下保持理性的思维，显示出积极的情感特征。

（五）身体素质

一个人生理素质的强弱，直接影响到他思想素质、智能素质的发挥。良好的身体素质是一个人保持旺盛的精力，坚持工作、学习和生活的基础。高职辅导员作为基层学生工作者，日常工作的确十分繁忙，但更要注意科学地安排自己的作息时间，适当地参加一些有益于身心健康的文体活动，用劳逸结合的方法来保持强壮的体魄，杜绝因个人健康原因而使工作力不从心这一现象发生的可能性。除此之外，辅导员良好的身体素质还包括与身份相称的优雅的外在形象和言谈举止。

三、加强高职思想政治教育辅导员队伍建设的途径

辅导员如何通过有效的时间和资源，在日常状态和紧急情况下都稳定发挥好思想政治教育作用，增强工作实效性，将从以下几方面提出建议。

（一）学习提高，完善辅导员自身素质

辅导员是学生的良师益友，应具有较高的政治素养，丰富的文化知识，积极向上的身心素质，要不断地加强学习，完善和提高自身的职业素养。

1. 政治道德方面

辅导员除了要有高度的事业心和社会责任感，还要树立坚定的政治立场，保持清醒的政治头脑，把握正确的政治方向。在分析问题、解决问题以及大是大非面前，辅导员需把握方向、时刻清醒，做到学为人师，行为世范，言传身教，用自己的言行潜移默化地影响学生，为学生做出榜样，通过感染学生，达到教育学生的目的。

2. 知识文化方面

辅导员每天都要面对思想活跃、求知欲强的大学生，并且时常对学生活动加以指导，因此，辅导员不仅要掌握基本的思想政治教育专业知识，还要努力拓宽知识面，教育学、管理学、心理学、社会学、公共关系学等相关学科的理论知识都应涉猎。同时，辅导员要不断调整和优化知识结构，才能对学生真正做到凡问有答、说之有理、授以真谛，才能疏导学生情绪，寓教育于知识之中。在新媒体广泛应用的今天，辅导员还可以通过信息网络及时了解新闻事实、社会热点，加强工作的针对性。在教育学生时，对于社会的不良现象和负面新闻，辅导员如能熟练运用生动活泼的网络语言进行说明，正确引导，就能贴近学生的心理，事半功倍，提高工作实效。

3. 身心素质方面

良好的身心素质是辅导员扎实有效开展思想政治教育工作的前提和保障，身心素质包括身体素质和心理素质两个方面。健康的体魄是工作的基础，只有好身体，才能产生高能量，应对长时间紧张的脑力劳动和紧急情况下的超负荷运转。健康的心理是工作的要素，只有好心态，才能冷静思考，正确决策，及时解决问题。一个拥有良好身心素质的辅导员

会形成一种强大的精神气场，感染并引导学生，不自觉地参与到这种和谐的氛围当中。保持良好的身心状态，有助于辅导员发挥自己的积极性、创造性，提高工作实效。

（二）因材施教，坚持"以学生为本"的育人理念

1. 以人为本，关注学生内心需求

在大学生的日常思想政治教育工作中，要更好地结合学生的学习和生活的实际需要，给予学生更多的人性管理和人文关怀，让学生真正从内心接受思想政治教育的理念，从而把这种理念外化为个人的实际行动，从根本上增强高职思想政治教育的实效性。"以人为本"也就是以学生为本，辅导员应明确学生的主体地位，尊重学生、培养学生、发展学生，树立服务学生的意识，一切从学生出发。辅导员紧紧围绕培养学生主体性开展工作，要走进学生的内心世界，看到问题的本质，以平等的姿态和学生进行沟通交流，了解学生的真实诉求，只有这样才能提供行之有效的帮助，才具有教育的意义和价值。

2. 以心换心，与学生沟通交流

当前，辅导员是高职思想政治教育工作中的年轻队伍，与学生年龄相仿，在时代背景、家庭状况、成长环境等方面与学生有许多相似之处，容易产生共鸣，适合做学生的倾听者和沟通对象。辅导员以自身的成长经历为例，讲述成功与失败，以心换心，引导说服，能更好地教育学生，用真心去倾听，用真心去理解，用真心去启迪，正是这种真心架设起师生情感沟通的桥梁，走进彼此的心灵，达到高效沟通，深入开展思想政治教育工作。

3. 分段分类，进行思想政治教育

对于不同成长环境、不同性格、不同困惑的学生，辅导员应采用不同的方式方法开展思想政治教育工作。依据其个性心理特点，对症下药，正确指导，以诚恳的心态和至情入理的分析，指出他们需要努力的方向和应采取的措施。只有根据学生特点，有区别地进行思想政治教育，才能有的放矢，提高工作实效。

（三）开拓进取，创新思想政治教育工作方法

1. 依托网络平台，增强思想政治教育实效性

加强网上思想文化阵地建设，是社会主义文化建设的迫切任务。信息时代，网络在给大家带来便利的同时，也向辅导员提出了更高的要求。目前鉴于大部分学生都习惯于从网络获取信息，辅导员可以运用微信、微博、QQ群、论坛等新媒体，及时发布信息，给学生提供有效的一手资料。同时，还能通过网络及时了解学生的思想、学习、生活和心理状况，甚至通过网上交流，对学生日常困惑、心理问题等进行答疑解惑、疏通引导，更好地贴近生活、贴近学生、贴近实际。对于学生身边的优秀榜样，好人好事，利用网络参与度

高的特点，进行广泛宣传，吸引大家共同关注。榜样和事迹最好是发掘本校，本院系，甚至本年级，本班级内的同学实例，这样极易引起学生共鸣，激发学生的正面力量，营造良好道德风气。对于社会热点、敏感问题、新闻时事，辅导员借助网络平台进行分析讨论，有意识培养提高学生的信息鉴别能力，引导学生正确认识社会现象，准确把握问题本质，提升其对有害信息的鉴别能力和对互联网的免疫力，自觉维护网络秩序，形成良好风气。

2. 重视心理教育，帮助大学生健康向上发展

健康向上的心态，是成功的基础。以青年为主体的大学生，正处于生理和心理发展的关键期，他们精力充沛、求知欲强，自我意识不断深化和成熟，对其有效地宣传普及心理健康知识，传授心理调适技巧十分重要。

在学校，辅导员能用思想政治教育"课程化"解决学生共性问题，通过新生适应性教育、心理健康专题讲座、网络和报刊宣传普及相关知识，使学生掌握基础的心理健康知识，学会正面认识和对待各种心理问题的部分技巧，积极愉悦地融入到校园生活和学习环境中去，建立合理的生活学习秩序和良好的人际关系。而从学生个体来说，面对不同需求、不同个性的学生时，辅导员需要根据具体情况，运用不同方法进行疏导。要深入了解每位学生的成长背景、性格和特点，无论是日常生活，还是应急事件，辅导员都应及时拿出行之有效，切合实际的心理疏导方案，高效开展思想政治教育工作。

3. 发挥党团优势，进一步加强学生活动影响

辅导员面对众多的学生，事务繁杂，工作负担大，在思想引导上应把握关键，要事事关心，但不能事事都抓，应充分发挥党团组织和学生骨干的战斗堡垒作用和模范带头作用。依托党团活动、学生活动为载体，发挥创先争优、引领示范的作用，让学生在活动中找到归属感、增强自信、体验成功，使个人价值得以实现。

针对不同群体可以设计不同活动，积极将学生纳入有意义的群体活动中来，这对于促进大学生培养品格、锻炼意志、综合发展、回馈社会具有不可替代的作用。在活动设计方面，可以集思广益，多方征求学生意见，辅导员只需把握大的方向即可，但要注意避免形式化、娱乐化倾向，要注重学生活动开展的科学性和有效性，挖掘活动内涵。

总而言之，高职思想政治教育工作在不断改革之中，如何提高实效性是一项长期而艰巨的任务。高职辅导员作为大学生思想政治教育工作的直接参与者，只有与时俱进，求真务实，勇于创新，才能为思想政治教育工作带来新的成效。

（四）高职辅导员进行思想政治教育工作时应注意的几个问题

1. 辅导员要把握好思想政治教育工作的"长度"

所谓"长度"是指育人周期，育人过程需要做到静心养性。十年树木，百年树人，育

人工作从来就不是一蹴而就的事情，作为高职思想政治辅导员，我们的工作与中国梦的实现紧密相关，但是，圆梦需要时间，成功需要积淀。作为思想工作的排头兵、学生思想认识的引路人，要能沉下心来做事，静下心来做人。时时不忘给自己充电，事事走在学生前列，只有沉得下心，才能扑得下身，思想政治教育工作才能入得了学生心。在落细、落小、落实上下功夫，针对大学生的身心发展与思想特征，有针对性地搭建贴近学生需求、符合发展特点，具有生活化、真实化的第二课堂活动平台，让高职思想政治教育工作真正做到入心入脑。

2. 辅导员要调节好思想政治教育工作的"高度"

所谓"高度"是思想认识有高低之分，定位工作需要找准切合点。高职思想政治教育工作引领价值就在于用其理论去影响教育对象的思想观念，使教育对象形成与其要求相一致的道德品质，并外化为个人的行动，达到思想教育的终极目的。在此过程中需要调节好两个高度，一个是教育者自身的认识高度，一个是学习者认识的高度。作为教育者，我们对于建设中国特色社会主义道路的决心是坚定的，共筑中国梦的愿望是迫切的。在工作中需要尊重教育规律，分阶段、分层次、分时期地贯彻实施，每个阶段的教育策略都需要接地气，入人心；应依托新媒体技术发挥好多种宣传载体的功能，通过图像、文字、视频等多种传播途径将思想政治教育送入学生的课堂上、宿舍里、生活中，让思想政治教育工作去触摸现实，满足学生差异性的心理诉求，尊重学生接受能力的有限性，为教育双方保留足够的生长空间和时间，在一步步跟进式的动态演进过程中吸收消化。

3. 辅导员要拓展好思想政治教育工作的"宽度"

所谓"宽度"，是思想包容的度，培育工作需要兼容并包，找准突破口。我国正处于社会转型的关键时期，各种社会思潮纷繁复杂，空前活跃，加上自媒体时代信息传播的繁华与躁动，势必对高职学生的思想认识形成一定的冲击。因此，高职辅导员作为思想政治工作者，需要主动做好意识形态工作的同时，尊重学生认识上的差异，包容多样，帮助学生抵制各种错误和腐朽思想的影响，让学生的思想认识一步步从关注自身转化到人生、国家的高度，实现量变到质变的真正飞跃。

第七章　高职思想政治教育中大学生的角色研究

第一节　高职思想政治教育中大学生的角色特点

一、我国高职思想政治教育中大学生的主要任务

第一，以理想信念教育为核心，深入进行树立正确的世界观、人生观和价值观教育，主要解决正确认识党举什么旗帜、国家走什么道路和自身社会责任问题，不断夯实大学生的思想政治素质基础理想信念是思想政治素质的灵魂理想信念，是一个政党治国理政的旗帜，是一个民族奋力前行的向导，也是大学生奋发向上的动力。对大学生进行理想信念教育，关系到党和国家的长治久安，关系到中华民族的前途命运。只有教育引导大学生确立坚定的理想信念，才能教育引导大学生树立正确的世界观、人生观和价值观，才能形成良好的思想政治素质。

坚定理想信念要以科学理论武装为支柱。要坚持不懈地用马列主义、毛泽东思想、邓小平理论和"三个代表"重要思想武装大学生头脑，使马克思主义中国化的最新理论成果真正进教材、进课堂、进头脑，认真解答大学生关心的重大理论和实际问题，为大学生坚定理想信念提供正确理论指导和强大精神支柱。要深入开展党的基本理论、基本路线、基本纲领、基本经验教育，开展中国革命、建设、改革史教育，开展基本国情和形势政策教育，开展科学发展观教育，特别要在国家走什么道路、党举什么旗帜这个根本问题上加强教育，使大学生深刻认识到走中国特色社会主义道路是中国发展、民族振兴的唯一选择，

高举马列主义、毛泽东思想、邓小平理论和"三个代表"重要思想伟大旗帜是社会主义事业前进的根本保证，从而确立在中国共产党领导下走中国特色社会主义道路、为实现中华民族伟大复兴而奋斗的共同理想和坚定信念。

理想信念教育要立足于引导大学生自觉把自己的人生追求同祖国的前途命运联系起来。教育引导大学生，要珍惜年华、刻苦学习，努力用人类创造的一切优秀文明成果武装自己，掌握为祖国、为人民服务的真才实学；要深入群众、投身实践，切身感受时代脉搏，虚心向人民学习，克服自己的弱点和不足，更快更好地成长和成熟起来；要磨炼意志、砥砺品格，树立用诚实劳动创造美好生活的思想和精神，从小事做起，从一点一滴做起，时刻准备着担当历史重任，在为实现中华民族伟大复兴的奋斗中谱写壮美的青春之歌。

第二，以爱国主义教育为重点，深入进行弘扬和培育民族精神教育，主要解决确立国家和民族意识的问题，在大学生中形成民族精神和时代精神相结合的精神状态牢固树立爱国主义思想，是大学生能够坚定不移、百折不挠地为祖国、为人民贡献智慧和力量的重要思想基础。高职院校是弘扬和培育民族精神教育的重要阵地，所有教师都应深入发掘蕴含在各类课程中的民族精神和时代精神教育资源，把弘扬和培育民族精神、时代精神贯注到知识传授之中，渗透到校园文化之中。要在大学生中大力弘扬以爱国主义为核心的团结统一、爱好和平、勤劳勇敢、自强不息的伟大民族精神，倡导一切有利于民族团结、祖国统一、人心凝聚、社会和谐的思想和精神，倡导一切有利于国家富强、人民幸福的思想和精神，引导大学生增强民族自尊心、自信心、自豪感，做到以热爱祖国、贡献全部力量建设社会主义祖国为最大光荣，以损害社会主义祖国利益、尊严和荣誉为最大耻辱。

激励大学生弘扬以改革创新为核心的时代精神。以改革创新为核心的时代精神是中华民族在世纪之交崛起的动力。当代民族精神就是时代精神。要深入开展中华民族优良传统和中国革命传统教育，使大学生了解中国共产党在领导中国人民建立和建设新中国的奋斗中表现出来的革命气概，懂得中国共产党是民族精神的继承者和创造者。要把民族精神教育和以改革开放为核心的时代精神教育结合起来，引导大学生在中国特色社会主义事业的伟大实践中，既大力弘扬民族优秀传统，又大力弘扬井冈山精神、长征精神、延安精神、大庆精神、"两弹一星"精神、雷锋精神、抗洪精神等革命传统和时代精神，努力使中华民族优良传统、中国革命传统和改革开放的时代精神深入人心。

第三，以基本道德规范为基础，深入进行公民道德教育，主要解决如何做人的问题，在知行统一的过程中形成良好的道德品质和文明行为基本道德规范是引导大学生做"四有"新人的重要准则和导向。形成良好的道德情操和道德修养，自觉遵守道德规范、进行道德自律，是一名合格人才和公民必须具备的基本素质。大学生时期是人生形成自觉道德意识的重要阶段，在这个时期形成的思想道德观念对他们一生影响很大。加强和改进大学生思想政治教育就应该把帮助和促进大学生形成良好的道德情操和道德修养摆在重要位置，就应该教育引导大学生明确"做什么人"和"怎样做人"的基本道理。

要以为人民服务为核心,以集体主义为原则,以诚实守信为重点,对大学生深入进行道德教育。为人民服务是社会主义道德建设的核心,集体主义是社会主义道德建设的原则,诚实守信是大学生立身之本。认真贯彻《公民道德建设实施纲要》,广泛开展社会公德、职业道德和家庭美德教育,积极开展道德实践活动,把道德实践活动融入大学生学习生活中,引导大学生自觉遵守爱国守法、明礼诚信、团结友善、勤俭自强、敬业奉献的基本道德规范,正确处理个人与社会、个人利益与集体利益、竞争与协作、经济效益与社会效益等关系,养成良好的道德品质和文明行为。特别要对大学生有针对性地进行诚信教育。诚信是公民思想道德素质最核心的外在表现,是大学生踏入社会的身份证。不诚信的种子所结出的恶果将危及社会并殃及自身。要教育大学生树立守信为荣、失信可耻,以诚待人、以德立身的道德观念,讲诚信、讲道德,言必信、行必果。道德教育要坚持知行统一,引导大学生从身边的事情做起,从具体的事情做起,通过多种方式,把道德教育搞得丰富多彩、生动活泼、扎实有效。

第四,以大学生全面发展为目标,深入进行基本素质教育,主要解决提高综合素质的问题,使大学生做到德才并进、和谐成长促进大学生全面发展,对促进人的全面发展、提高全民族素质,具有重大意义。大学生的全面发展,不仅仅是知识的丰富和技能的提高,而且是思想道德素质、科学文化素质和健康素质的全面发展。必须坚持以人为本,以大学生全面发展为目标,教育引导大学生既要学会做事,又要学会做人;既要打开视野、丰富知识,又要增长创新精神和创新能力;既要发展记忆力、注意力、观察力、思维力等智力因素,又要发展动机、兴趣、情感、意志和性格等人格因素;既要增添学识才干,又要增进身心健康。要加强社会主义民主法制教育,加强人文素质和科学精神教育,加强集体主义和团结合作精神教育,促进大学生思想道德素质、科学文化素质和健康素质协调发展,引导大学生在增长科学文化知识的过程中提升思想政治素养,知行合一,德才并进,和谐成长。

二、新时代下我国大学生思想政治教育发展特点

第一,20 世纪 70—80 年代末,党在全面改革开放、建设社会主义现代化的历史时期所开展的大学生思想政治教育。党在全面改革开放、建设社会主义现代化的伟大历史时期中所开展的思想政治工作主要包括"拨乱反正"、进一步加强和改进思想政治工作,开创了社会主义现代化建设的新局面,正式形成了邓小平思想政治工作理论体系等。其中,与大学生思想政治教育相关的内容主要包括在全国范围内开展关于人生观的大讨论、在高职院校内开展向英雄人物学习的活动、学习无产阶级革命家著作、"热点"上的思想政治工作,开展社会实践活动、强化学校思想品德课教学、在高职院校内开展"五讲四美三热爱"

活动等。这段时期我国大学生思想政治教育的主要特点是：确立了实事求是、坚持说服教育的原则以及符合时代要求的说理教育、引导渗透为核心的思想政治教育模式。在教育方法上，坚持寓教于乐原则，除课堂讲授外，还采用了专题讨论、参观访问、社会调查和各种其他形象化的手段，力求通过组织丰富多彩、学生喜闻乐见的文化、娱乐、体育活动感染学生、影响学生、引导学生，把党和国家提倡的方针、政策渗透、融入各项活动过程中去，用健康有益的思想文化占领思想阵地和意识形态阵地。党中央、国务院高度重视大学生思想政治理论课程改革，相继颁布多个关于改进和加强各高职马克思主义理论教育的文件，提出了切合各高职实际的意见和政策措施，形成并实施了"85方案"，增设了《共产主义思想品德》《法律基础》《形势与政策》等课程，积极开展爱国主义、集体主义、社会主义教育及中华民族传统美德教育。各地高职院校逐步恢复了高等学校正规化的马列主义课程设置和课程教学，组建了马列主义教研室，注重分析学生的思想动态，加强协作，不断提高马列主义课程的教学质量。

第二，20世纪80年代末至21世纪初，党在面向21世纪全面推进建设有中国特色社会主义事业的历史时期所开展的大学生思想政治教育在领导全国人民开创社会主义现代化建设新局面、把建设有中国特色社会主义伟大事业全面推向21世纪的重要战略机遇期中，党的第三代中央领导集体确立了社会主义市场经济体制改革目标并初步建立社会主义市场经济体制。在此期间国际形势剧烈变动，国力竞争异常激烈，各种思潮相互激荡。党的第三代中央领导集体分别在不同时期、针对不同情况、从不同的角度深刻地阐明了大学生思想政治教育的地位和作用，提出了加强和改进大学生思想政治教育的指导思想和战略部署，开创了大学生思想政治教育工作的新局面。如，为纠正"十年最大失误"所进行的努力，探讨在改革和发展新阶段大学生思想政治教育工作的新课题，高举邓小平理论伟大旗帜、深入开展"三讲"教育中推进大学生思想政治教育工作，面向21世纪党的大学生思想政治教育工作的创新发展等。进入20世纪90年代以来，各高职院校非常重视课堂教学在大学生思想政治教育中的主导作用，除了进一步加强马克思主义理论与思想品德课建设外，还相继开设了一系列颇具特色的人文素质课程、科学技术课程。与此同时，校园文化、大学生社会实践、心理咨询与辅导、网络教育、大学生素质拓展、职业生涯规划、大学生形势报告会、"大学生志愿服务西部计划"、大中专学生暑假"三下乡"社会实践等一批新的大学生思想政治教育形式应运而生，在一定程度上创新了大学生思想政治教育的渠道，特别是与实际生活贴近的素质教育、第二课堂等概念，对于逐步构建系统全面、高效务实的育人网络起到了积极的促进作用，对大学生思想政治教育的理论与实践创新也发挥着重要作用。

第三，21世纪初至今，我国社会主义现代化建设进入了一个崭新的发展阶段，经济体制深刻变革，社会结构深刻变动，利益格局深刻调整，思想观念深刻变化。大学生思想政治教育呈现出一系列重要特征，工作要求越来越高，挑战越来越大。党中央对此高度重视，始终把加强和改进大学生思想政治教育工作作为贯穿中国特色社会主义事业全过程的一项重要战略任务，把促进大学生的全面发展，满足大学生日益增长的文化需要放在更加突出的位置，注重以人为本开展高职大学生思想政治教育，各项工作在加强改进中创新发展，在重点突破中整体推进，取得了新的成效。经党中央审定的一系列思想政治理论课教材已经出版发行，推进了马克思主义中国化最新成果理论转化工作，促进了马克思主义理论学科体系的创新，为用马克思主义理论武装大学生头脑工作提供了有力的学理支撑，马克思主义理论学科体系建设取得明显进展；对大学生思想政治教育做出全面部署，进一步明确了思想政治教育在教育工作中的特殊重要地位。这几个文件是新世纪新阶段大学生思想政治教育的纲领性文献，连同"三个代表"重要思想为主要内容的保持共产党先进性教育活动一起，标志着大学生思想政治教育进入一个崭新的发展阶段。大学生思想政治教育正在大力开展包含马列主义指导思想、中国特色社会主义共同理想、以爱国主义为核心的民族精神和以改革创新为核心的时代精神，包括社会主义荣辱观在内的社会主义核心价值体系的教育。这些教育内容立足长远，放眼未来，让在校大学生明确自己的责任所在，自觉践行教育目标。其内容多个角度涉及大学生思想政治教育，为思想政治教育提出了改革发展的宏伟纲领和行动指南。这些最新时期党和国家对于加强和改进大学生思想政治教育工作的最新指导方针，是当前和今后一个时期大学生思想政治教育工作纲领性的精神。

第二节　社会实践与大学生思想政治教育

一、实践教育对大学生思想政治教育的重要性

社会实践活动有利于扩大思想政治教育的受益面和政治理论教育与实践教育的结合。就社会实践活动的目的而言，所希望的是全体学生的积极参与，让学生从不同的角度，不同的层次都受到教育，得到提高。

实践教育对大学生思想政治教育具有推动作用。

第一，社会实践活动既便于学校组织以扩大受益面，又不失活动的严密；既便于安排，又便于检查；既有统一性，又有灵活性；既有普遍性，又有层次性。社会实践活动解决了学校在开展思想政治教育过程中常遇到的一个难题：效果很好的一些教育活动，学生也乐于参加，但由于各方面条件的限制，往往参加的人数很少，致使相当部分的学生滞留在活

动圈子以外。这个问题的解决，使社会实践活动的主体——学生的受益面大大扩展；同时，通过社会实践活动的开展，让学生深入基层、了解国情、体察民情、分析社会的现实需要、发现自身的不足，使学生从理论与实践的结合上学懂理论，提高了学生对我国现在处于并将长时期处于社会主义初级阶段这个最大的实际认识，从而有助于大学生坚定建设有中国特色社会主义道路的信念。

第二，社会实践活动有利于大学生的成长，也是大学生成才的自身需要。大学生参加社会实践活动，经历了活动内容从单一到多维，活动主体的被动参与到主动投入，一个由量变不断迭加到质变的发展过程。当前，"学习社会、助困扶贫、服务社会、实践成才"已成为大多数大学生的自觉行动。每逢假期，大学生走出校园，下农村、下厂矿、到学校、访军营、进商店，以社会为课堂，以实践为教材，全身心地投入到社会实践中去接受教育和锻炼，不断提高自己的认识和解决实际问题的能力。社会实践活动正日益成为大学生成才的自身需要而受到学生们的高度重视。

社会实践活动有助于大学生对现实社会中诸多问题和矛盾的认识。随着社会主义现代化建设的发展和改革开放的不断深入，在取得巨大成就的同时也出现了许多新的问题和矛盾，如何来认识和解决这些新问题和矛盾，一直是学校对学生进行思想政治教育过程中的一个难题，如涉及学生切身利益的毕业就业问题。当前，社会主义市场经济体制的建立与发展，高职院校毕业生已由过去统包统配的计划分配模式逐步过渡到实行自由就业方针、政策指导下多数学生在一定范围内自主择业的方式。这种择业方式，导致大学生复杂心态和矛盾心理的产生。一方面，实现了由"服从国家需要"到"尊重个人意愿"与"服从国家需要"并重的转变，而备受学生的推崇和欢迎；另一方面，由于人才市场机制与竞争规则的不健全等因素，又使得部分学生束手无策。从而在一些学校中产生了不同程度的对社会的偏激看法，对这些过激的认识和理想与现实之间存在差距的矛盾的解决，单靠在校园的教育和引导是难以奏效的。然而，学校可有针对性地组织大学生进行社会实践活动，通过深入社会和实践，使大学生了解和认识国情，认清就业形势，了解社会对毕业生的需要，结合自身的实际，树立正确的择业观念，实现个人志愿与祖国需要的有机结合。社会实践活动这种大学生自我教育的手段和形式，有助于问题、矛盾的认识和解决，是学校加强和改进对毕业生进行思想政治教育的一种有效办法。

第三，实践教育是大学生思想政治教育的重要途径。实践教育是大学生思想政治教育的重要途径之一，对大学生的思想政治教育具有重要的意义。通过实践教育有助于提高和完善大学生的思想政治观念和思想，完善大学生的个人素质和个人人生观、价值观、世界观的取向。同时，大学生在实践的过程当中，可以有效运用平时所学的理论知识。高职院校在大学生思想政治教育过程当中要更多地融入实践教育环节。

第四，实践教育可以有效提升大学生的思想政治素质。实践教育对提升大学生的思想政治素质具有重要的作用，只有通过实践才能够使大学生将所学到的理论知识运用于现实的生活当中，才能够解决日常工作和生活当中的实际问题，增强他们的社会责任感，培养大学生健全的品格和高尚的个人素养。理论与实践两者之间是辩证统一的，高职的思想政治教育不能够脱离实际，这就要求高职要在思想政治教育过程中充分重视理论与实践的统一，要把高职的思想政治教育与实践教育结合起来，力求取得良好的教育成果。

二、以实践教育推动大学生思想政治教育的主要途径

（一）加强大学生的实践教育，扩大实践教育参与的广泛性

高职院校应当加强大学生实践教育意识的培养，把实践教育更多地纳入高职的教育体系当中，在日常的思想政治教育过程中利用实践教育来推动大学生思想政治教育的发展。大学生的实践教育应当与一系列的课内外活动相结合，形成实践教育的日常化和经常化，使大学生能够自觉地把实践教育与思想政治教育结合起来。在现阶段高职的思想政治教育当中，大学生是处于被动地位的，他们只是在思想政治课老师的引导下来学习，很难把思想政治理论运用到实践当中，如何解决思想政治理论与大学生的社会实践相结合，成为我们现阶段高职思想政治教育所面临的主要问题。高职院校可以通过理论教育、榜样示范等方式来增强大学生的实践意识，提升他们参与实践活动的积极性与主动性。

（二）高职要强化自身管理机制，提升实践教育的规范性

目前很多高职院校在实践教育的过程中缺乏规范性，高职院校应当建立起大学生社会实践保障体系，要积极引领大学生走出校园，深入到社会基层当中，充分体验社会实践生活。建立健全高职实践教育的长效机制，要坚持以人为本的理念，给大学生创造良好的实践教育环境，培养大学生良好的思想品德，使其成为对社会主义建设有用的人才。高职院校要建立专门的实践教育机构，对大学生的实践教育进行统一的管理、规划、引导，为大学生的实践教育提供充分的保障。高职还应当建立健全大学生实践教育相关制度，相关制度应当涉及大学生实践教育的实施、保障、评估等多方面的内容。

（三）高职应当丰富实践教育的内容和方式

高职院校的实践教育应当顺应社会发展的需要，从课程内容和教育方式上与时俱进，不断提升学科品位。根据高职思想政治教育的客观情况，对大学生进行针对性的实践教育，是提高大学生素质的有效途径。高职院校应当丰富实践教育的内容和方式，对大学生的实践教育要分阶段、分层次进行。要根据大学生的成长特点和规律为大学生制订出相应的实践教育计划和内容，大学生的实践教育要与日常的生活和工作相结合，实践教育要与大学生的专业知识统一起来，增加服务社会和创新创业等方面的实践内容，旨在把学生培养成

为德、智、体、美、劳全面发展的社会主义事业的接班人。通过实践教育可以提升大学生的爱国主义、集体主义、社会主义思想，培养大学生良好的道德规范。高职院校的实践教育与思想政治教育相结合，能够促进大学生综合素质的提升，真正实现大学生的自我管理、自我教育与自我服务。高职院校的思想政治理论教育也应当发挥好其在实践教育当中的重要作用，改变传统的思想政治教育模式，积极探索和建立以专业学习和服务社会为主要内容的实践教育课程，要把大学生的成长与高职院校的实践教育紧密结合起来，增强实践教育的成果。

总之，实践教育的具体方式是多种多样的。随着现代科学技术的迅速发展，随着社会主义现代化建设的蓬勃发展，实践的内容更丰富了，范围更宽了，方式更多样了。因此，思想政治教育与社会实践结合的内容、方法都不断有新的发展。具体形式有：组织大学生参加劳动教育、军政训练、社会调查、生产劳动、志愿服务、公益活动、科技创新和勤工助学等实践活动。粗略划分可以分为劳动教育、社会服务活动、社会考察等三类。

劳动教育，主要通过生产劳动和公益劳动来进行，还包括义务劳动、实习劳动、家务劳动等。劳动教育就是在生产劳动过程中，帮助受教育者树立正确的劳动观点，培养热爱劳动、热爱劳动人民的思想感情，引导大学生走同工农群众相结合，体力劳动与脑力劳动相结合的道路；教育学生以劳动为荣，以不劳而获为耻，树立积极的劳动态度，抵制好逸恶劳、贪图享乐的腐朽残余思想，养成学生珍惜劳动成果的良好风气，养成艰苦奋斗的作风。

社会服务活动是服务者志愿参加的有组织、有目的的实践活动，是实践教育的重要方式。在活动中，服务者自觉运用自己的知识、技能和体力为社会、为群众做实事、做好事，尽自己的能力做奉献。社会服务活动的内容和方式是多种多样的，按服务的内容划分有生活服务、生产服务、科技服务、信息服务等；按服务的方式划分则有劳务服务、智力服务、咨询服务、个别服务、群体服务等。近几年来，高职院校大学生的社会服务活动逐渐增多，如广泛开展的学习雷锋的活动、志愿者活动，等等。随着我国社会主义物质文明建设和精神文明建设的发展，大学生社会服务活动的内容和方式将会越来越多样。

社会考察是通过认识和研究社会，提高受教育者思想认识和分析社会问题能力的方法。社会考察被广泛运用于社会的各个领域，它作为一种实践活动方式运用于思想政治教育中，其目的是帮助受教育者深入社会实际，贯彻理论联系实际的原则，正确地分析和认识社会现象与社会问题。组织大学生进行社会调查的方式可以有多种，如由学校组织集体进行；也可以是个人联系单位，自己进行；还可以分小组进行等。为了确保社会调查的效果，要注意三个环节：首先，要根据思想政治教育的要求，确定考察任务、对象和范围，提出考察计划。其次，教育者要组织受教育者一起研究和制订考察计划，充分了解考察的意图和要求。最后，指导受教育加实际考察活动，做好调查记录，整理资料，进行分析研究，写出考察报告。

所以，大学生的实践教育与思想政治教育二者之间相互联系，通过实践教育可以培养大学生的爱国主义、集体主义精神。高职院校应当把实践教育融入思想政治教育之中，使思想政治教育形式更加多样化，更好地推进高职思想政治教育的发展。

三、当前高职开展大学生社会实践面临的困难与对策

改革开放以来，大学生社会实践蓬勃发展，各种社会实践活动和形式为促进大学生理论联系实际进行了非常有意义的探索和尝试，产生了一些成功的经验和做法。但总体而言，高职院校社会实践教学的组织和安排，还没有形成一套普遍有效可行的运作模式。

（一）大学生在社会实践活动中存在的突出问题

一是学生参与缺乏广泛性。社会实践教学作为必需的教学环节，应该是面对全体学生的，由于领导与教师把主要精力投放在院、系社会实践小组或某一类实践活动上，面对全体学生的个体实践活动则缺乏具体而有效的指导和相应措施。

二是活动开展缺乏连续性。社会实践教学在有些院校不是作为一种必要的经常性的教学环节坚持下去，而是因场所、经费等客观因素影响而断断续续，没有形成一个稳定的、一贯的、学校和学生普遍认可的评价标准和运行机制。目前，社会实践教学并没有真正纳入完全的教学计划之中，一定程度上带有随意性和随机性。

三是组织层面缺乏规范性。社会实践教学一般是在课外校外进行的教学辅助活动，其组织程度比一般课堂教学复杂、细致得多，涉及教师、学生、场所、经费、教学安排，以及相互协调培训、考核等环节和因素。因此，必须要在组织层面进行细致周密、规范的安排和考虑。

四是活动结果缺乏实效性。社会实践活动是围绕着特定的教学内容和基本目标进行的，应当有有效的指导。对于如何确定有针对性的实践教学活动主题，如何选择合适的实践教学方式，如何完成具体的实践教学的各个环节，如何撰写实践报告及实践教学的具体要求等，我们尚缺乏系统的培训和辅导。同时，对于社会实践活动的开展情况也缺乏有效的管理和考核。对学生在社会实践中了解的问题，如果教师不能及时进行辨析与答疑，就会直接影响到社会实践的效果。

五是在社会实践基地的建设上还存在一些有待解决的问题。如，有些企业单位单纯从经济效益考虑，对大学生社会实践活动不予以积极的支持，从学校方面来讲，没有与企事业单位建立良好的互助合作机制，使得有些社会实践活动因受实践基地不稳定这一因素的影响而无法做到高效、深入、持久地进行。

（二）积极探索开展社会实践的有效对策

社会实践是大学生思想政治教育的重要环节，也是大学生成长、成才的有效途径。但

实践性教学环节是一项涉及面广的系统工程，它需要社会、学校党政领导的重视和各部门的配合。

1. 需要社会多方面的支持，努力创造各种有利条件

首先，对开展社会实践活动的认识要统一。社会实践既是大学生思想政治教育的重要环节，也是高等教育中不可缺少的有机组成部分，是高等教育专业素质培育的基本要求。我们应充分认识社会实践对于大学生思想政治教育的重要意义，对于大学生成长成才的重要意义，将中共中央、国务院《关于进一步加强和改进大学生思想政治教育的意见》的要求认真贯彻到实际教学过程中去。

其次，要完善和建立开展社会实践活动的运行机制。要建立大学生社会实践保障体系，探索实践育人的长效机制，引导大学生走出校门，到基层去，到工农群众中去。要把社会实践纳入系统的统筹计划和教学大纲，规定学时和学分。还可以在大学生中试行"义务服务制"，规定学生在校期间必须完成一定时间的社会义务服务，等等。建立促使社会实践活动正常开展的组织保障系统和经费支撑，为社会实践活动持续开展提供基础。另一方面，学校要本着优势互补、合作共建、共同管理、服务社会和服务高职实践教学相结合的原则，主动增强与社会的各方面联系，取得社会的支持和理解，建立学校与社会的联系点，形成社会实践的基地。基地建设要有一定的稳定性，从人、财、物等各个方面予以支持。校地双方要建立顺畅的工作机制，及时沟通情况，规划项目，开展活动。同时还要不断丰富社会实践的内容和形式，提高社会实践的质量和效果。

再次，科学规范社会实践活动的内容体系。大学生社会实践活动的内容涉及范围很广，因此要遵循大学生教育规律，分阶段、分层次地进行。对于低年级学生，要开展军事训练、生产劳动、社会调查、支援服务、公益活动等形式为主的活动，重在让他们了解国情，认识社会，增强建设祖国、服务社会的责任感；对于高年级的学生，则要注意结合其所学专业，以实践服务、专业实习、勤工助学、科技创新和创业实践等为主，重在让他们发挥专业技能优势，在社会实践的过程中为社会发展做出贡献。另一方面，社会实践活动还要遵循大学生成长和成才的特点和规律，积极探索和建立社会实践与专业学习、服务社会、创新创业相结合的社会实践内容。社会丰富多彩，学生千差万别，社会实践活动的方式和内容不同，其教育作用也不同。要根据学生的实际情况开展具体的活动，要把社会实践活动与学生成长成才结合起来，努力探索和建立社会实践与专业学习相结合、与社会服务相结合、与勤工助学相结合、与择业就业相结合、与创新创业相结合的机制，增强社会实践活动的效果。

最后，应该积极发挥各级干部和思想政治理论教师在社会实践活动中的作用，要把学校党政干部和共青团干部、思想政治理论课和哲学社会科学任课教师、辅导员、班主任及专业教师纳入社会实践的指导队伍，干部、教师指导和参加大学生社会实践，要纳入工作

量进行考评，并制定可操作性的制度进行管理。同时，社会实践活动的开展并不是降低理论的要求，而是要求教师首先必须高度重视自身理论素养和实践能力的提高，这是加强社会实践教学的前提。只有不断地接触社会变革发展的新情况、新问题、新经验，我们才能增强教学的针对性与实效性，让社会实践成为大学生思想政治教育的重要环节，成为大学生成长、成才的有效途径。

作为高等学校人才培养的重要环节，大学生思想政治教育工作长期以来一直受到党和政府的密切关注与高度重视。可见，大学生思想政治教育工作攸关全局，其意义十分深远。肩负着这种沉重的历史责任，现阶段大学生思想政治教育工作在教育体系构建、师资队伍建设以及教育内容与形式的创新等方面问题比较突出。有效解决这些问题，不仅需要领悟其重大意义，而且必须洞悉问题的成因和创新教育理念。

2. 构建立体交叉的思想政治教育体系

言及大学生思想政治教育，人们总是习惯地将视角定格于高等学校，认为大学生思想政治教育仅仅是高等学校的职责。其实，这是一种片面、狭隘的认识。

首先，家庭教育是大学生思想政治教育不可或缺的重要组成部分。尽管在大学阶段家庭教育功能与作用的发挥没有中小学阶段明显，但对于人生观、世界观将要成型却未完全定型、人格基本独立经济却仍未自立的在校大学生来说，家庭氛围的熏陶、经济状况的制约以及儿时的经历仍然是影响其思想品质塑造的重要因素。心理学研究成果表明，家庭教育对个体的影响根深蒂固，甚至能够贯穿其整个人生。虽然在校大学生拥有较强的自主意识，家庭教育的作用也远没有中小学阶段直接，但在一些关键事件的处理以及重大事项的决策（如人际、就业、婚姻等）方面，家庭的作用仍然十分明显，在一定程度上或特定条件下，甚至发挥着主导作用。

其次，中小学阶段的教育是大学生思想政治教育的重要基础，其作用不可忽视。仅就个体性格而言，心理学认为，性格涵盖了个体对主体外同类（他人与集体）、劳动（学习与工作）、物品和自身等方面的态度特征，而在人的一生中，中学阶段尤其初中阶段是其性格养成的关键时期，这一阶段的教师对其思想观念影响作用十分巨大，而且远远超过了大学教师。

最后，社会教育是大学生思想政治教育最为现实的重要影响因素。虽说高等学校思想政治工作既是中学、小学思想政治工作的自然延伸，也是学生走向社会后接受社会再教育的重要基础，但现实外部世界对大学生思想政治教育的影响十分巨大。在经济全球化、时代信息化的当今社会，各种文化思潮和价值观念交互激荡，大学生同社会的联系与交流日益深入、频繁和广泛，如果将大学生思想政治教育仅仅定格于高等学校，而忽视或放弃社会教育体系的构建就意味着放弃了许多阵地和机会。尽管改革开放以来，党和国家先后制定和出台了一系列有关大学生思想政治教育工作的法规及文件，但从其内容来看，主要是针对高职及教育管理部门的，而较少提及社会在大学生思想政治教育中的功能与作用。

总之，大学时代只是人生历程中的一个阶段。如果在人生的某个阶段上人为地附加全局性意义，显然是不具理性的想法和做法，其收效也肯定是事与愿违的。审视大学生思想政治教育工作绝不能离开社会背景而孤立地考察，从事大学生思想政治教育工作更不能离开现实社会而孤立地操作。在新形势下重视和加强大学生思想政治教育工作必须将大学生思想政治工作置于全社会背景下进行运作，努力构建纵横双向、立体交叉的大学生思想政治教育工作体系。唯有如此，才能使高职学生思想政治工作产生强大的推动力和持久的生命力。具体地说，建立家长联系制度；创建爱国主义教育和社会实践活动基地；开展丰富多彩的社区文化活动；优化校园周边环境；鼓励和支持面向大学生的公益性活动；等等，都是很好的措施与方法。

（三）努力打造高素质思想政治教育队伍

如果说，大学生思想政治教育工作需要全社会共同构建纵横双向、立体交叉的教育体系，那么，就高等学校内部而言，富有成效地开展大学生思想政治教育工作，教师队伍是关键。这里所言之教师，绝不仅仅是指思想政治理论课教师（又称"两课"教师）、专职学生工作干部和班主任，大学生思想政治教育应当是高等学校全体教职员工的共同使命。然而，在现实中，无论是教育管理部门的政策制定者，还是高等学校的教育实践者，对于这一问题的认识未必真正地客观和理性。

首先，教育主管部门的认识偏差对大学生思想政治教育工作影响深远。高等学校思想政治理论课教师、专职学生工作干部和班主任的认识偏差对大学生思想政治教育工作影响最为直接。他们当中不少同志错误地认为，作为大学生思想政治教育工作队伍的主体，自己理所当然地担当着大学生思想政治教育的主要任务，本职工作也基本上体现了大学生思想政治教育工作的全部意义。基于这样的认识，他们总是自觉或不自觉地将自身与专业教师对应起来，习惯于将本职工作与专业工作进行比对，以此权衡自身所处的社会、经济地位，甚至将此作为大学生思想政治工作是否得到重视的主要判别标准。因而在现实中，他们一方面仅仅局限于这支队伍内部强调本职工作的神圣与重要，忽略甚至排斥在学校整体工作背景下对其工作的重要性进行考量，人为地将自身以及本职工作彻底孤立起来。另一方面，对外极力呼吁提高政治地位和经济待遇，狭隘地将自身的社会、经济地位的改善与大学生思想政治工作重要性的体现简单地等同起来。设想一下，这种并不普遍却也不鲜见，如果得以蔓延甚至成为其工作的现实背景，我们的思想政治理论课教师、专职学生工作干部和班主任何以能够正常开展工作。

其次，专业课教师的认识偏差对大学生思想政治教育工作影响巨大。一方面，他们认同了大多数人的认知定式，认为大学生思想政治教育工作是思想政治理论课教师、专职学生工作干部和班主任的工作职责，与自身的专业课教学毫不相干。他们总是将专业课程视为连接自身与学生的唯一纽带，上课、答疑、批改作业、出卷、考试等成为其主要的工作和生活方式，至于"教书育人"的工作职责，那只是口号式的原则而已；另一方面，在相当一部分专业教师的思想深处，对大学生思想政治工作也不乏鄙视的成分，他们认为，思想政治工作就是耍耍嘴皮子而已，而没有真才实学，更不可能为自己带来地位的晋升和利益的分享，自己不应为之也不值得为之。可想而知，在这种意识指导下的专业教师，不可能在思想政治教育工作中有所作为。

上述几种常见的极端认识的深刻批判，用来提醒人们更加密切地关注我们的育人工作，无论是作为队伍主体的思想政治理论课教师、专职学生工作干部和班主任，还是作为队伍重要组成部分的专业课教师，都肩负着大学生思想政治教育工作的历史使命，不能也不应该孤立、狭隘、感性地理解和认识本职工作，应当从国家富强、民族振兴的政治高度来理解和认识自己所从事的神圣事业，竭尽忠诚地履行自己的岗位职责，从而使育人工作更加富有成效。

作为大学生思想政治教育工作队伍主体的思想政治理论课教师、专职学生工作干部和班主任，应当清醒地意识到自己不是也不可能是大学生思想政治教育的唯一支撑力量，面对当今时代的严峻挑战，更应拥有深刻的忧患意识和危机意识，努力培养过硬的素质和坚强的意志。以政治辅导员为例，他们大多是由大学刚刚毕业或毕业不久的本科生担任，虽然他们在大学时代品学兼优、积极上进，但作为受教对象的同龄人，他们与在校大学生并无显著性差异的人生经历与教育背景。在校大学生所面临的问题与困惑，同样也是他们的感受。或许他们已经解决了其中某些问题与困惑并拥有了一定的成功经验，但面对深度影响其思想观念且非一朝一夕能够解决的问题（尤其新形势下出现的新问题）时，即使他们已经踏上了工作岗位，也同样需要进一步的认真学习、深刻理解才能妥善解决。可想而知，在这些问题与困惑面前，年轻的政治辅导员又何以能够有效引导和教育在校学生呢？事实上，调查结果也显示，大学生认为政治辅导员对自身思想观念的影响力十分轻微。此外，政治辅导员承担了大量具体的学生管理事务性工作，这些工作为学生妥善处理生活与学习的关系、顺利完成学业提供了有力支撑。本质上讲，这些具体事务只是基础性工作，对学生人生观、世界观等思想观念的健康发展虽具有一定的辅助作用，但并非决定性因素。唯有在思想认识、理想信念等方面给予有效的指导，才能使学生形成思想上的共鸣，最终达成教育、引导学生的目的。显然，贫乏的人生阅历和浅显的理论基础，使高职政治辅导员在从事真正意义上的大学生思想政治教育工作时困难重重。再以思想政治理论课教师为例，应当承认，思想政治教育理论课需要"知其然"式的知识灌输，但这一任务应当在中小学阶段已经完成，大学阶段的思想政治理论课必须解决"知其所以然"的问题。如果没有对历史、现实的深度分析以及对未来的理性展望，大学思想政治理论课就很难取得成效。尽管在这支队伍中，也不乏知识渊博、学有专长的专家学者，但思想政治理论课空洞的说教、枯燥的内容，尤其思想政治理论课对专业课的冲击和挤压，难免不让专业课教师和学生产生反感甚至是对立情绪。作为大学生思想政治教育工作队伍重要组成部分的专业课教师，也应当清醒地意识到自己在育人工作中的历史责任和重要作用，既不能事不关己、高高挂起，又不能妄尊自大、目中无人。

专业课教师强大的教书育人功能源于两方面的原因：一是大学生的求知特点。学生经过层层选拔、费尽辛苦地走进大学，其求知目的非常明确，他们迫切希望成为学有专长的有用人才，与专业素养有关的一切内容，都会成为其热切关注的对象，因而，他们愿意接近专业课教师，也更乐意聆听专业课教师的教诲；二是专业课教师的特殊性。专业课教师见解深邃、学识渊博，很多教师不但治学严谨且品德高尚、为人谦逊，他们与学生朝夕相处不仅能够引导学生获取想学到的知识，满足学生旺盛的求知欲，而且，通过言传身教，其治学方法与做人原则都可能在潜移默化中以"润物细无声"的方式影响学生。此外，专业课教师数量之多，而且他们与学生的接触最为频繁、密切，这也是有效开展思想政治教育工作的一大优势。可见，让专业课教师参加大学生思想政治教育工作不仅有事半功倍的效果，而且更有利于大学生思想政治工作长效机制的建立。

第三节　高职思想政治教育在大学生就业指导中的作用

一、目前大学生在就业环境中所暴露的思想问题

（一）部分毕业生思想状态低迷，对于"双向选择"缺乏机会和主动性

各高职的连年扩招和市场有限的人才吸纳能力之间的矛盾，使许多大学毕业生在就业过程中难以找到"合适"的工作，尤其那些所谓"冷门"专业的毕业生，这一现象则更为突出。许多大学生因为找不到"合适"的工作而自暴自弃，以至于出现自杀的悲剧；个别大学生甚至产生报复他人、报复社会的想法，从而走上犯罪的道路。目前，高职院校毕业生就业过程中存在的一些不公平现象，也极大地扼杀了许多大学生"双向选择"的积极性。例如，许多优秀毕业生在就业签约的过程中一波三折，而一些平时表现差、甚至几门功课不及格的学生却凭借着特殊的人际关系和家庭背景，轻而易举地获得了热门单位的就业招

聘名额，这种现象严重挫伤了部分大学毕业生的积极性，让他们认为就业实际上就是学生家庭背景的竞争，这使得许多家庭出身贫寒的大学生对"好"工作望而却步。

（二）大学生就业存在着一定的不稳定性

大学毕业生在就业中的不稳定性，主要表现为大学生本身对于已拥有的工作缺乏持久的毅力。应届毕业生就业成功率低，许多应届毕业生刚就业就辞职；而薪水不满足、待遇不够好、职位不够理想、专业不对口、前途不光明、想落户大城市是毕业生刚就业就辞职的几大理由。当然，此问题与部分用人单位以及一些相关的制度也有一定的关系。但是，我们不能不遗憾地看到，在一些先就业、后违约的过程中，许多毕业生未表现出任何的职业道德修养，他们丝毫不考虑用人单位的需要和给学校等相关部门造成的社会影响，更没有体现出忠于本职工作的奉献精神和职业道德。

（三）学校"发展性"就业指导欠缺

长期以来，高职的就业指导工作大多停留在对学生择业阶段的指导，属于"问题性"指导，只重视择业问题而忽视了更为重要的对学生职业能力的培养，而"发展性"指导这一就业指导中的核心工作做得还远远不够。同时，高职就业指导人员的工作得不到应有的支持。由于从各级教育行政部门到高等学校，尚缺乏相应的管理机构和管理人员，就业指导教师的资格认定、职称评定尚没有规范的标准，一些指导人员的工作积极性、主动性不能得到充分的调动。

（四）学生就业意识淡薄，缺乏主动性

受中国传统观念和应试教育的影响，学生从小到大都是按部就班，很少有足够的时间去思索自己的兴趣爱好，很少与社会接触，接触职业的各种信息更少，且很少主动探索和独立思考自己人生道路上的发展问题。不少学生照抄照搬别人的经验和做法，不经过认真思考其优劣，就为己所用。进入大学后，不少学生仍然很少主动去了解社会、了解职业，用生涯辅导的概念来谈，是生涯责任感的不足。主体意识的淡薄，在很大程度上束缚了大学生的思想。这就导致大学生在就业求职时，主动性不够，较多地依赖学校、教师和家长等，很少主动寻找就业信息。在求职过程中，就业自主能力不够，缺乏求职技巧，方式不够有效，不懂就业政策，环境适应能力差等。此外，不少大学生还存在创业意识欠缺，创业期望值过高，创业能力不足等问题。

（五）学校具体就业指导与现实脱节

在实践操作中，当前我国高职的就业指导服务项目比较单一，大部分还停留在传统的就业政策咨询、派遣等工作，政策解说、组织招聘活动，再加以传授学生喜欢的技巧指导。

毫无疑问，这些工作对学生就业是有帮助的，但这种应急性安排，同学生的职业生涯预备和发展相分离，只重就业之果而忽视发展之根，本末倒置。要开展就业指导工作，无论是培养、培训人员、购置设备仪器、组织教学研讨还是测试、调研、参观、见习等都需经费，而据调查，不少学校的就业指导工作专项拨款远不能满足其实际需要。

二、高职思想政治教育对大学生就业的指导作用

针对高职院校学生就业中的问题，思想政治教育工作要把就业指导作为新的载体和工作重点。思想政治教育工作要注重人文关怀和心理疏导的要求，突出人性化。要紧紧把握大学生就业过程中思想教育的新动态、新特点、新需求，将思想政治教育做深、做细，充分发挥思想政治教育的引导作用。

做好大学生就业指导工作是一个系统工程，学校的各种教育因素都有不同的作用，其中思想政治教育发挥着极其重要的作用，是大学生就业指导的核心和灵魂，并贯穿全过程，其作用表现在以下几方面。

（一）帮助大学生了解就业形势和就业政策

1. 思想政治教育，可以帮助大学生了解就业形势和就业政策

提高大学生对我国就业制度改革必要性、重要性的认识，引导学生认识就业制度改革的方向、步骤，认清国家现行的就业方针、政策，从而调整自己的就业期望，自觉接受政策的约束，在政策的范围内就业；引导大学生认识和对待就业制度改革中出现的新情况、新问题，及时解答他们对就业形势认识中的困惑和疑问；引导大学生学会运用马克思主义的立场、观点和方法分析形势，正确认识就业形势中的主流和支流、全局与局部、眼前利益和长远利益的关系，在正确的认识和观念下进行正确的就业选择。

正确的择业观和就业观能引导大学生不断完善自己的知识、结构，培养良好的素质，以适应时代的发展和社会的需要；能约束大学生的择业行为，树立良好的求职求德；能促使大学生在复杂多变的社会环境中尽快转变角色，激励他们在任何职业领域都爱岗敬业。思想政治教育是帮助大学生树立正确的择业观和就业观的基本途径。

2. 帮助大学生树立正确的择业理想观

择业理想是人们对未来职业的向往和追求。思想政治教育能引导大学生明确自己的职业理想，并为之不懈地奋斗，同时又能帮助大学生认识到个人理想是和社会理想紧密联系的，引导他们在为实现崇高的社会理想而奋斗的过程中实现自己的个人理想。能帮助他们从现实出发，调整就业期望，并为理想的实现创造条件。

3. 帮助大学生树立正确的职业价值观

马克思主义的职业价值观包含两个方面：一是个人在从业过程中对社会的责任和贡

献；二是社会对个人的尊重和满足。通过思想政治教育可以让学生懂得，一个人无论职务高低，能力大小，学历深浅，工作性质如何，只要努力工作，就会在对社会的贡献中实现自身价值。

4. 帮助大学生树立正确的择业目的

使大学生认识到无论身在何处，都应当心系祖国，在服务祖国和人民中实现自己最大的价值。

（二）清除大学生就业过程中各种不良思想的侵蚀

我国正处在一个社会急剧变化，新旧观念不断更新、更换的时期，在旧的观念没有完全打破，新的观念没有完全建立起的转型条件下，再加上各种外来思潮的冲击因素的影响，导致大学生在就业过程中很容易受各种不良思想的影响和侵蚀。防止和清除不良思想的影响，对于大学生树立正确的就业观念，顺利成才是非常重要的。思想政治教育可以在一定程度上防止和消除大学生遭受不良思想侵蚀。解决思想领域的问题，不能靠强迫命令，只能靠深入、细致、长期、耐心的思想政治教育。

第一，思想政治教育能帮助大学生抛弃旧的思想观念，不断引导和促进大学生更新观念，树立新的择业观和就业观。当前，大学生就业方式是我国改革进程中的新事物，需要大学生树立起全新的择业观念。思想政治工作的渗透性决定了它能把思想教育和就业指导结合起来，采取多种形式，利用各种载体广泛影响大学生的思想，从而引导大学生抛弃传统的与当前就业制度和就业方式不相适应的思想观念。

第二，思想政治教育能够积极引导大学生认识拜金主义、享乐主义、极端个人主义的危害性。坚持以马克思主义的集体价值观为指导，正确处理个人利益和集体利益的关系。

第三，思想政治教育还能引导大学生用马克思主义的立场，观点分析问题、解决问题，提高鉴别力和意志力，抵制各种不良思想侵蚀。

（三）及时纠正当前大学生在求职择业时思想和行为上存在的偏差

随着高等教育体制的改革，高等教育步入大众化时期，大学生就业压力加大，大学生不自觉地把是否有利于就业作为衡量各种问题的标准。加之思想上的一些误解和困惑，必然导致一些错误的思想和行为，当前，大学生在求职就业时思想和行为上主要存在的偏差表现在：对学生出现的"就业难"存在认识上的偏差；择业观念趋向功利化；大学生在求职就业时存在诚信缺失行为；大学生在择业过程中出现不良心理，主要有自负心理、自卑心理、攀比心理、挫折心理等。思想政治教育以其特有的转化功能和调节功能，可以及时纠正大学生在求职择业时思想和行为上出现的偏差。

第一，思想政治教育通过向大学生注入新的知识影响或改变其原来错误的体系，使大学生对就业问题有一个全面、正确的认识，使其在认识上发生转变。

第二，通过反复教育使大学生对新的知识产生认同，然后服从，最后内化形成自己的新的正确的思想观念，如新的择业观。

第三，这种新的思想观念会促使大学生对错误的行为进行纠正。如，大学生有了诚信就业的思想，就会对自己不诚信的就业行为进行矫正，直至以正确的行为代替错误的行为。由于人的思想和行为具有反复性，因此对大学生不良思想和行为的转化也需要不断的反复。思想政治教育的调节功能主要是通过心理调适的途径纠正大学生在就业中的不良心理。思想政治工作能把心理健康教育结合起来，通过多种恰当的方式，如心理咨询，对毕业生进行具体有效的心理调适，引导毕业生以良好的心态参与竞争，在竞争中充分展示自己，从而顺利就业。

（四）培养大学生适应社会发展和就业需要的健康心理素质

心理素质是指心理过程、个性心理等方面所具有的基本特征和品质，是一个人在思想和行为上表现出来的比较稳定的心理倾向、特征和能动性。良好的心理素质对大学生就业有着重要的作用。第一，心理素质决定了大学生能否客观正确地认识自我和社会的需要，确立正确的择业目标。第二，就业是一个艰难的过程。大学生在就业过程中会遇到各种各样的困难和挫折。能否接受各种考验，能否果断处理各种矛盾，能否正确对待就业过程中的挫折和失败，良好的心理素质起着重要的作用。第三，良好的心理素质对大学生择业目标的实现，起着促进和保障作用。第四，大学生求职择业完成后即将奔赴工作岗位，角色的变化、人际关系的变化、环境的变化，都需要大学生保持健康的心理素质，去适应不断变化的职业和环境。培养大学生健康心理素质是思想政治教育的重要任务和内容之一。思想政治教育可从以下几方面培养大学生适应社会发展和就业需要的健康心理素质。

1. 培养大学生在求职过程中的自信心

自信心是大学生择业成功的重要因素，也是大学毕业生重要的心理素质。大学生有了自信心，在求职中才能表现出坚定的态度和从容不迫的风度，由此赢得用人单位的赏识和信任，有了自信心才能进行正确的自我评价，正确地认识和估量环境以及所遇到的困难并以最旺盛、最活跃的精神状态去克服困难，以足够的耐受力去面对挫折，以足够的勇气迎接挑战。思想政治教育能把握大学生成长过程中思想和心理变化规律，通过各种各样教育活动，培养大学生的自信心。首先，新生一入校就对他们进行"爱校、爱系、爱专业"的教育，培养和提高学生学习兴趣和信心，鼓励学生努力学习，不断提高综合素质，良好的综合素质是增强自信心的前提。其次，思想政治教育能够通过开展丰富多彩的活动，使学生在活动中锻炼自己的能力，同时也让学生在参与活动的过程中认识到自身的价值，从而增强信心。最后，思想政治教育能坚持实事求是的原则，正确看待和评价每一个学生，对每一个学生的长处和闪光点都予以肯定和赏识。教师的赏识对学生自信心的树立有着深刻的影响。此外，思想政治教育还能帮助大学生运用唯物辩证法的观点、正确认识自己、评价自己、正确认识当前的就业形势以及所遇到的困难，既不妄自菲薄，也不妄自尊大，战胜困难，满怀信心迎接挑战。

2. 培养大学生坚韧不拔的进取心

所谓坚韧不拔的进取心是指在艰苦、困难情况下坚持而不动摇，努力向前的心理态势，它是大学生就业和事业成功的保证。在市场经济和学生就业形势严峻的情况下，大学生就业不是一帆风顺的，会遇到很多失败和挫折。择业中的挫折，很容易打击大学生的满腔热情。有的甚至可能一蹶不振，在怨天尤人之余忘却了当初制定的目标，失去了本应有的进取心。

思想政治教育能通过多种方式培养大学生坚韧不拔的进取心。第一，通过教育使大学生不断明确自己的奋斗目标，确立相应的认知、态度、情感，并产生相应的行为。第二，运用各种各样的激励方法，激发和鼓励大学生的进取心，如运用表扬批评、奖励惩罚等手段，来激励上进，鞭策后进。第三，通过组织社会实践活动培养大学生坚忍不拔的意志品质。有了一定的认知、态度、情感和行为，还需要意志，只有具备坚定的意志品质，这些认知态度、情感和行为才能得以巩固。

3. 培养大学生对环境的主动适应能力

主动适应能力是指个体为满足生存需要而积极与环境发生调节作用的能力。在市场经济时代，大学生就业必然接受市场的筛选、竞争的考验，因此必须主动适应市场的需要，否则会被无情地淘汰。另外，社会是复杂多变的，对于刚刚步入社会的大学生来讲，难免有些不适应，大学生只有具备了较强的适应能力，才能尽快适应环境，获得更充分的生存和发展的条件，成为社会所需要的合格人才。

思想政治教育可从以下几方面培养大学生的适应能力：第一，可以培养大学生分析问题和做出正确判断的能力，使大学生面临新环境变化，能够尽快了解新的要求，明确新的努力方向。第二，可以引导大学生对自己全面、客观评价，了解自己在新的环境下不适应的表现和存在的差距，同时也要看到自己的潜力，在此基础上形成积极的自我观念。第三，思想政治教育可以通过说服、沟通、调节和疏导等机制，培养大学生坚忍顽强、果断的精神和较强的自制力、竞争意识以及对人宽容的态度与豁达的胸怀，增强自我调节的能力。第四，可以通过组织社会实践活动，增进大学生对社会的了解，明确社会对人才的追求，从而培养自己适应社会发展方面的素质和能力。

4. 培养大学生良好的挫折承受能力

大学生在求职过程中遇到挫折是难免的，关键是如何看待它。如果能以积极的态度和合适的方法去对待挫折，把挫折看作磨砺成长的磨石，就能获得对挫折的良好适应，激发自己的潜能从而战胜失败。否则就会丧失信心，使挫折成为成功的绊脚石。因此良好的挫折承受能力是大学生成功就业的重要心理素质。

思想政治教育对培养大学生良好的挫折承受能力具有积极的作用。第一，思想政治教育通过理想教育以及世界观、人生观、价值观的教育，使大学生树立远大的理想和革命的乐观主义精神。具有远大理想和乐观向上的生活态度的人，其挫折承受力往往高于那些缺乏思想和信念，对人生理想持消极态度的人。第二，通过思想政治教育可以提高大学生对挫折的认识水平。通过国情和就业形势教育，让大学生明确在就业中遇到挫折的必然性，使其对就业压力和困难有充分的估计，在心理上做好准备。第三，思想政治教育通过培养大学生良好的个性特征来提高其挫折承受能力。思想政治教育能创造各种条件对大学生进行意志品质磨炼和教育，以伟人和意志坚强者为榜样，培养他们进取、乐观、独立和心胸开阔的性格、坚忍顽强的能力和适应环境变化的能力。第四，思想政治教育能够对遭受挫折的大学生进行心理疏导，引导大学生通过适度的自我宣泄、自我慰藉，调节自己在择业过程中的不良情绪，通过理性思维形成积极的择业心态。

三、高职思想政治教育对大学生创业的指导作用

大学生创业教育是我国高等教育的新理念，它在 20 世纪八九十年代进入我国学者的视野，当高职扩招后的就业难现象引发的自主创业再次升温时，教育部也开始重视这个问题。思想政治教育渗透于高职教育的各个方面，在大学生创业教育中也应加强思想政治教育。如何把大学生创业教育与思想政治教育融合起来，如何加强对学生创业精神和能力的培养，同时使学生具有正确的世界观、人生观、价值观，已成为亟待解决的问题。

随着高等教育由应试教育向素质教育的结构性转化，以培养在校学生的创新能力、实践能力和综合素质为重点内容的创业教育模式已经成为高职青睐的模式。创业教育在理想信念教育、思想品格教育和个性化教育等诸多内容方面与思想政治教育相互联系、相互渗透、相互促进、相互补充，从而赋予思想政治教育以强大的时代生命力和鲜明的现实针对性。创业教育，是指在素质教育的基础上，通过改革教学内容和方法，综合培养学生的创业意识和创业技能的教育，它要求以学生的创新思维、创造能力和创业精神为核心。

（一）将创业教育融入思想政治教育中

将创业教育融入思想政治教育是新时期思想政治教育的客观要求。随着时代发展，我国提出建设创新型国家的目标以及大学生就业难等一系列国内外环境的变化，传统的思想政治教育缺乏对这些新现象的应对，缺乏对大学生创业意识、创业品质的培养。而从某种意义上讲，创业教育的目标就是通过教育、培养和锻炼使受教育者获得创业所需的知识结构、基础能力和综合素质。

1. 将创业教育融入思想政治教育可以从以下几个方面入手

首先，要树立创业意识，营造创业文化，进行创业世界观教育。高职要培养现代社会的创业人才，首先要在校园营造一个浓郁的创业文化氛围。在这种文化氛围中，学生应懂得自己并不是无后顾之忧的"天之骄子"，现实就业情况并不是想象的那么乐观，仅有文凭是不够的，拥有大学文凭，仍面临失业的危机。这就要求我们建立全面的素质教育观念，改变高职中"专业教师只管知识传授、思想政治教育者只管思想的现象"，把创业教育思想同思想政治教育结合起来，服务人的全面发展，使学生有进行创业实践的欲望，树立创业意识，形成正确的创业世界观。

其次，培养学生独立自主的人格品质。一个人是否具有创业意识、创业行为和创业成就，很大程度上取决于他是否有独立自主的人格品质。很难想象，一个事事、处处依赖他人的人能面对创业所承受的巨大风险和压力，能够坚持下去，取得成功。而创业教育的关键就在于能够培养大学生不断了解新情况，研究新问题，探索新思路，创造新业绩，以独立自主的人格品质追求自身价值实现。

最后，培养创业的品质，塑造健康心理。创业品质即创业的情感、意志和精神调节系统，它包括以下几个方面的特殊品质：一是善于驾驭创业风险。创业之路不可能一帆风顺，会遇到各种风险和许多不稳定因素，遇到挫折和失败必须具有"从哪里跌倒就从哪里再爬起来"的态度和精神。二是勇于承担责任，有毅力。创业是一项开拓性很强的实践活动，需要创业者能够克服常人难以想象的困难和障碍，那种思想保守，畏首畏尾的人无法创业。三是充满激情，保持理性。激情是提升和凝聚人气的途径，它的基本要求是要有足够的信心。与此同时，创业总是充满着未知，还必须始终保持清醒和理性。

2. 应坚持思想政治教育指导大学生创业教育

高等学校要把人才培养作为根本任务，把大学生思想政治教育摆在学校各项工作的首位，贯穿于教育、教学的全过程，充分发挥大学生思想政治教育主阵地、主课堂、主渠道作用。思想政治教育是大学生创业教育的重要内容，在大学生就业创业教育体系中，思想政治教育应当始终贯穿于其全过程。

首先，世界观、人生观、价值观是择业观形成的前提。世界观、人生观、价值观是个体对整个世界及人生价值的总的看法，是个体一切行为的思想根源。"三观"是影响择业观形成的重要内因，大学生一旦构建了科学的世界观、人生观和价值观，就表明具有明确目标和为实现目标锲而不舍的精神及积极的人生态度，这种精神和人生态度有助于大学生正确认识国家、集体、个人之间的关系，确立恰当的择业期望值，把满足国家、社会的需要和发挥个人的才能、实现人生的价值结合起来。通过大学生思想政治教育引导大学生把个人的选择建立在社会需要的基础上，将个人的兴趣、爱好、特长等主观愿望和条件同国家、社会的需要有机结合起来，帮助大学生树立正确的择业观。

其次，理想信念教育是思想政治教育的重要内容。崇高的理想和坚定的信念是人生的奋斗目标，是人生的前进动力和精神支柱。人生理想包括社会理想、道德理想、创业理想等，其中创业理想是人生理想中重要的一环，是实现其他理想的基础和前提，道德理想常常表现为立足本职岗位的职业道德。可见，职业道德理想与创业理想教育是人生理想信念教育的具体形式。创业教育作为开发和提高大学生创业素质，培养大学生创业意识、创业能力和创业心理品质，使他们成为具有创造性又具个性的社会主义建设者和接班人的活动，其教育过程本身就渗透着理想信念教育的各个环节和内容。其中创业意识是人生观在创业过程中的反映，在本质上是一种自强自立的意识，是个人的人生观在创业过程中的集中反映。强烈的创业意识是积极乐观的人生观的具体体现。创业目标是人生理想的外在形式和具体体现。大学生在正视现实的基础上确立自己的创业目标，选择适合自己的发展方向，不断完善自己的创业素质，最大限度地发挥自己的特长和能力，实现自己的人生价值，这个过程就是追求人生理想的过程。在就业指导与创业教育中渗透理想信念教育，在理想信念教育中加强创业教育，使两者有机结合，互相促进，构建一种良性互动机制，是高职教育改革的必然要求。

最后，诚信意识和职业道德教育是大学生成才的保证。党的十七大报告中指出："大力弘扬爱国主义、集体主义和社会主义思想，以增强诚信意识为重点，加强社会公德、职业道德、家庭美德、个人品德建设，发挥道德模范榜样作用。"诚实守信是做人的基本原则，也是社会主义市场经济条件下的一个基础性道德规范。在社会主义市场经济条件下，诚信对大学生的学习、就业、创业具有十分重要的意义。学校在教育管理上要重视制度规范化，如建立大学生信用档案、就业推荐材料审查制等，把诚信教育贯穿于整个就业指导和创业教育过程的始终。《公民道德建设实施纲要》指出："要大力倡导以'爱岗敬业、诚实守信、办事公道、服务群众、奉献社会'为主要内容的职业道德。"在大学生就业指导和创业教育中，引导学生逐步树立正确的职业理想，干一行，爱一行。爱岗敬业的基础产生于职业自豪感，而职业自豪感在于把个人的理想融入全国人民的共同理想中，要将爱国家、爱本职工作紧密结合起来，从中汲取爱岗敬业的巨大精神力量。现在不少大学生走上工作岗位后缺乏基本的职业道德。因此，在就业指导和创业教育中，要加强爱岗敬业、岗位成才的职业道德教育，加强大学生公德心、责任感和事业心等方面的教育，培养大学生的敬业精神。只有这样大学生才能胸怀大志，积极进取，才能开发蕴藏在大学生身上的创造潜力，为社会做出贡献，实现其人生价值。

3. 构建思想政治教育与创业教育相融合的环境

首先，利用宣传优势，全面营造思想政治教育与创业教育相融合的氛围。将创业教育融入思想政治教育，就必须创造有利于创业教育的舆论氛围和校园文化。大力提倡和宣扬创业精神，提高思想政治教育者、教育对象乃至高职全体师生对创业教育和创业素质价值的认识。同时，在创业教育中坚持思想政治教育保驾护航的作用，坚持思想政治教育对创业教育的宏观把握。

其次，建立相应的制度，使思想政治教育与创业教育结合具有稳定性。创业教育作为高等教育的重要内容之一，已成为高教人的基本共识，但将其作为思想政治教育的内容还没有得到广泛认同，特别是教育行政管理部门还未明确将其列为思想政治教育的内容。首先要把这种观念让教育行政领导接受，并自上而下达成制度和共识。在高职院校中将创业教育和思想政治教育持之以恒地开展下去。充分利用思想政治教育的各种优势，为创业教育的开展提供各种支持和帮助。综上所述，思想政治教育与创业教育的融合具有重要意义，面对我国社会主义市场体制建立后的新形势，面对社会对人才提出的新要求，只有把创业教育与思想政治教育相结合，才能提高创业教育与思想教育的科学性、针对性、实效性。

（二）大学生创业教育内容中的思想政治教育

1.大学生创业教育中思想政治教育的着眼点

一所高职院校教育质量如何，最终要取决于社会对其毕业生的认可。将思想政治教育引入大学生创业教育中的关键在于完善其内容，而内容的确立应是围绕思想政治教育中对大学生创业素质方面的欠缺而展开。

首先，要着眼于培养大学生创业的个性品质。创业教育是以内隐的方式培养大学生的独立性、敢为性、坚忍性、克制性、适应性和合作性等个性品质，这与思想政治教育中的挫折教育相吻合。挫折教育就是鼓励学生要有面对创业实践中可能遇到的挫折和失败，具有摔倒了再爬起来的态度和精神。同时，挫折教育还要逐渐培养大学生正确分析问题和解决问题的能力。另外，对大学生创业的个性品质的培养还可以通过充实心理健康的内容，从而达到他们积极向上的心理状态的完善。

其次，要着眼于增强大学生创造性的思维品质。创新教育就是要对学生进行创新意识、创新思维、创新能力和创新人格的培养。为此，在进行创业教育时，必须根据当今科学技术的现状与发展，时时调整教学内容，让学生始终能够接触到时代的新成果，要打破过分依赖教材的观念。只有这样学生才会对学习、对社会产生浓厚的兴趣，其主动性、积极性才会有效地发挥出来，才能始终处于对新事物好奇的状态，产生活跃、开拓的思路。

再次，要着眼于强化大学生创业能力品质。创业能力包括专业、职业能力，经营管理能力和综合性能力。专业、职业能力是人们从事某一特定社会职业所必须具备的本领，也是维持生存、谋求发展的基本生活手段。其高低直接影响着社会实践活动的效率和成败。经营管理能力是一种人、财、物、时间、空间的合理组合、科学运筹和优化配置的心理能量的显示，在较高的层次上决定着社会实践活动的效率和成败，因此是一种较高层次的创业能力。综合性能力包括发现机会、把握机会、利用机会、创造机会的能力，收集信息、处理加工信息、综合利用信息的能力，适应变化、利用变化、驾驭变化的能力，非常规性的决策和用人的能力，交往、公关、社会活动能力，等等，是一种社会环境和社会关系的综合开发和运筹的能力，在更高的层次上影响着社会实践活动的效率和成败，是一种最高层次的创业能力。

最后，要着眼于塑造良好的创业心理品质。创业心理品质包括独立性、敢为性、坚忍性、克制性、适应性、合作性。这六种个性心理品质的核心是意志特征和情感特征，是从特定角度来反映意志和情感要素的。因此，抓住了意志和情感，也就是抓住了创业个性心理品质的总体特征。

2. 实现高职大学生创业教育与思想政治教育有机结合

创业教育是高职思想政治教育能否实现与时俱进的一个很重要的方面。高职思想政治教育只有与创业教育相结合，才能将大学生培养成社会需求的全面发展的创新型人才。

第一，为更好地适应思想政治教育与创业教育有效结合的要求，要更新思想观念，切实树立以"生"为本的教育观念和以学生为主体的教学观念。创业教育从本质上说，是一种教育观念、教育思想的创新，是贯穿高等教育始终的教育理念。对于个性更加独立自我的"95后"大学生而言，传统手段显然缺乏理念和思路上的创新。从"以人为本"的新理念、新认识出发，有助于满足大学生不同层次的精神需求，提高思想政治教育的针对性和实效性，有助于发挥大学生自我教育、自我管理、自我服务的作用，形成教育和自我教育的合力。在当前建设和谐社会、和谐高职的新形势下，高职思想政治工作要紧跟形势，适应变化，贴近大学生的思想需求，让思想政治教育离学生更近。要围绕大学生在学习、成才、健康、生活、交友、恋爱、求职、就业等方面所遇到的现实问题，有针对性地开展思想政治教育，增强思想政治教育的亲和力。创业教育作为强调自我教育的一种教育思想，具有积极主动性。要实现教育目标，必须调动教育对象的主观能动性，通过受教育者进行自我管理、自我教育才能实现，它是大学生思想品德培养的必要手段和有效途径。在创业教育的过程中，教育者与受教育者是互动的关系，要注意发挥教育者与受教育者两者的积极性，建立一种民主、平等、互相尊重、互相学习的新关系，从而增强受教育者的主动性，达到理想的教育效果。

第二，应该建立相应的配套改革制度，明确创业教育是思想政治教育的重要组成部分。当前，从高职学生思想政治教育管理角度来看，创业教育就是思想政治教育工作的"分外之事"。思想政治教育者开展创业教育无法做到"名正言顺"，很多困难也就随之出现了。要将创业教育纳入思想政治教育内容之中，利用创业教育的特点完成以"人的全面发展"为目标的思想政治教育，使学生具有更强的社会适应性和独立生存与发展的本领。这样的教育更能体现教育的人文关怀，这样培养出的人才也是更加符合未来社会发展要求的人才。

第三，应该大力进行舆论宣传，全面营造思想政治教育的创业氛围。要大力提倡和宣扬创业精神，提高思想政治教育者、教育对象乃至高职全体师生对创业教育和创业素质价值的认识。学校还要制定鼓励师生创业的有关政策，并形成一种创业制度文化，从而使广大师生积极参与创业成为一种自觉的行为。通过学校、社会等多种渠道设立创业基金，对积极创业者可以提供适当的启动资金。成立专门创业服务机构，为师生创业提供相关服务，并加大创业宣传力度，让创业教育渗透到校园每个角落。

第四，应该高度关注创业实践活动的开展。创业能力和创业品质的培养重在实践，学校要为学生提供实践锻炼的环境和条件，建立创业教育的实践基地，有目的、有计划地组织学生参加创业实践活动，把课堂教学和课外实践活动有机地结合起来，积极引导大学生参加科研和各种专业竞赛活动。还可以组织学生调查一些企业，参与企业的设计。通过实践逐步体验创业活动，获得创业的感性认识，这也是创业教育成功开展的前提条件。

第五，应该进一步加强创业教育师资队伍建设。一流的学生需要一流的师资来培养。高职要培养高素质的创业型人才，就需要一批高水平创业教育师资队伍。教育部原副部长赵沁平同志讲：要培养具有创业素质的学生，教师就必须有过创业实践。这就需要鼓励教师到创业一线去兼职，也可以有计划地选派有潜力的青年教师、两课教师开展创业实践，通过开展产、学、研一体化的教学实践，培养一批创业型学者或学者型企业家，并使之成为学校创业教育的骨干教师，逐步实现创业教育教师的职业化和专业化。此外，从事创业教育的教师要加强创业教育的研究，使创业教育的内容始终与社会经济的快速发展相协调。

综上所述，思想政治教育与创业教育的结合具有重要意义，面对我国社会主义市场体制建立后社会上出现的新形势，人才素质和社会需求也就出现了新的矛盾和问题，把创业教育与思想政治教育相结合，提高创业教育与思想教育的科学性、针对性、实效性。

（三）大学生创业教育与思想政治教育相结合的现实意义

首先，二者的有机结合是促进大学生全面和谐发展，建设和谐社会的必然要求。大学生是党和国家的宝贵人才资源，是建设和谐社会的重要力量。围绕大学生在学习、成才、健康、生活、交友、恋爱、求职、就业等方面所遇到的现实问题，有针对性地开展思想政治教育，是促进大学生全面和谐发展，建设和谐社会的必然要求。

其次，二者的有机结合是高职全面推进素质教育的重要举措。创业素质教育与思想政治教育中的素质教育既相互联系又相互作用。创业教育是以培养大学生创业基本素质为核心，以学生自主学习、自我发展、自我管理、自主创业为目标的教育活动，是一种更深层次的素质教育，是素质教育的一个重要方面，二者有机结合是全面推进素质教育的一个重要举措。

再次，二者的有机结合可以成为提升高职素质教育实效性的一个突破口。通过对创业课程的学习和参与相关的创业实践活动，可以开阔学生的知识视野和未来的职业生涯视野，使他们在走出校门之前对自己和社会以及市场有更清醒和现实的认识，尝试设计自己的人生规划，也有利于培养学生的自立意识和团队协作精神，锻炼他们的动手实践能力，有效地促进其综合素质的提高。

最后，二者的有机结合是解决和应对大学生就业压力和挑战，提高大学生就业能力的一种有效手段。

总之，创业教育是一种实践性很强的教育，其教育内容关乎大学生的现实利益，较之一般思想政治教育的"务虚"，其"务实"的成分更大，实现高职思想政治教育与创业教育的有机结合，在塑造大学生世界观、人生观和价值观方面，能够更加有效地实现高职思想政治教育的目的。

第八章　高职思想政治教育的实践探究

第一节　大学生生命教育

一、认识生命教育

生命教育的内容包括：第一，生存意识的教育。正确理解生命、生存和生活的内涵，也就是尊重生命、珍惜生命的教育，具体又包括生命安全的教育、生活态度的教育以及死亡体验的教育。第二，生存能力的教育，主要在于对环境的适应能力、抗挫折能力以及安全防范和自救能力的提高。第三，生命价值升华教育，要重视培养大学生端正人生态度，认真生活，快乐学习和工作，还要注重大学生的审美教育，让大学生在审美的过程中体验人生的价值和意义。

20世纪90年代，随着我国素质教育的全面实施，倡导以人为本和尊重、关心、理解、信任、发展人的个性已经达成共识，实际上，生命教育在我国就此提上了思想政治教育日程。我国生命教育已经形成了政府主导、民间参与、社会各界积极配合的趋势。

生命教育属于思想政治教育的范畴，然而，在我国高职思想政治教育工作中它却一直是一个盲区。随着我国市场经济体制的建立和迅猛发展，近些年来，大学生在学习、就业、情感、人际关系等方面出现了众多问题，犯罪、自杀现象时有发生并有上升趋势，大学生心理问题日渐凸显，引起人们对生命教育的认识和重视。那么，如何有效地在大学生中开展生命教育，既是落实以人为本的科学发展观和构建社会主义和谐社会的必然要求，也是学校教育特别是高职思想政治教育的一项崭新课题。在高职大学生中开展生命教育，其内涵是帮助大学生认识生命，尊重生命，欣赏生命，珍惜生命，探索与认识生命的意义，尊重和珍惜生命的价值，热爱与发展每个人独特的生命，提高生命质量，创造生命价值，并将自己的生命融入社会主义现代化建设事业之中。

二、大学生生命教育的实施措施

（一）建立学校、家庭沟通联系制度，为大学生创造良好的生命教育环境

新生入学时，学校应建立与家庭沟通联系制度，及时了解学生家庭情况和中学时的表现。同时通过这个联系制度使家长定期了解子女在校的学习成绩和综合表现，当寒暑假结束时，学校也可以更好地掌握学生假期的情况和家长的反馈意见。如果学生遇到困难，学校和家庭可以给予学生更多情感关怀和理性引导，为大学生健康成长创造良好的生命教育环境。

（二）将生命教育思想融入各学科

生命教育，其整体内容广泛，单纯依靠独立的生命教育课程是无法完成的，所以学校既要开设相应的生命教育课程，更要把生命教育思想渗透到各学科教学。教学中尊重学生的主体地位、关注学生的情感需求、协助学生体验其生命价值，在潜移默化中影响学生的生命意识，关注学生的学习、生活状态，使其形成正确的人生观、价值观，引导学生寻找解决矛盾的正确途径。关怀学生，让学生充分地感受到生命的活力和价值。

（三）开展丰富多彩的实践活动

高职院校还可以创造机会，鼓励学生参加学术、科研、体育、艺术、娱乐等各种实践活动，为大学生提供求知、自我表现、人际交往和认识社会的宽广舞台，丰富和充实大学生的生活，在活动中帮助学生体验生存感受，培养积极的生命情感。例如，组织大学生到烈士陵园、革命纪念馆、名人故居等德育教育基地参观，让大学生懂得生命的价值和意义；组织大学生参观看守所、戒毒所等，使大学生树立法律意识，维护生命的尊严；组织大学生参加志愿者活动，扶贫助困，引导大学生学会关爱，从而增强生命的责任感。

（四）完善学校心理咨询机构

应配置专业老师组织开展学生心理问题筛查，建立健全学生心理健康档案，关注大学生中的特殊人群和自杀高危人群心理；积极开展各种心理健康教育活动，强化大学生健康心理卫生，树立健康生命观；重点关注特殊家庭和经济困难家庭的大学生，发现异常情况及时解决；心理咨询机构应完善大学生心理健康网络，建立班级—系—学院—学校多层管理，通过多种途径与大学生交流、沟通，及时了解情况，发现问题及时解决。

（五）提倡大学生自我教育

生命教育要想取得实效，单纯依靠外在因素是无法实现的，必须提倡大学生自我教育，发挥大学生主观能动性，才能达到理想的效果。

第二节　大学生人际交往教育

一、大学生人际关系的构成

大学生处于各种社会关系的复杂网络中，不同类型的人际关系促使他们采取不同的人际交往方式，而不同的人其心理承受、调节、适应能力的强弱也有一定的差异，因此，不同人际关系对大学生造成的影响不尽相同。

（一）同学关系

同学之间的交往是大学生人际交往中的主要形式。同学间没有过多的利益冲突，虽然可能有或多或少的不愉快，但大学同学关系总体上是和睦的、友好的，并且有亲情化的趋势。

（二）室友关系

宿舍生活是大学生活中不可缺少的必要组成部分。因为室友是每天接触机会最多、相处时间最长的人，所以，室友关系的好坏对大学生造成的影响相对较大。

（三）师生关系

老师与学生是大学校园里的两大基本群体，师生关系是大学生人际关系的必要内容。大学师生关系与中小学师生关系相比，交往、交流不够多，关系不够密切。

（四）网络人际关系

网络的普及催生了网络人际交往这一种特殊的、新生的人际交往方式，给大学生的生活方式、价值观念带来了前所未有的挑战和改变。

（五）个人与各种集体关系

大学生都不同程度处于年级、班级、各种学生社团等大大小小的集体交往中，个人在集体交往中的参与程度、扮演角色等决定了个人与集体的交往关系。

二、大学生人际交往的原则

（一）平等互尊原则

平等，一是指政治平等，即人们在政治活动中享有同样的权利和地位，包括民主权利、参与社会管理权利、政治信仰权利等；二是指经济平等，主要指按劳分配、等价交换、个人财产不受侵犯；三是指法律平等，即法律规范应反映人际间的现实平等，法律一旦制定，对任何人都有同样的约束力；四是指人格平等，主要是尊重他人的自尊心和感情，不践踏他人的人身权利。当然，平等是相对的，不是绝对的。平等主要是指起点和机会均等。以学生为例，国家为每个人提供了有可能上大学的机会，至于谁上大学、上什么样的大学，则要看各人的努力和条件。

尊重包括自尊和尊重他人两个方面。自尊就是在各种场合都自重、自爱，保持自己的人格尊严；尊重他人就是重视他人的人格和价值，承认他人在交往中的平等地位。马克思说得好："你希望别人怎样对待自己，你就应该怎样对待别人。"在人际交往中，尊重是一个重要信息，能够引发人的信任、坦诚等诸多积极情感，缩短相互间的心理距离。一个不善于尊重他人的人，很难与他人进行良好的合作与共事，甚至办不成任何事情。

（二）诚实守信原则

要"言必信，行必果"，答应做到的事情不管有多难，也要千方百计、不遗余力地办到。如果经再三努力而没有实现，则应诚恳说明原因，不能有"凑合""应付"的思想。守信用者能交真朋友、好朋友，不守信用者只能交一时的朋友或终将被遗弃。坚持信用原则，要做到有约按时到，借物按时还，不胡乱猜疑，不轻易许诺，不信口开河。

（三）宽容团结原则

宽容团结是人际关系的重要准则。这是因为，在人民内部，奋斗目标相同，根本利益一致，有宽容的现实基础。宽容，简单地说，就是宽宏大量，忍耐性强。具体地说，就是要听得进话，包括好话、坏话、正面的话和反面的话；受得了气，要有委曲求全的度量；容得了人，包括超过自己的人、拥护自己的人和反对自己的人。宽容还要容得下别人的缺点，相信他能自己教育自己，自己改正错误。

（四）互助互利原则

交往双方的心理需要都能获得满足，其关系才会继续发展。因此，交往双方要本着互助互利原则。坚持互助互利原则，就要破除极端个人主义，与人为善，乐于帮助别人。同时，又要善于求助别人。别人帮助你克服了困难，他也会感到愉快，这也可以进一步促进双方的情感交流。

三、大学生人际交往中出现的问题

（一）中国传统文化的消极影响

与西方相比，我国是重视"人情"的国家，因此"世事通明""人情练达"思想根深蒂固。千百年来的传统习俗和文化观念，塑造了我国文明古国、礼仪之邦的高雅亲和的素质，但对其消极因素我们也应该保持清醒的认识，例如，交友观的片面、被动、保守等。这些消极因素对在校大学生的人际关系也产生了诸多负面效应，如内外有别、亲疏有间；和气为贵、避免冲突；防人之心不可无，不可轻信他人；言多必失，祸从口出等。这些观点使大学生猜疑戒备有余，坦诚主动不够，回避矛盾，不善与人沟通等。个别大学生甚至畏惧交往，封闭自我，程度严重者发展到具有"社交恐惧症"。

（二）交往中以自我为中心，缺乏共情能力

大学生自我意识的觉醒，使得他们具有很强的自主判断、自主评价的倾向，这就造成青年学生容易从自己的角度考虑问题，只强调社会应理解自己，喜欢指责他人，抨击社会。凡事都只希望满足自己的欲望，要求人人为己，却置别人的需求于度外，不愿为别人做半点牺牲，不关心他人痛痒，表现为自私自利、损人利己。因此在人际交往过程中忽视平等、互助这样的基本交往原则。并且现代大学生的生长环境，也使得相当一部分大学生在人际交往过程中只强调别人对自己应该承认、理解、接受和尊重。忽视对等地理解和尊重别人，交往中注重实现自己的目的，而忽视别人的利益和要求。

（三）冲动心理强烈

大学生处于特定的心理发展期，自制能力弱，遇事易冲动，有些同学认为自己做事爽快，实则也是冲动表现，像骑车相撞以及类似的许多小事情，是大家都不愿意发生的，有时也很难断定谁是谁非，双方谦让一下就相安无事了，即使自己有理，也可以忍让一点儿，好言相对，然而大学生往往一时冲动，气势汹汹，把事情扩大化、严重化，破坏了自己的人际魅力。

（四）人际交往中的封闭性

有些大学生在与别人交往时，总喜欢把自己的真实思想、情感和需要掩盖起来，在他们看来，人世一切是那么无聊、令人厌倦、平淡、无意义；他们往往持一种孤傲处世的态度，只注重自己的内心体验，古怪的行为和习惯有时令人难以理解。这种人交往的失败就在于在心理上建立了一道屏障，把自我封闭起来，无法与别人沟通，从而使自己的人际关系处于危机之中。观镜自赏往往容易导致性格的偏执，做出令人不解的古怪行为。

（五）缺乏交往技能

有的大学生不懂得人际交往的技巧，在交谈的过程中显得过于生硬、书生气太足，

不容易被他人理解，在劝说他人、批评他人、拒绝他人时不讲究艺术。有的则过于强调交往中的"第一印象"。部分大学生在与人交往的过程中，不注意交往的原则，开玩笑不注意场合，不懂得给人留面子，或出言粗鲁伤了对方的自尊心；或不懂得尊重对方的风俗习惯；或不懂装懂夸夸其谈等。这些表现都有损于自身形象的塑造，影响了同学之间进一步的交往。

四、大学生人际交往能力的影响因素

人际交往中的能力和技巧对交往的过程有重要的影响，对于大学生而言，人际交往能力主要有以下几方面的不足。

（一）知识经验不足

有的大学生缺乏交往的经验，尤其成功交往的经验。他们想关心人却不知从何做起，想表现自己却不知道如何展现。知识经验的欠缺还表现在对交往对象的认知上，"世界是彩色的"，人有形形色色，与不同个性类型的人交往，其策略应是因人而异的，以任性化的模式与人交往无疑会受挫和失败。

（二）语言表达能力欠佳

语言是交往中重要的信息资源，是最重要的交际工具。好的语言表达，是指既知道在什么情况下说什么，又知道在什么情况下怎么说。俗话说："良言一句三冬暖，恶语伤人六月寒。"有的大学生语言表达能力差，词不达意，话不得体。本想赞美人，却怎么也开不了口或词不达意；本想表示友善，言辞却是冷冰冰的，这些势必影响交往的顺利进行。

（三）交往监控能力缺乏

交往监控能力指交往者为了保证交往达到预期的目标，而在交往全过程中，将交往活动本身作为意识的对象，不断地对其进行积极主动的计划、检查、评价、反馈、控制和调节的能力。这种能力主要分为三大方面：一是对自己交往活动的事先计划和安排；二是对自己交往活动有意识的监察、评价和反省；三是对自己交往活动的调节、校正和自我控制。交往监控能力是人际交往能力的最高水平，一个成功的交往者必定具有较强的交往监控能力。有些大学生的人际交往障碍往往是由于没有注意培养自己有效的交往监控能力。

五、大学生人际交往的策略与方法

（一）正确认识自己

正确认识自己是交往的前提与良好的开端。要正确认识自己，就要做到客观公正地评价自我，做到既不清高，也不妄自菲薄，又要充分发挥自己的长处。正确地与别人比较，正确地看待竞争，塑造自己的坚强个性，增强自身的人际吸引力。

（二）端正对人际交往的认识

人际交往是人类社会独有的社会现象和活动，是人类历史的必然组成，也是人们日常活动的必然内容，是群体构成的重要条件，是青年形成自我意识的重要途径。人们在生活中必须形成健康的人际关系。即双方进行可靠的相互沟通；向对方提出合情合理的要求；双方自觉地、积极地关注对方的自身完善和幸福；双方都能珍视对方的自由和独立的存在，而不是设法去控制对方。

（三）要宽以待人，不能苛求

世界上根本没有纯粹完美的事物，造物主在造物时就给每一样东西都留下了缺陷，不然今天的世界怎么会呈现这般的生动和丰富多彩？人人都有缺点，如果你想找一个完美的人做朋友，恐怕等到头发白了也没有等到。假设真的有这样的人，说不定人家还会因为你有不少缺点而不愿意与你做朋友呢。

如果我们能从另一个角度看人，说不定很多缺点恰恰正是优点。一个固执的人，你可以把他看成一个"信念坚定的人"；一个吝啬的人，你可以把他看成一个"节约的人"；一个城府深的人，你可以把他看成一个"能深谋远虑的人"；一个自大的人，你可以把他看成一个"自信心强的人"；一个喜欢发脾气的人，你可以把他看成一个"感情丰富的人"。

对朋友过于苛求，实际上等于还没真正理解"朋友"的含义。我们需要朋友，但不能完全依赖朋友。不能对朋友有过高的期望值。如果一个人太依赖友情，那他从友情中得到的往往不是快乐，而是苦恼。如果把快乐寄托在别人的身上，那是很危险的。不管这个人是你多么亲近的人，父母也好，子女也好，朋友也好，寄托的结果往往是失望，倘若我们对别人没有太多的奢望，就会减少很多患得患失的烦恼。过于苛求。将适得其反，最后会导致"兄弟反目"的结果。

（四）克服社交恐惧症

常见的社交恐惧症主要表现为对人际交往特别敏感、害怕，极力回避与人接触。总是担心自己社交不成功，对一些集体活动避而远之。由于交往的范围越来越小，之后走进自我封闭的圈里。这类同学最重要的是增强自信心，克服交往心理障碍。充分认识到自己的不足并乐于承认既成的事实，不要过于注重社交和自身形象的完美，不要在生活的细枝末节上左顾右盼，要学会诚然处之的生活方式。

（五）学会交谈技巧

注意倾听是一项很重要的技巧。哲学家黑格尔说过，在有些场合，由于你说了好多话而没有注意倾听，你至少做了两件对你十分有害的事。第一，尤其比你强的人在场时，就会暴露了你的浅薄与无知；第二，由于你的滔滔不绝，你失掉了向别人尤其向专家学习的机会。

第三节　大学生诚信教育

一、大学生诚信教育的必要性

诚信是一切道德的基础和根本，是人之为人最重要的品德。大学生正处于人生观的形成和发展时期，加强大学生的诚信教育，是塑造大学生健全人格，培养新世纪合格人才的需要。诚实守信是市场经济的内在要求，大学生是未来社会主义市场经济建设的主力军，加强大学生的诚信教育也是社会主义市场经济建设的需要。在大学生中深入开展诚信教育，强化诚信意识，是当前高职院校人才培养工作中一项重要而紧迫的任务。

二、大学生诚信缺失的原因

（一）社会大环境的影响

当今社会上的确出现了一些信用缺失的现象，失信惩罚机制不完善和社会信用评估体系不健全使失信者不能得到相应制裁，客观上助长了大学生淡漠诚信的心理。

（二）家庭在教育中的地位

现代家庭教育强调的多是只要学习好，其他一切都好。甚至有的家长怕孩子在外面"吃亏"，常常给孩子灌输消极的处世哲学；有的家长本身就存在不诚信的行为，比如，职称考试作弊、虚报工作业绩、做生意缺乏诚信等，对孩子产生了消极影响。

（三）部分学校的德育教育流于形式

许多大学德育教育流于形式，仅重视德育政治导向功能和理论教化，忽视基础道德要求和行为养成，导致德育时效性不强，使本应受到重视的诚信教育流于形式。

更有甚者，有些院校在招生宣传等工作中不诚信；在就业方面，为追求就业率，对学生的推荐材料审核不严，对学生的造假行为放任不管，对用人单位质疑含糊其词，助长了学生不良风气的蔓延。

此外，传统的小学、中学应试教育的观念根深蒂固，而小学和中学阶段正是学生世界观、人生观初步形成的重要时期，这一时期的德育教育的偏颇，构成了诚信缺失的主要原因。

（四）用人单位人才标准和招聘方式不科学

长期以来，国内对于人才的界定，"学历论"的色彩尤为浓厚，注重专业和业务能力，对学生品德素质的评价和要求往往比较笼统，考核的内容也不具体。这些错误的导向在一定程度上诱使部分学生走上不诚实之路。

三、提高大学生诚信教育的对策

（一）培养道德情感，锤炼诚信的道德意志

道德情感是个人对现实生活中道德关系和道德行为的爱憎、好恶、信任、同情、痛苦等内心体验和主观态度，它往往成为道德实践的直接动机。苏霍姆林斯基认为，没有情感，道德就会变成枯燥无味的空话，只能培养伪君子。因此，必须培养大学生对诚信的坚定的情感，将道德认识升华为高尚的道德情感，才有可能内化为人的道德品质。所谓道德意志，是个体在履行道德义务的过程中，通过自觉地确定目的、支配行动、克服困难等表现出来的能动的实践精神。它有三个重要特征：自觉性、自主性、自律性。诚实守信是一种品质，仅靠外在约束显然是不够的，还要加强内在意志品质的培养。道德意志坚定，才能克服诸多内外困难，自觉按照社会道德规范来抉择和调控自己的行为。

（二）以文化活动为载体，广泛开展诚信道德实践活动

高职院校有良好的育人环境、丰富的教育素材，学生诚信理念的建立和诚信行为的养成虽然有赖于社会大环境的好转和优化，但也离不开高职自身所特有的先导能动作用。学校要充分利用一切宣传理论工具，充分发挥其文明窗口的作用，如利用广播、宣传板、黑板报、壁报等，大力宣传诚信教育的社会意义，褒扬诚实守信的先进典型，广泛开展以诚实守信为主题的多种形式的诚信演讲、讲故事，征文比赛、辩论赛、无人报刊销售等实践活动，积极营造"以诚信为荣，以失信为耻"的良好风气，真正形成一个倡导和注重诚实守信的良好氛围。

（三）加强大学生网络诚信教育

高职德育应当充分利用网络手段，发挥网络在道德教育中的作用。通过网络来改变传统教育过于单一的教学手段，丰富德育课程的内容；通过开设诚信教育网站等形式，充分利用网络的信息传递优势，宣传诚信思想，营造诚信教育的良好氛围；同时，网络教育强调的是"双主体"，能充分发挥学生的主动性，较好地避免传统教育中学生常常因"客体"身份而带来的逆反心理，达到良好的教育效果。此外，网络手段又有利于预防和抵消网络对诚信道德教育的负面影响。

第四节 大学生廉洁教育

一、大学生廉洁教育的意义

（一）大学生廉洁教育是践行科学发展观的重要体现

通过廉洁教育宣传社会主义先进文化，引导大学生树立中国特色社会主义的坚定信念和正确的世界观、人生观、价值观，筑牢他们拒腐防变的思想基础。使其成为社会主义建设事业的合格人才。是全面贯彻落实两大思想的必然要求，是反腐倡廉建设和廉政文化建设的实现目标，也是构建社会主义和谐社会的重要保证。

（二）大学生廉洁教育是高职培养优秀人才的必然要求

高职院校要为社会培养优秀的人才，高素质的人才。大学生不仅应该具备高级的知识、高级的技能，更应该具备高尚的道德情操，大学生要成为"国民表率、社会栋梁"，首先应做一个合格的公民。合格公民包含的内容广泛，包括身心、德智、知识与能力诸多方面。要求学生要有诚信，要廉洁自律，要有创造力和创新精神，要重视道德的培养。所以对大学生来讲，爱国主义、集体主义、人民至上、洁身自爱必须内蕴于其品质之中。

（三）大学生廉洁教育是净化社会环境的需要

廉洁社会，既包括公职人员廉洁，也包括社会其他成员廉洁。为了抑制公职人员腐败，我们开展了廉政教育和干部教育。但是，仅仅抑制公职人员腐败并不能实现社会廉洁。因为，公职人员的思想意识仍受到社会环境的影响。公职人员滥用权力，其最终原因都可以归结到社会诱惑。很多官员腐败案中都包含不健康的社会关系因素。腐败交易通常包括需求和供给两方面，两者之间互相刺激。只有同时从供求两个环节入手，才能切断腐败链条。公职人员腐败意识滋生有内因和外因两个方面，要有效抑制其腐败意识，仅靠公职人员廉政教育，忽视社会因素，是远远不够的。只有社会清廉，以贪为耻、以廉为荣的社会风气在全社会树立，才能加强整个社会的免疫力。大学生是未来廉洁社会的主要建设者。在大学生中进行廉洁教育，意义尤其重大。没有廉洁的社会，清廉政治、廉洁政府也就无从谈起。

（四）大学生廉洁教育是构建和谐社会的需要

人是和谐社会的主体，也是腐败的主体。去除腐败这一社会毒瘤必须要人人参与，因此必须要对大学生进行反腐教育。将大学生廉洁教育和思想品德教育融为一体，树立积极、健康、向上的理想信念，提高廉洁公正素质和抵御腐败的能力，既符合个人成长成才的规律，又可以为构建和谐社会提供人才资源。因此，加强大学生廉洁教育，作为构建和谐社会的基础性工程，是我们必须肩负的重要使命。

大学生健康成长是构建和谐社会的基础。大学生廉洁教育要引导学生树立社会责任意识和廉洁意识。开展对大学生的廉洁教育，启发大学生的道德觉悟，引导大学生在现实生活中正确认识对于形成以廉为荣、以贪为耻的社会风尚，促进社会稳定和谐，具有十分重要的作用。

二、开展大学生廉洁教育的措施

（一）加大廉洁文化教育的力度

大学生的廉洁教育绝不仅仅是口号的宣传，而且是廉洁文化的建设。我们要利用大众传播媒体，在电视媒体、网络媒体等方面下大力度进行廉洁文化的宣传，在全社会形成具有导向作用的廉洁文化氛围。

廉洁文化是一种先进文化，先进文化具有熏陶功能。我们要实现廉洁教育的开放化、全民化。传统意义上的廉洁教育仅仅局限于"会场"，这是远远不够的。我们要将廉洁文化全面推向便于全面参与的开放式广场，使廉洁文化通过"广场"进入了广大人民心中，尤其对当代大学生发挥潜移默化的教育作用。

（二）把反腐倡廉作为大学生应当承担的社会责任

人的发展离不开社会。一方面，个人离不开社会，人是最名副其实的社会动物，不仅是一种合群动物，而且是只有在社会中才能独立的动物，人的本质在其现实性上是一群社会关系的总和；另一方面，社会又离不开个人，没有个人，社会就不能存在，就此而言，社会本身，即处于社会关系中的人本身。当前在市场经济环境中，不少人在精神上产生困惑、迷惘，这种情况决定了改变精神价值观念是使现代社会摆脱危机的唯一出路。大学生应处理好个人利益与社会整体利益之间、权利与义务之间的关系，对于禁止什么、提倡什么要有明确的态度，对于社会上出现的消极腐败现象应当予以揭露和反对，明白反对消极腐败现象是自己所应承担的社会责任。

（三）把廉洁教育与各项工作紧密结合起来

要把廉洁教育与保持共产党员先进性教育相结合，加强大学生党员从政道德教育，牢固树立马克思主义的世界观、人生观、价值观，坚持科学发展观，进一步提高他们的政治思想素质。把廉洁教育与行风建设和师德师风建设紧密结合起来，使廉洁教育活动以一种学生乐于参与、易于接受的形式展开，以增强教育的广泛性、深入性和有效性。通过日常的耳濡目染，不断树立学生"敬廉崇洁"的道德观，从而建立"廉洁、文明、诚信、守法"

的良好风尚。

（四）发挥学生党、团组织的作用

高职廉政文化建设和廉洁教育工作必须充分发挥学生党支部的战斗堡垒作用和学生党员的表率作用。要以保持共产党员先进性教育活动为契机，深入开展廉洁教育，使党员严格要求自己，提高党性修养，充分发挥在大学生廉洁教育中的骨干带头作用和先锋模范作用；要发挥共青团和学生组织在教育、团结、联系大学生方面的优势。在大学生廉洁教育中发挥好桥梁和纽带作用；还要高度重视学生社区、网络虚拟群体等新型学生组织在廉洁教育工作中的重要作用，发挥学生的积极性和主动性。

第五节　大学生就业教育

一、什么是就业？

就业是劳动者同生产资料相结合，从事一定的社会劳动并取得经济收入的活动。大学生就业就是指大学毕业生得到职业、参加工作，即从学生向劳动者的过渡，它反映了教育学习和职业实践之间的联系。

二、大学生就业指导的基本含义

大学生就业指导就是要帮助大学毕业生认识和适应就业这个过渡过程，并解决好流动中的问题。大学生就业指导，不单纯是帮助大学生选择职业，求得一份工作，也是帮助大学生预测社会的需求状况，传递就业信息，让他们掌握正确的择业方法，为他们解决就业过程中遇到的问题，开办就业市场，组织"供需见面""双向选择"招聘会，从而达到适应环境、成功地走向社会并为社会做贡献的目的。

三、选择正确的择业观与创业观

（一）树立正确的择业观

1. 先就业，后择业

中国人向来视稳定为生活的重要条件，在计划经济条件下一次就业定终身的观念，经过历史的积淀便形成了具有普遍性的就业心理。而现在社会为人们提供了独立发展的空间，市场经济配置人力资源的特征是人才的合理流动。资金、商品要流动，同样，人力资源也要流动。毕业生不要急于在短时间内找一个固定的"铁饭碗"，而要学会在流动中求生存、求发展。人事制度改革的不断完善，为毕业生的流动就业创造了条件。近年来，一部分毕业生，特别是部分专科和中专毕业生，不再强求找一个固定的就业单位，而是毕业时将人事关系托管在工作地的人才交流中心，哪里找到工作，就在哪里就业，发挥才干。因此，毕业生要树立不断进取的流动观念并学会在流动中发现机会、抓住机会、把握机会。

2. 勇于面对竞争

社会主义市场经济最显著的特点之一是竞争。竞争可以激发人们自立、自强、自主的精神，调动人的内在潜能，增强工作和社会活动的能力。人才市场同样存在着激烈的竞争。面对就业竞争的现实，毕业生应当摆脱被动依赖、消极等待的状况，敢于竞争，树立"爱拼才会赢"的观念，做好多方面的竞争准备。

全国每年都有上百万的毕业生要在一定时间内实现就业，这使每一个毕业生都存在着一定的压力。如果没有强烈的竞争意识，不把外在的压力转化为内在的动力，没有主动竞争的思想准备和积极参与应聘的行为，显然是难以顺利毕业的。人才市场上的供需关系总会存在这样或那样的一些不平衡之处，同一种职业往往有较多的择业者期望获得，择业者要想实现自己的期望目标唯有竞争。

有竞争就有风险，参与竞争就难免要受到挫折。对于就业竞争中的毕业生来说，尤其要注意提高遭受挫折后的心理承受能力，把挫折看成是锻炼意志、增强能力的好机会。保持良好的竞争心态，主动摆脱受到挫折后的颓废情绪，要认真分析失败的原因，调整自己的心态和择业目标，鼓足勇气，争取新的机会，绝不能因此而灰心丧气、一蹶不振。

3. 提高综合素质

在毕业生就业市场，经常看到不少毕业生为了各种各样的原因盲目放弃专业，盲目追求热门职业而忽视专业特点。在选择就业岗位时一定要慎重考虑，现代科技发展使知识更新周期大大缩短，在某些专业，如果改行一两年后再重操原专业是相当困难的。专业知识是一个人知识结构的主干，是知识体系的主体，而专长则是知识结构的枝干，是知识体系的外延。知识结构主干决定了就业的适用范围。虽然我们不提倡绝对的专业对口，但应考虑所掌握主体知识的适应性及所具专长的扩展面。因此，毕业生择业时首先要考虑所学的专业，根据专业特点谋求职业，以做到专业特点与职业要求相匹配，发挥专业优势。事实上，有些用人单位更加注重毕业生的综合素质。他们坚持这样的理念：只要给每位毕业生以同等的机会，他们都会尽力做得最好。事实证明这是科学、明智的用人之举。因此，毕业生应善于把握机会、认真分析，做出符合自身特点的选择。

（二）树立正确的创业观

1.要有敢于创业的勇气

创业需要有信心，只要经过充分的论证，选准了的事情就要咬定不放，不动摇、不犹豫，勇于面对前进中的曲折和磨难；创业需要有恒心，要持之以恒，不怕各种挫折，失败了爬起来再干，终有一天会成功；创业需要有耐心，事业不是一帆风顺的，必然要经历一个长期积累、长期发展的过程，在不断熟悉社会、适应市场的过程中，才能驾驭事业的航船乘风破浪；创业更需要有知识，特别是高科技知识。创业最能体现人生价值和个人能力。创业不是坐享其成，因循守旧、因人成事，而是个人才智最大限度的发挥，把人的所有潜能都挖掘出来。创业有时候需要孤军作战，不被亲朋好友所认可，不被社会一下子就认可。挫折、焦虑、愤怒、自卑、怀疑……种种感受像打翻了的五味瓶，什么都得品尝，什么都得体验。

2.要提高创业能力

创业是一个系统工程，它要求创业者在企业定位、战略策划、产权关系、市场营销、生产组织、团队组建、财务体系等一系列领域有一定的知识积累。大学生有了好的项目或想法，只是代表"创业的长征路"刚跨出了一步。很多大学生认为，凭一个好的想法与创意就代表一定能创业成功，而在创业准备时对可能遇到的问题准备不充分或根本就没有思考对策与设计好退出机制，所以对来自各方面的反面因素浑然不知，从而导致一开始便遇到各种各样的难题，使创业还没有走出多远，即以失败告终。所以创业者不是全才，但要着眼于全才。

第九章　大学生心理健康与高职思想政治教育研究

第一节　健康与心理健康的含义

一、现代健康观

（一）躯体健康（生理健康）

躯体健康是指身体结构和功能正常，具有生活的自理能力。

（二）心理健康

心理健康是指个体能够正确认识自己，及时调整自己的心态，使心理处于良好状态以适应外界的变化。心理健康有广义和狭义之分：狭义的心理健康主要是指无心理障碍等心理问题的状态；广义的心理健康还包括心理调节能力，发展心理效能能力。

（三）社会适应良好

较强的适应能力是心理健康的重要特征。心理健康的大学生，应能与社会保持良好的接触，对于社会现状有清晰、正确的认识。既有远大的理想和抱负，又不会沉湎于不切实际的幻想与奢望，注重现实与理想的统一。对于现实生活中所遇到的各种困难和挑战，不怨天尤人，而是用切实有效的办法去解决。当发觉自己的理想和愿望与社会发展背道而驰时，能够迅速地进行自我调节，以求与社会发展一致，而不是逃避现实，更不妄自尊大和一意孤行。

（四）道德健康

道德健康是指能够按照社会规范的细则和要求来支配自己的行为，能为人们的幸福做贡献。表现为思想高尚，有理想、有道德、守纪律，它是社会适应良好的更高要求。

现代健康观突破了千百年来由于社会经济发展水平局限而产生的对健康的片面认识。它既强调健康对人的价值，又重视人对健康的作用，两者有机结合树立了"人人为健康，健康为人人"的正确观念。任何集体的、个人的对自然生态环境的破坏和污染及不道德、不讲卫生的行为，不但危害自己的身心健康，而且也危及他人的健康。这种健康观是"机体—心理—社会—自然—生态—健康"的一种整体观，是一种社会协调发展型的健康观。它要求人们从被动治疗疾病转变为积极预防疾病、预测疾病，从单纯的生理标准扩展到心理、社会标准，由个体诊断延伸为群体甚至整个社会的健康评价。

二、现代心理健康观

（一）心理健康含义

人的健康是身心健康的有机统一，二者可互为因果。每个人以精神为表现的心理活动和以躯体为载体的生理活动是相互影响、相互转变、相互依存和辩证统一的，不存在无生理活动的心理活动。生理健康是心理健康的基础，心理健康反过来又能促进生理健康，生理和心理两方面的因素都与人的健康有密切的关系。临床医学与心理学的大量事实说明，恶劣的心理状况是诱发各种病症的重要因素。现在，人们已逐渐认识到心理健康已成为健康的重要组成部分，与人的身体健康是密不可分的。一个人心理健康与否，不仅会影响其自身的身体健康及对社会的适应能力，而且还会影响其工作的效率与质量。心理健康在某种程度上已成为人类健康的"核心"。因此了解与掌握心理健康的含义对于增强与维护人们的健康有很大的意义。

我们可以将心理健康概念解释为：个人心理所具有的在正常发展的智能基础上所形成的一种表现出积极的状态、良好个性、良好处世能力、良好人际关系以及与环境保持良好适应能力的心理特质结构。

心理健康也可以从广义和狭义的角度去理解。广义上讲，心理健康是指一种高效而满意的、持续的心理状态，在这种状态下，人能做出良好的反应，具有生命的活力，而且能充分发挥其身心潜能。狭义上讲，心理健康是指人的心理活动的基本过程内容完整，协调一致，即认识、感情、意志、人格、行为完整和协调，能适应社会。

另外，在对心理健康理解时应注意到，对于不同年龄阶段的人来说，心理健康的内容和水平要求是有差异的；还要考虑到心理形成的民族文化传统。

（二）心理健康的标准

关于心理健康的标准，见仁见智，众说纷纭。一般来讲，凡对一切有益于心理健康的事件或活动做出积极反应的人，其心理便是健康的。但由于个体在工作、学习诸方面遇到的这类事件和活动很多，不仅在积极反应上存在个体差异，而且各人面临的事件或活动也不尽相同，因此很难包揽无遗。

当然，关于心理健康标准的判断及理论还有很多，比如，我国学者王登峰、张伯源、王效道等人也提出了心理健康的标准。总之，在现代社会，人们对心理健康越来越重视。

（三）心理健康的特性

心理健康是动态的，而非静态不动。我们知道，（身体）生理健康标准更多是通过定量的分析加以确定的，是从生理指标的平均数中归纳出来的。生理活动在没有疾病的情况下一般是稳定的，而心理活动是不断发展、不断变化的。一个心理健康的人也可能在某时某事上出现较大的情绪波动，甚至表现出不健康的心理。因此，我们只有通过掌握知识或寻求外界帮助来发现问题、解决问题才能形成一个积极的健康心理。心理的健康水平需要不断地调整和维护。

此外，我们还必须知道，心理健康是相对的，而非绝对的。它根据年龄阶段的不同其含义也会发生变化。按照马斯洛的观点，年龄上未成熟的心理健康，叫作健康的成长。成年人的心理健康则可称为情绪成熟、自我实现、完美人性等。健康成长在概念上是从属的，它是"指向自我实现的成长"。

心理健康还是一个历史概念，受时代和社会文化的影响。在一个历史时期被认为是心理健康的人在另一个时期可能是不健康的；在一个国家或民族中是心理健康的人，在另一个国家或民族中可能就是不健康的。如，希特勒在当时的德国被看作民族英雄，而今天我们认为他是一个战争狂，是精神病的一种表现。再如，在中国，男人穿裙子被认为是不可思议的；在缅甸，这却是一种正常的文化现象。因此，我们在评价自己的心理健康水平时，不要忘了自己所处的文化背景。

（四）心理健康的鉴别

迄今为止，关于心理健康并没有一个统一的概念，国内外专家、学者一般认同心理健康标准的复杂性，既有文化差异，也有个体差异。一般而言，判断个体心理健康与否，可以从以下几个方面进行判断：

1.经验标准

即当事人按照自己的主观感受来判断自己的健康，研究者凭借自己的经验对当事人的心理健康进行判定；重在关注当事人的主观心理感受，由于个体先天的遗传及后天的环境不同，经验标准更强调其个别差异。同样的生活事件，当事人双方由于自我认知不同，自我体验不同，自我评价也不尽相同。

2.社会适应标准

以社会中大多数人的常态为参照标准，观察当事人是否适应常态而进行其心理是否健康的判断。例如，大学生根据生理、心理与社会发展应当具有独立生活与处理生活中面临的事务的能力，而如果有的大学生生活能力低下不能打理自己的日常生活，这便需要引起重视。然而大多数人的行为并非总是代表着健康的行为。例如，我们有时会见到"路人遇难，众皆不救"的情景，恐怕不能说那一两位救人者反不如众多看客心理健康。可见，人的社会适应行为和能力是受时间、地区、习俗、文化等众多因素影响的，因此，这一标准也并非一成不变。

3.统计学标准

依据对大量正常心理特征的测量取得一个常模，把当事人的心理与常模进行比较，可以认为大多数人所具有的心理特征是正常状况，偏离大多数人状况的视为异常。这种异常实际有两种情形：一种是心理健康状况高于大多数人；另一种则相反。我们只能说属于后一种情况的人有心理健康问题。这个标准更多地应用于心理学研究之中，一般而言，我们都要将个体的心理测验结果与常模对照，来判断其心理健康状况。

4.自身行为标准

每个人在以往生活中形成的稳定的行为模式，即正常标准。

5.医学检测

身心是相互作用的，有些心理障碍是大脑器质性改变和躯体障碍的结果，医学检查可以发现有相应的异常变化。根据临床症状、体征和辅助检查结果（如，脑电图、脑血流图、头部 X 射线、CT 检查等），可以判断其心理障碍及其原因。

心理健康与否其界限是相对的，企图找到绝对标准是非常困难的。主体年龄、职业、性别等不同，都会呈现出不同的心理差异。在对个体的心理健康状况进行诊断时，不能只依据一种手段或一种方法，而必须综合运用上述各种标准进行多维诊断，才能够做出比较正确的判断。大学生由于在发展中面临着许多人生课题、心理危机与心理困难，他们的人生期望、职业抱负、学业期待引发的学业压力、就业压力、情感压力等都需要应付。怎样才能不断地调适好自己的心理，变压力为动力，是摆在每一个大学生面前需要解决的课题。我们在研究大学生整体心理健康时，也应将目光投向发展的健康观。

第二节　大学生的心理特征与心理健康

一、大学生的心理特点

（一）大学生心理发展水平的"三大高峰"

正确认识和准确把握大学生的心理特征，是帮助大学生增进心理健康、提高心理素质的前提。大学阶段，是人从少年到成人的过渡期，也是人生旅途中的一个转折期，因此，大学生具有自己明显的心理特征。

大学生处在青年中期，生理发育已基本成熟，心理的发展正趋向成熟而又尚未成熟。青年中期是人生的关键时期。"千金买骏马，何处买青春"，青春之所以宝贵，就在于它正处于人生的黄金时期。大学生的心理发展水平可以概括为以下"三大高峰"。

1. 智力发展高峰

这一时期，人的生理特别是大脑和神经系统已基本发育成熟，这为思维的发展奠定了物质基础。同时，这一时期与青年初期和少儿期相比，一般所处学习环境又不一样，这样就给智力的发展提供了必要条件。因此，大学生处在智力发展的高级阶段。

2. 欲求发展高峰

大学生的世界观、人生观逐渐趋向稳定成熟，个性基本形成，同时也最富有理想和追求。因此，对知识、技能、爱情、事业、交往、前途、成才等追求日益强烈，达到高峰。

3. 善于创新高峰

大学生由于个体素质、追求及身处环境、所受教育的特殊性，决定了大学生最少有保守思想、最容易接受新生事物和最富有创新精神。

（二）大学生的心理冲突

大学生正处于青年中期，在心理上正经历着"断乳期"，发展很不平衡，时常出现激烈的心理波动或骚动。因此，往往会产生以下 10 种心理冲突。

1. 理想与现实的冲突

大学生一般都有远大的理想，希望自己成为社会需要的有用人才。然而，在现实生活中，又往往难以找到实现理想的途径，有的只有美好的向往，但没有刻苦努力的行为；有的眼高手低，对现实中的许多事情看不惯，导致行为选择徘徊。这一矛盾冲突在一年级大学生身上表现得尤为明显。在中学时，学习目标明确，期望值高，都想考进自己理想的学校和专业，而上了大学后，自己所见到的一切并非原先想象得那样完美无缺，因此在心理上产生了较大的反差，加之原来上大学的目标已实现了，新的目标还没有确立，这样就很自然地出现期望值过高引起的失衡心理和目标失落造成的困惑心理。

2. 情绪与理智的冲突

大学生的情绪是丰富而动荡的，往往容易激动、兴奋、热情，也容易发怒、与人争吵，甚至打架，或者转向反面，容易泄气和绝望。特别是在生活中遇到挫折时，情绪容易呈现极端性。出现这些情况的主要原因，是大学生心理发育不成熟，自控能力差，因此丰富动荡的情绪就往往与理智发生冲突。

3. 独立与依赖的冲突

一方面，大学生随着独立意识的增强，强烈希望摆脱家庭学校的束缚，成为独立自主的人；另一方面，大学生不成熟，独立能力和自理能力都比较差，而且带有许多"稚气"，因此，又必须依靠社会、学校和家庭等各方面给予指导和帮助。这样，在大学生的心理上就产生了要求独立与必须依赖的矛盾冲突。

4. 乐群与防范的冲突

大学生好交际，喜欢集体活动，渴望有更多的朋友和友谊；同时，又有一些大学生与学相处存在不信任，总认为现在各自顾各自，在与人交往的过程中，总是带着防范心理，一般不道出自己的真心话，这样就产生了乐群与防范的冲突。正如有的大学生自己所说，接触的人很多，但信得过的人很少；同学很多，但真正的朋友很少。

5. 求知与见识的冲突

大学生求知欲旺盛，渴望成才，并想干一番轰轰烈烈的大事业，在学习中希望跃入浩瀚的知识海洋，尽情地汲取。但是，认识、理解、分析水平和鉴别能力又有限，容易良莠不齐，甚至以丑为美，混淆是非，这样就产生了求知与见识的冲突。

6. 性欲与性惧的冲突

随着第一性征、第二性征的发育日臻完善，加之对外开放环境的影响，大学生的性意识萌发，开始追求异性，渴望有异性朋友，出现性欲望和性冲动。但是，客观上看，学校纪律、国家法律和社会道德又有一道道防线和限制。处理不好容易发生矛盾，引起波折，轻则造成思想苦闷，影响正常学习，重则心理失衡，意志消沉，悲观厌世，甚至走上自我毁灭的道路。

7. 逆反与顺从的冲突

由于大学生独立意识增强，思想活跃，思路开阔，一般不愿受他人约束和支配，因此，对学校的有关规章制度和老师及家长的教育往往产生逆反心理。同时，学校、社会是一个既有纪律又有自由、既有民主又有法制、既有上下级关系又有平等人格的生活环境，大学生必须遵守法纪、服从学校老师和集体。这样，就产生了逆反与顺从的心理冲突。

8.自尊与自卑的冲突

当今的大学生一方面自尊心很强，把自己看得很重，往往希望有机会展示自己的才华，当众表现一番，使人们看得起，使社会承认自己的价值，受到社会的肯定和他人的尊重；另一方面又存在着自卑感，由于在大学生这个群体中，人人都是百里挑一，都有各自的优势和竞争力，不少大学生加入新的群体后，有新的竞争压力，总认为自己缺乏能力、知识和客观条件，难以出人头地。这样，自尊与自卑心理交织在一起，时常发生冲突。

9.竞争与求稳的冲突

当今大学生竞争意识较强，认为不竞争是没有出路的。但是，竞争是要担风险、花代价的。在实际竞争中，有些学生又怕担风险，习惯安于现状，特别是竞争轮到自己身上时，往往又希望对别人不讲公平，对自己有利，害怕竞争，出现求稳心态，这样就产生竞争与求稳的反差。

10.追求与安逸的冲突

大学生一般都有美好的追求和向往，都希望一生顺利平安。但是美好的追求和向往不是凭空产生的，而是通过一步一个脚印的艰苦努力才能实现的。有的学生上了大学以后，认为自己"大功告成"，产生安逸感，认为许多事情只要过得去就行了。这样，就产生了追求与安逸的冲突。

二、大学生的心理健康

大学生是一个特殊的群体，他们不能完全等同于社会上的年轻人，主要原因是：

第一，在政治上，他们积极敏感。

第二，在经济上，他们不能自立。

第三，在人际关系方面，他们大多数远离家乡，缺乏家庭的温暖；校园生活使他们与社会接触甚少，集体生活往往又使他们缺乏个人空间。

第四，书本知识比较丰富，而社会经验相对不足；思维活跃，但易脱离实际。

因此，大学生除了可能产生一般的心理问题外，这些特殊处境还会使他们产生一些特殊的心理问题。

根据我国大学生的实际情况，综合国内外专家学者的观点，可从以下几个标准来评判大学生的心理健康水平。

1.心理行为符合大学生的年龄特征

心理健康的人一般心理特点应该与其同龄人的共同心理特征大致相符，与其性别以及在不同环境中所扮演的角色相符合。心理健康的大学生应该充满青春活力、朝气蓬勃，积极向上、敢想敢干，勤学好问、探索创新等；在性别特点方面，男性大学生表现应该相对主动勇敢、刚强果断、爽直大方，而女性大学生则相对温柔婉约、细致周到、富有同情心等；在角色特征方面，心理健康的大学生能够根据自己所处的场合，正确把握自己所扮演的角色、所处的地位以及身份，避免角色越位或错位。如果一个大学生经常偏离这些心理行为特征有可能是心理异常的表现。

2. 智力发展正常

智力，是指一个人的认识能力和活动所达到的水平。它是人的观察力、注意力、记忆力、想象力、思维力、创造力及实践活动能力的综合，包括在经验中学习或理解的能力、获取和保持知识的能力、对新环境的适应能力、运用推理有效地解决问题的能力，等等。智力发展正常，是大学生学习、生活和工作最基本的心理条件，是大学生完成学习任务、适应周围环境变化所需要的心理保证。因此，智力正常是衡量大学生心理健康的首要标准。一般来说，大学生的智力都是正常的，与同龄人相比较而言，其智力总体水平是比较高的。因此，关键是看大学生的智力是否得到了正常和充分的发挥。大学生智力正常且充分发挥的标准是：①有较强烈的求知欲和学习探索兴趣。②智力结构中各要素在认识活动和实践活动中能积极协调地参与讨论。③乐于学习。

3. 情绪健康

情绪健康的主要标志是能控制情绪、情绪稳定和心境良好。情绪健康，是大学生心理健康的一个重要标志，这是因为情绪在心理变态中起着核心的作用，情绪异常往往是心理疾病的先兆。大学生的情绪健康应包括：愉快情绪多于不愉快情绪，一般表现为乐观开朗，充满热情，富有朝气，满怀信心，善于自得其乐和对生活充满希望；情绪稳定性好，能善于控制和调节自己的情绪，既能较好地克制约束又能适度宣泄而不过分压抑，情绪的表达既符合社会的要求又符合自身的需要，在不同的时间和场合有恰如其分的情绪表达；情绪反应是由适当的原因引起的，反应的强度和引起这种情绪的场合相符合。

4. 意志健全

意志，是指人在完成一种有目标的活动时进行选择、决定和执行的心理过程。意志健全者在行动的自觉性、果断性、顽强性和自制力等方面都表现出较高的水平。意志健全的大学生在各种活动中都有自觉的目的性，能适时做出决定并运用切实有效的方法解决所遇到的各种困难，在困难和挫折面前能够采取合理的反应方式，能在行动中控制自己的情绪和言行，而不是行动盲目、优柔寡断、轻率鲁莽、害怕困难、意志薄弱、顽固执拗、言行冲动。

5. 人格完整

人格，在心理学上是指个体比较稳定的心理特征的总和；人格完整，是指有健全统一的人格，即个人的所思、所说、所做都是协调一致的。大学生人格完整的主要标志是：

第一，人格结构的各要素完整统一。

第二，具有正常的自我意识，不产生自我统一性混乱。

第三，以积极进取的人生观作为人格的核心，并以此为中心把自己的需要、愿望、目标和行为统一起来。

6. 自我评价正确

正确的自我评价，是大学生心理健康的重要条件。大学生是在与现实环境及与他人的相互关系中，在自己的实践活动中认识自己的。一个心理健康的大学生，对于自己的认识应当比较接近现实，尽力做到有自知之明；对于自己的优点感到欣慰但又不至于狂妄自大，对于自己的弱点和错误既不回避也不自暴自弃，而是善于正确地自我接纳。

7. 人际关系和谐

社会上的人总是处在一定的社会关系之中的，大学生同样也是离不开与人交往的。和谐的人际关系既是大学生心理健康不可缺少的条件，也是大学生获得心理健康的重要途径。大学生人际关系和谐的表现是：

第一，乐于与人交往，既有稳定而广泛的人际关系，又有知心朋友。

第二，在交往中保持独立而完整的人格，有自知之明，不卑不亢。

第三，能客观地评价别人和自己，善于取人之长以补己之短。

第四，宽以待人，乐于助人。

第五，积极的交往态度多于消极态度。

第六，交往的动机端正。

8. 适应能力强

较强的适应能力是心理健康的重要特征，而一个人不能有效地处理与周围现实环境的关系则是导致心理障碍的重要原因。心理健康的大学生，应能和社会保持良好的接触，对于社会现状有清晰正确的认识，其思想和行动都能跟得上时代的发展步伐，与社会的要求相符合；而当发现自己的需要和愿望与社会需要发生矛盾时，能够迅速进行自我调节，以求与社会协调一致，而不是逃避现实，更不是妄自尊大、一意孤行地与社会需要背道而驰。

人的心理健康是指一种持续的、积极的心理状态。个体在这种状态下，能够对环境有良好的适应，其生命具有活力，能充分发挥其身心潜能，就可被视为心理健康。据此，人的心理健康水平大体可分为三个等级：①一般常态心理，表现为心情经常愉快，适应能力强，善于与别人相处，能较好地完成与同龄人发展水平相适应的活动，具有调节情绪的能力。②轻度失调心理，表现出不具有同龄人所应有的愉快，与他人相处略感困难，生活自理能力较差，经主动调节或通过专业人员帮助后可恢复常态。③严重病态心理，表现为严重的适应失调，不能维持正常的生活和工作，如不及时治疗可能恶化成为精神病患者。

第三节　大学生心理健康的主要问题

一、新生适应问题

对刚入校的大学生来说，他们的生活环境、学习专业以及个人和社会对自己的要求和期望都发生了很大的变化。这就需要他们能够在短时期内很快适应新的环境，完成自身角色的转换。环境和角色的改变是一个客观事实，但大学生往往对自己的认识不能迅速跟上这种转变，两者的脱节则影响到大学生对新环境的适应和心理的健康。

（一）对新环境的不适应

学校环境对大学生尤其是刚入校的新生有着重要影响。对于绝大部分新生来讲，他们面临着的是陌生的校园、生疏而且关系密切的新集体。多数学生首次远离家门，离开长期依赖的父母、老师及其他亲人、朋友和熟悉的环境，这意味着今后将开始独立生活，对众多的事情要自己拿主意，自己动手解决。所有这些都会给每个大学生带来不同程度的环境应激问题。当这种应激超过限度时，就会造成心理问题，出现失眠、食欲下降、注意力不集中，适应环境更加困难，以及烦躁、焦虑不安、头疼、神经衰弱等，甚至出现一些违纪或不可预测的冲动行为。

（二）学习条件和方法的变化

大学新生在面临适应新环境的同时，还面对着学习条件和方法的变化带来的刺激，这种变化主要表现在两个方面。第一，许多大学生在中学阶段是当地学习的尖子，备受老师、家长、同学的宠爱、关怀和尊重，自我感觉良好，信心十足。但在集中了各地学习尖子的新群体中，在新的专业学习上，可能不再是优等生，也不再是校园中的宠儿，他们的自尊心不可能像在中学那样能得到满足。这种变化对他们心理上造成极大的不接受和失落感，如果长期被压抑、不能尽快作出调整，很可能造成心理问题。这种问题常表现为自信心降低、强烈的自卑感，甚至会出现强烈的嫉妒心理和攻击行为，从而使其更难于顺应现实。第二，由于学习方法不当等造成的学习困难。如对新的大学课程仍沿用自己中学时的学习方法，结果造成学习成绩与付出的时间精力不符，成绩不理想。不重视学习方法的探讨，使自己在学习问题上疲于被动应付，心理上承受较大的压力，出现焦虑和紧张的不良情绪，反过来又会严重影响其自信心、带来苦恼及自我否定等严重心理问题。

（三）生活习惯的变化

不同地域、风俗习惯、饮食文化、语言方面的差异和各种生活习惯的不适应，会造成部分学生的环境适应问题。如果他们不能在短时间内顺利调整，消极的心境会影响到正常的学习、睡眠等活动，形成心理问题。如，中国留美博士研究生葛海雷，刚到哈佛大学两个月，因不能顺利适应异国他乡的生活环境和文化冲撞，结果选择了坠楼自杀的悲剧道路，给国家和其家庭都造成了很大损失。

二、人际关系问题及表现

大学生作为一个独立的个体步入了准社会群体的交际圈，初步尝试人际交往和建立友谊关系，试图发展这方面的能力及对此作出评估，为将来进入成人社会做准备、打基础。

大学生们渴望交往，建立真诚、友好、和谐的同学关系。但是，由于每个人的个性特点不同，交友方式和能力不同，选择朋友的标准和交往目的不同，再加之人格的不完善，部分学生往往在人际交往过程中遭受挫折，以致成为同学关系中的重要问题，有的造成严重的心理障碍。

人际交往中的心理问题主要表现为：自我否定，自信心降低，或自我为中心的自私、骄横等同学之间冲突对抗，关系紧张，由此带来苦闷、焦虑和愤恨，以至长期被消极的心境困扰，导致严重的心理障碍，有的还可能形成精神分裂症而中断学业。

三、恋爱和性问题

目前大学生的年龄大多在18—23岁。这个年龄的大学生在性生理上已完全成熟；在性心理上，也已走过了性疏远期和性接近期，进入了恋爱期，对异性感情的需求和渴望大大增强。所以，恋爱是大学生生理和心理发展以及大学校园客观环境影响产生的自然结果，也是大学校园中一道独特的风景。

随着大学生性心理的健康发展与自我意识的提高，正确对待和处理恋爱问题，对促进大学生的学习和生活，促进身心健康成长，培养高尚的道德品质和情操都有重要的意义。然而，大学生由于生活经验不足，性知识贫乏，处理和解决恋爱中的问题和纠纷时缺乏理性与知识，往往容易引发恋爱和性问题，对自己身心造成影响。

四、人格缺陷

大学生中有相当一部分人存在着不同程度的人格发展缺陷，表现为人格发展的不良倾向，常见的有：自卑、抑郁、怯懦、孤僻、冷漠、悲观、依赖、敏感、多疑、焦虑或对人格敌视、暴躁冲动、破坏，等等。临床上将人格缺陷分为三大类：第一类以行为怪僻、奇异为特点，包括偏执型、分裂型人格；第二类以情感强烈、不稳定为特点，包括自恋型、反社会型和攻击型人格；第三类以紧张、退缩为特点，包括回避型、依赖型人格等。

人格是人的心理行为的基础，它在很大程度上决定了人如何对外界的刺激做出适当的反应，人的心理行为是人格与环境相互作用的结果，因而人格会影响一个人的身心健康、潜能开发、活动效率及社会适应状况。

大学生正处于身心急剧发展变化和人格不断发展的时期，改革开放的社会背景和校园文化氛围，为大学生人格的塑造提供了一片广阔的天地。然而，急剧变革、观念多元的社会文化亦使人格的形成变得困难、不确定，使大学生社会化进程延迟。这一方面使大学生的人格发展出现更多的迷茫和冲突；另一方面也使大学生有了更大的适应性、灵活性和发展的可能性。所以，重视塑造和培养大学生健全的人格，促进其健康发展，这是高职心理教育工作一项不可忽视的内容。

五、就业困难而形成的心理问题

教育制度的改革，使学生上大学要交学费，毕业分配不再实行"双包"（包分配、包干部编制），而被推向市场，实行双向选择（用人单位选学生，学生选用人单位）。这种改革的积极性，有利于人才资源的配置，有利于教学秩序和学风的好转。但也容易造成一部分人就业困难，加之一些社会腐败和人为因素，使得一些自身素质能力较好的学生找不到工作，不能顺利就业；还有的学非所用，被迫改行，造成适应困难。凡此种种，都可能引发心理疾患。

六、心理障碍

心理障碍是指影响个体正常行为和活动效能的心理因素或心理状态，一般是指不良刺激引起的心理异常现象，是心理活动中的轻度创伤，它初始反映就比较强烈，且持续时间比较长。心理障碍由于较长时期的精神负担和精神折磨，常伴有情绪的焦虑或抑郁、紧张或恐惧以及生理功能的改变。心理障碍往往只是暂时的，在一定情景下偶然发生的，是正常心理活动中的局部异常状态。每一个正常人在特定情景下都可能产生不同程度的心理障碍，但其社会功能完好无损，往往不需经过治疗，只要不良生活事件消除，适当应用心理防御措施就会自然消失。但是，严重而持久的心理障碍不仅会对人格发展产生影响，也会诱发一些精神疾病。

第四节　大学生心理健康与思想政治教育

一、心理健康教育与高职思想政治教育的联系

（一）心理健康教育与高职思想政治教育的根本目标一致

心理健康教育与高职思想政治教育的根本目标是一致的，其内在职能都是育人，帮助学生处理好思想、心理和行为之间的关系，不断提高学生的综合素质，促进学生全面、和谐地发展。一个全面发展的人不仅仅有知识和能力，还必须具有历史使命感和社会责任感，有良好的文化素养和心理素质，有独立的人格。心理健康教育和高职思想政治教育担负的正是这一共同目标的不同方面，心理健康教育以心理学原理和方法育人，使学生人格更加完善，适应社会；高职思想政治教育以马列主义育人，注重对学生世界观、人生观和价值观的教育，引导学生实现价值内化，并成为自己人格的一部分，进而指导自己的行为。由于理想、信念、价值观和世界观等个性倾向性是人格结构的一部分，这就使高职思想政治教育与心理健康教育紧密相连。

（二）心理健康教育与高职思想政治教育的问题交叉共存

心理健康教育要解决的心理问题和高职思想政治教育要解决的思想问题往往是交叉共存的，表面上的心理问题实质上是思想问题，而许多所谓的"品德"问题，往往又是一些心理障碍未得到解决而导致的。所以，在分析和解决学生问题时，要将心理健康教育和思想政治教育紧密结合起来。许多心理问题的产生与人们的思想观念、思维方式有着密切的联系，例如，在当前价值多元化的时代，年轻人常常因为价值感和意义感的缺失而对生活失去兴趣，导致抑郁、自杀等心理和行为问题。对于这种交叉存在于心理健康教育和思想政治教育中的问题，要充分发挥二者在理念、途径、方法等方面的优势，相互补充，共同发展。

（三）心理健康教育与高职思想政治教育的互相促进

心理健康教育作为一种理念，在如何认识人、理解人的问题上，会深刻影响思想政治教育和思想政治教育工作者；心理健康教育为思想政治教育提供了新途径和新方法，学生的心理状态和心理素质如何，直接影响到他们的思想品德状况。健康的心理使学生更易接受思想政治教育并将其内化为自己的信念、外化为自己的行为；而心理不健康的人，一般也难以形成良好的道德行为方式。所以，开展心理健康教育有助于形成和发展学生良好的思想品质，而且在解决学生思想问题时，采用心理健康教育的方法和手段，可以增强工作

的吸引力和感染力，能取得更好的效果。

另外，思想政治教育是心理健康教育的基础。良好的思想道德品质又会促进学生心理素质的进一步提高。具有远大理想和高尚追求的学生，往往会比其他同学更具备正确的自我认知和较强的辨别能力，会以顽强的毅力和积极的态度调适自己的心理，培养健全人格。此外，个体的生存和发展离不开其生长的社会环境，具备该社会所倡导的世界观、人生观、价值观和思想道德品质，也是心理健康的一个表现。因此，可以利用思想政治教育的优势，引导大学生确立科学的世界观和方法论，转换思维方式和思想观念，提高思想认识水平，从而预防大学生心理问题的出现。思想政治教育的引入能提高心理健康教育的效果，因为许多产生心理障碍的深层原因往往涉及价值取向、品德修养、理想信念等问题，要解决学生的心理问题和障碍，提高学生适应社会的能力，就必须在对其进行心理指导的同时，加强思想方面的教育和引导，这样才能从根本上为学生的心理健康提供思想上的保证。

基于心理健康教育和思想政治教育相互补充、相互促进的关系，高职院校在进行教育实践时，要把两者紧密地联系起来，充分发挥它们各自的优势，共同为学生的学习生活和成长成才服务。

二、心理健康教育与高职思想政治教育的区别

（一）心理健康教育与高职思想政治教育的理论基础不同

心理健康教育主要以普通心理学、发展心理学、人格心理学、社会心理学、心理测量学、行为科学、心理咨询与治疗、性学等心理学及相关学科的理论为基础，这些理论虽然属于社会科学领域，却带有一定的自然科学色彩，而且不属于特定的社会意识形态。思想政治教育则属于社会意识形态的范畴，它主要以马克思主义的哲学、政治学、伦理学作为理论基础，并吸收相关社会科学的研究成果，不仅完全属于社会科学领域，还具有鲜明的阶级性和政治性。二者的理论基础不同决定了开展工作时所要遵循的规律就会有所不同。思想政治教育遵循的是学生思想道德发展的规律，首先注重的是整体水平的提高，要求达到每个教育阶段的水准，而这一水准又必须与社会、政治和国家的利益要求相一致。心理健康教育更强调学生个体的心理发展与心理健康，首先关注的是个体行为是否有利于其心理健康的维护和心理潜能的开发，必须依据个体心理发展的规律，从大学生的心理特点出发，运用心理学的相关理论与方法，对其进行有针对性的、个性化的教育。

（二）心理健康教育与高职思想政治教育的任务内容不同

思想政治教育主要是解决学生的思想和品德问题，着重于学生思想品德的塑造、提高和转变，旨在培养个人完善的道德品行；而心理健康教育主要是解决大学生心理和行为问题，着重于学生心理的发展，开导及行为的矫正，旨在培养学生良好的心理品质。前者是

以马列主义、毛泽东思想和邓小平理论为指导，运用辩证唯物主义和历史唯物主义的基本原理，结合当前的形势与政策，对学生进行政治方向、思想意识、价值取向以及辨别是非、善恶等方面的教育，对学生施加意识形态方面的影响，帮助学生树立正确的政治思想观念，培养良好的道德品质。后者则主要是在学生的学习生活、恋爱情感、人际关系、心理健康、职业规划、行为问题等方面进行指导和教育，帮助学生克服心理问题和障碍，提高其心理健康水平和社会适应能力，使学生的潜能得到充分的发挥。

任务内容的不同导致了二者对受教育者个体属性的看法不尽相同。思想政治教育把学生作为一个社会性的公民看待，要求以社会为本，个体要服务于社会，更着眼于个体的社会属性，其目的是使学生分辨是非，接受真善美，追求高尚的思想境界，形成正确的人生观、世界观和价值观。心理健康教育则强调人与自身及他人的关系，它把学生作为具有复杂内心世界的个体看待，注重学生的内在需求和自我的发展，是从个人生活的角度出发，帮助学生解决心理发展过程中的困难和冲突。所以，在评价二者的实效性时，心理健康教育的根本依据是大学生的心理是否健康，能否充分地自主发展；而评价思想政治教育时就不仅要看思想道德素质本身有无提高，还应看它的制约机制如何以及整个团体的思想道德面貌。

（三）心理健康教育与高职思想政治教育的工作方法不同

报告讲座、课堂讲授、检查评比、舆论宣传、表彰嘉奖、参观访问等是高职思想政治教育主要依靠的方式，这些方式具有公开性、群众性和组织性等特点；一般都是学校或教师主动采取措施进行教育，学生不会主动寻求帮助；不能因人而异地实施有针对性的教育，教育的效果与学生的接受态度有关。心理健康教育有课堂讲授、报告讲座、舆论宣传等方式，但也常常采用团体辅导和个体辅导的方式，它强调保密性原则，具有私人化、个人化等特点；一般是通过心理健康教育中心的宣传，学生本人自愿向心理老师寻求帮助，并且会主动地配合。另外，思想政治教育具有一定的灌输性，以"说"为主，注重的是教师的施教，通过正面引导、批评表扬、榜样示范、实践锻炼等方法来进行教育和宣传。心理健康教育则强调宣泄与疏导，以"听"为主，注重的是学生的主动和自愿，注重倾听与感情沟通，采用普及心理学知识，与学生交谈、讨论，对学生进行心理训练、心理测量与心理咨询等方法来帮助指导学生。由于工作方法的不同，教师在心理健康教育和思想政治教育中的角色也是不一样的。从事心理健康教育的教师坚持"助人自助"的基本原则，帮助大学生自己去探索、决策和行动；老师与学生之间不存在任何利害关系，教师充当服务者、参谋者和引导者的角色，帮助学生更好地加强思想政治防范。

由于存在以上这些差异，心理健康教育和高职的思想政治教育是不可相互替代的。心理健康教育侧重心理层面，其排解情绪障碍、增强心理防范、开发心理潜能等功能，高职思想政治教育侧重思想层面，它们各有侧重，相互补充。除此之外，心理健康教育和思想政治教育也不是完全独立的，它们在实际工作中和谐共存、共同发展。

三、心理健康教育对高职思想政治教育的促进作用

心理健康教育作为思想政治教育工作的重要组成部分，其实效性直接关系到整个思想政治教育的成败。在本节内容中我们就阐述如何构建大学生心理健康服务体系，以促进心理健康教育的实效性，进而促进整个思想政治教育工作的有序进行。

（一）建立并逐步完善心理辅导工作体系

心理辅导是针对学生群体进行的以促进其发展为目标的心理咨询过程。由于高职心理健康教育面对的是全体学生，主要是对学生在学习、社交、情感发展和职业发展三大方面所出现的问题进行预防和干预，所以更符合心理辅导的界定。既然高职的心理教师主要是在心理辅导层面开展心理健康教育工作，那么，当心理辅导人员遇到的学生问题超出辅导的内容而需要进行"临床诊断"时，就应该及时将学生转介到心理治疗师或者心理门诊那里得到适当的帮助。这时，对症状的评估就非常重要。

1. 当面辅导

当面辅导主要采取个别辅导与团体辅导相结合的形式。个体辅导更适合于心理问题较严重的学生，因为个体辅导可以更深入地挖掘问题的根源，能更有效地帮助他（她）成长。团体辅导受众面更广，同一时间内的工作效率高；而且如果辅导老师带领得当，会促发较大的团体动力，有利于学生问题的解决。在没有特殊要求的情况下，可以适当增加团体辅导的比例，使更多同学感受到心理辅导带来的益处。

2. 书信和电话辅导

书信和电话辅导的方式虽然给辅导者带来许多麻烦，但比较受学生的欢迎。当一些学生遇到面对面难以启齿的问题时，为了减轻学生内心的紧张和压力，书信和电话辅导不失为一种好的方式。

3. 网络辅导

大学生心理发展具有明显的闭锁性和交往需要的矛盾，当出现心理困惑时，既没有勇气去咨询室寻求面对面的帮助，又渴望与人沟通和被人理解。因此，以平等交互、虚拟隐藏性为基本特征的网上辅导就特别适合有求助必要又不愿走进辅导室的学生，这种方式可以拓宽心理辅导途径，在时空上满足学生的不同需求。

关于心理辅导的方法有很多，人本主义学派的会谈技巧，行为主义学派的行为强化法、系统脱敏法，精神分析学派的自由联想法，理性情绪疗法，认知领悟疗法，格式塔疗法等所有涉及心理咨询和治疗领域的心理学流派，都有一套与其理论观点相对应的方法。心理

教师如果能熟练地掌握一至两个流派的理论和方法已属不易，在同一所学校中，可以通过保证取向的多样化来满足不同工作的需求。

1. 对学生进行心理测试，建立心理档案

我们通常所说的心理测试是一种对人的心理和行为进行标准化测定的技术。通过心理测试，可以了解和把握学生的心理状况，从而为有效地进行教育提供较为科学的信息和依据。需要说明的是，心理测试在具体的工作中应慎重使用，一般只能作为评估个体心理和行为状况的参考。如果结果显示出异常状况，还是应通过心理教师和学生进行面对面的交谈，以确定学生是否心理出现异常，并及时采取相应的措施进行治疗。利用科学的心理测试表进行测查，给学生建立电子心理档案，并在以后的四年时间中不断地收集和整理学生的心理健康资料，及时地发现心理问题并有针对性地进行预防，做出相应的对策，这样做可以使学生进行自我了解，提高其自我教育、自我成长的能力，也可以为学校心理辅导工作连续、稳定地开展提供了基础保证。

2. 加强高职的硬件和制度建设

（1）要加强高职的硬件建设

高职心理辅导的开展离不开物质条件的支持。要进行心理辅导就必须具备以下条件：首先，有足够的经费投入到心理健康教育中。其次，设备还要齐全，最起码要有个体辅导室和团体辅导室，有必备的心理测验工具；此外，还可以根据本单位的优势和特色，配备心理实验仪器、沙箱设备、宣泄室等。最后，工作场所选址要方便、安全、环境温馨，有利于学生寻求服务，并从物理环境中得到较大的心理安慰。

（2）要加强高职的制度建设

高职的制度化建设是心理健康教育工作科学化发展的重要保证。高职必须加强制度化、规范化管理，建立科学完整的心理健康教育的制度体系，因为通过一系列制度的建设，可以防止工作中的无序状态和随意性等弊病，避免工作中出现失误与漏洞。就心理健康教育常规的工作管理制度、专人负责制、新生心理健康普查制度、心理辅导制度、定期专题讲座制度、心理辅导人员的进修制度、辅导员、预约与跟踪制度、学生骨干培训制度、督导制度、转介制度等，建立健全一系列心理健康教育制度，以保证高职心理健康教育工作的正常、有序、深入和健康地进行。

（二）普及心理健康知识，优化课程设置

1. 在学科教学中渗透心理健康教育与思想政治教育

在学科教学中渗透思想政治教育已有明确的要求，但在学科教学中渗透心理健康教育却很少有人提及。其实，各学科内容中都蕴含着一定的心理健康教育资源，如体育课有助

于锻炼学生的刚毅性格和挫折承受力；数学课中引导学生钻研难题，有助于培养学生的意志力和注意力；外语课有助于培养学生的人际交往能力等。此外，教师的心理状况直接影响着学生的心理变化，人性化的教学过程为学生心理的健康发展创设了良好的情境。

2. 开设专题讲座

由于大学生的学习生活存在阶段性的特点，所以不同年级的学生会出现不同的心理健康问题。针对这种状况，学校可以适当开展相关的心理健康专题讲座，有的放矢地进行教育。大学生也可以根据自身的困惑，选择相应的知识进行学习，解决自身的问题。对于一些心理问题的高发群体，高职院校也可以开设有针对性的讲座，对他们进行教育。例如，一些家庭经济困难的学生可能存在一种自卑心理，这种心理进而导致在人际交往或恋爱上也产生一些问题，对于这种情况，可以专门举办一次"战胜自卑，超越自我"的讲座，为他们的心理健康搭一座桥。

3. 开设心理健康教育的必修课

心理健康教育的主阵地就是课堂教学，通过教师对心理学知识的讲解，学生对自己会有更加清晰的认识，这在一定程度上可以预防心理问题的发生。即使有一些问题，学生也会因为对心理咨询有了一定的了解而主动寻求帮助，这样就会避免问题的进一步恶化，就可以有效地解决其存在的问题。

有些高职院校因为专职心理教师少等客观条件限制，只是在思想道德修养课中纳入心理健康教育的章节，这就可能导致其内容极其单薄，再加上思想政治理论课教师讲授心理内容的先天不足，就很难取得理想的教育效果，这是目前高职中可能存在的问题。为此，思想政治理论课教师要结合学生的实际心理需要，不断地丰富教学内容，改进教学方法，多通过案例教学、体验活动、行为训练等形式提高教育效果。当然，如果条件允许，最好还是由专职的心理教师来开设专门的心理健康教育课程。

4. 开设心理健康教育选修课

高职院校可以在条件允许的情况下开设相关的选修课。选修课可以选择与大学生学习生活和成长需要密切相关的一个方面，主要培养学生处理这一类问题的能力。如针对恋爱问题开设爱情心理学，针对大学生人际交往问题开设人际沟通，针对自我认识问题开设心理形象设计等。与必修课相比，选修课的内容更有针对性。此外，选修课还有一个优点，即参加选修课的学生可能是来自不同学院、不同年级、不同专业，从动力学的角度来讲，团体的动力更大。如果教师能充分利用好这种动力，就能使学生之间产生很多交流和碰撞，进而形成一种互助的力量，这对于大学生的心理健康教育极为有益。

（三）加强高职的心理健康教育工作队伍建设

提高大学生心理健康教育工作者的数量和专业性，充分调动各方人员的积极性，构建多级服务网络，加大培训力度，是保证心理健康教育工作队伍高效运行的必需途径。建设一支高素质的心理健康教育师资队伍是高职开展心理健康教育工作的前提，也是促进心理健康教育实效性的重要举措。

1. 提高专业素质

近年来，心理健康教育在高职日益受到重视，这主要体现在它从无到有、从边缘化到专业化的过程。高职的心理健康教育职能逐渐从思想政治教育中分离出来，成为与马列主义、毛泽东思想、思想道德修养等课程并列的部分；而且成立了专门的机构，由心理咨询专业出身的人担任专职的心理教师，在全校范围内开展心理健康教育工作。这都表明了心理健康教育在走专业化的发展道路，而且会在这条道路上越走越远，越走越好。心理健康教育的专业化必然导致从事这项工作的门槛越来越高，比如，目前国内绝大部分高职的心理健康教育专职教师都必须是硕士及以上学历，有的学校甚至引进博士，以加强工作中的科研成分。但目前国内心理学毕业生和心理咨询师的培养远远不如西方国家严格和系统，尤其在实务操作方面，严重缺乏经验。这是整个培养模式造成的，一时难以改变，所以就寄希望于个人的努力，主要是希望心理健康教育者个人通过接受督导和参加专业学习，以促进自身的成长和提高自身的专业技能。

2. 合理配置人员

专职心理教师与学生的比率直接影响着教师所能提供的心理健康服务的类别和效果，研究发现，高比率意味着心理教师所能提供的咨询和干预工作有限，也不可能有足够的时间为学生提供发展性咨询服务。在美国，学校心理学家和学校心理咨询师都已经实行专门的证照制度，而且他们都接受过严格、系统的专业训练，在知识结构和专业技能方面比较全面和深厚。相比之下，在我国大陆高职从事心理健康教育工作的大都是心理学专业不同研究方向的硕士生。因此，在聘用专职心理教师时，要注意心理学不同领域之间的平衡，尽量使专职人员的专业背景多样化，以便在整体上能满足工作中各个方面的要求。除专职心理教师，还可以根据工作需求聘用兼职人员从事部分心理辅导工作。这些兼职人员可以是本校其他部门有心理学专业背景的教师，也可以是校外的医院的精神科大夫、公司的人力资源管理经理等相关人士，只要是能为大学生的心理健康服务的，都可以成为心理健康教育的有机力量。此外，学生工作部、就业指导中心、后勤管理中心、保卫处、学生辅导员、各院系的党总支副书记、思想政治理论课教师，都是大学生心理健康教育工作队伍中的一分子。

在心理健康教育中不可忽视学生的作用。心理健康教育要坚持教育与自我教育相结合，从学生团体中挖掘出骨干力量，这既是对这些学生心理健康水平的促进，又能发挥他们的作用，对其他学生产生积极的影响。这些学生包括班干部、委员和寝室长，以及一些心理社团的成员。

3.提供更多的提高心理健康教育工作者素质的机会

高职院校为心理健康教育队伍提供的提高自身素质的机会多种多样，主要有在职培训、出席专业会议或研讨会、听大学学院课程、研究与出版学术作品、做"见习期"的督导人、担任专业机构负责人以及其他可以被证明的自我学习和提高的活动。高职应该为心理健康工作者提供较多的提高自身素质的机会，帮助心理健康教育工作者实现自我成长和专业技能的提高。但在具体的实施上，还要针对不同群体的不同需求进行安排。

前面我们已经提到要重视学生在心理健康教育中的作用，要把学生纳入心理健康教育的工作队伍中，那么就要对他们进行相应的培训和指导，这样才能促使他们正确而有效地发挥积极作用。例如，加强对学生心理社团的专业指导和支持力度，发挥大学生在心理健康教育中互助和自助中的重要作用；积极开展对学生干部的心理素质拓展活动，运用团体辅导方式培训有意向的高年级学生，担当朋辈心理辅导员，充实学校心理健康教育队伍。

4.构建三级网络

在提高心理健康教育工作队伍专业素质、提供更多的提高心理健康教育工作者自身素质的机会的前提下，上述人员可以构建一个心理健康教育工作的三级网络。其中，学校心理健康教育中心为第一级网络，负责规划并具体组织实施对全体学生的心理健康教育，做好日常心理辅导、测试、教育培训以及科研和交流总结等工作。院系心理健康机构为第二级网络，各院系学生工作小组把学生的心理健康教育工作落实到专人，充分发挥辅导员、班主任的纽带作用，从而做到主动积极地关心学生心理健康。学生心理健康组织为第三级网络，由学生骨干组成"大学生心理健康协会"，各寝室设寝室长，各班设心理委员，定期培训和开展活动，参与心理健康的教育与辅导工作，在大学生中间开展心理自助与互助活动，使得心理健康教育工作由此得以深入展开。三级网络自上而下、自下而上地发布通知、传递消息，构建起一个全校师生共同参与的心理健康教育体系。

（四）建立健全心理危机预防、干预、跟进辅导机制

1.心理危机"积极预防"机制

心理危机的积极预防主要是通过宣传、教育等手段改善大学生的内部心理环境，提高其耐挫力，并认真开展大学生心理健康状况普查工作，及时发现并密切关注大学生中心理问题的高发群体。

2.心理危机"及时干预"机制

及时干预关键是建立从学生骨干、辅导员到学院、部门、学校的快速危机反应机制，以及从心理健康教育中心到校医院、精神卫生机构的快速危机干预通道。对于可能发生的

各种心理危机状况，心理健康教育中心要做好预案。当学院负责人发现心理危机后，要及时报告心理健康教育中心，并迅速做好现场相关管理工作，还要立刻联系家长，维护或者组建支持系统。在接到危机报告后，心理健康教育中心的工作人员要在第一时间到达现场，对危机状况进行诊断和评估，并对危机学生进行干预；可以跟危机学生进行沟通，了解他行为背后的原因，给予其必要的心理支持，进而缓解实施危机行为的冲动。有必要时，应及时将学生转送至医院进行有针对性的心理治疗，并做好资料、信息的收集整理工作；同时，还应将危机情况上报相关校领导和学生工作部、保卫处等职能部门，以争取他们的支持与援助。在这一环节中，须充分提供社会支持和心理支持，其中尤其要注意发挥校外心理咨询（治疗）机构、家庭心理支持网络的有效干预作用。

3. 心理危机"跟进辅导"机制

跟进辅导主要是针对两类对象，第一类是自杀未遂者；第二类是自杀者尤其自杀身亡者的亲友、同学及相关高危群体。在自杀防治中，这两类对象具有较高的自杀危险性，但往往容易被忽视。对于自杀未遂者，防止其再次出现自杀危机是主要目的，关键要依赖于相关专业人员及其亲友、老师、同学加强监护和积极关注，了解其自杀动机，并及时帮助其解决现实困境，对自杀未遂者，需表现出镇静、关爱而非歧视性的态度；对于自杀身亡者的亲友、同学等进行必要的事后干预，主要是防止其产生模仿性的自杀行为，以及对可能产生的心理创伤进行心理修复，要充分发挥社会资源优势，引导他们定期接受心理辅导和咨询，给予事后心理援助，使其尽快恢复平静。这一环节防治的途径主要是及时矫正或者治疗、积极关注、长期巩固。

心理健康教育中心也可以根据学生的实际情况提出如继续学习、陪读、治疗、请假、休学等处理意见，并准备相应的承诺书、责任书等文本。学院负责与学生、家长签订责任书，并与学生及家长保持密切联系，及时反馈情况，督促、协助危机学生做好请假回校、住院返校、休学复学后的恢复期关爱工作。

（五）建立健全高职心理健康教育的考核评价机制

建立健全高职心理健康教育的考核评价机制是促进高职心理健康教育工作有效性的一部分。高职心理健康教育评估是一项系统且复杂的工作，我国高职心理健康教育目前在全国范围内还没有形成比较完善的评价体系。一套科学的合乎高职教育实际的心理健康教育工作评价体系与实施方案，不仅能使学校有步骤、有目的地从事心理健康教育工作，而且会更有效地促进学生的心理健康。这里的考核评价主要包括以下两个方面：

第一，学校对心理健康教育中心的工作成效的考核评价，或者心理健康教育中心对其工作成效的自评。对于这种考核评价，有研究者提出了高职心理健康教育评估指标系统，包括组织管理与机构设置、师资队伍建设、教育活动与科研、咨询与辅导、条件保障等

5个一级指标以及28项二级指标。学校领导和心理健康教育中心可以对照这些指标进行打分，看在哪方面做得较好，哪些方面还有待改进。

第二，心理健康教育中心对心理健康教育工作者和各院系的心理健康教育工作所作的考核和评价。对于这种考核评价，部分高职的经验是坚持和完善评比、表彰、奖惩相结合的制度。一方面，对各学院的心理健康教育与危机预防干预工作效果进行跟踪、调查和考核，学校则将考核结果纳入年终对各学院学生工作考核之中；另一方面还要对全体专兼职心理教师开展月度和年度工作考核，建立责任追究制度。

第十章　大学生就业的思想政治教育研究

第一节　大学生就业制度的变迁

一、我国高职毕业生就业制度的变迁

所谓就业，就是劳动者与生产资料相结合，稳定地从事一定的社会劳动取得劳动报酬和经济收入的活动。一般意义上讲，就是找到适当的职业岗位进行工作和谋生。就业必须具备三个基本条件：一是从事社会劳动；二是有劳动报酬和收入；三是得到社会承认。凡不具备这三个条件者，都不能算入就业者行列之中，如，在校就读的学生，从事家务劳动的家庭妇女。就业是人类维持生存和繁衍、促进社会发展进步所必需的社会实践活动。良好的就业形势是一个国家发展经济，保持社会稳定的重要因素。我国政府历来重视民众的就业问题，并特别重视高职毕业生的就业问题。新中国成立以来，根据经济建设和形势的发展需要，我国高等学校毕业生的就业制度经历了不同的发展阶段。

（一）统包统分阶段

由于计划经济体制的影响以及当时经济建设的需要，作为国家培养的高级专门人才的大学生，在当时属于一种稀缺社会资源。尽管这一制度也随着时间的推移做过某些局部的调整，但总体来说，其内容并未发生过根本性改变。不可否认，这种与计划经济体制相适应的大学生就业政策在计划经济时代也曾起过积极的作用。一方面，它既满足了国家对各种专业人才的需求，为边远地区、艰苦行业输送了大批建设人才；另一方面，还保障了大学生的就业，解除了家长和学生的后顾之忧。但是，在计划经济向市场经济转变的过程中，

其弊端也逐渐显露出来。一是国家包得过多、统得过死，难免使学生产生毕业就能端上"铁饭碗"的想法，极大地限制了个人的积极性和创造性，减弱了竞争意识；二是过分强调政府意志，忽略毕业生自我表现的发展需要；三是致使企业在吸纳人才时养成了"等、靠、要"的惰性心理，束缚了企业用人机制的完善；四是造成高职缺乏就业市场的反馈信息，难以依据社会需要的变化及时、有效地调整人才培养目标、培养规格，失去主动适应经济建设和社会发展的动力和活力。

（二）由供需见面逐步向双向选择的过渡阶段

从 20 世纪 80 年代中期到 90 年代末，我国大学生就业政策开始由供需见面逐渐步入双向选择的过渡阶段。这一阶段是以通过"供需见面"落实"切块计划"，逐步向毕业生与用人单位"双向选择"过渡为主要特征的。

随着全党和全国工作重心转移到经济建设上来以及改革开放的逐步推进，我国大学毕业生计划分配制度与社会生产力和经济、政治发展状况不相适应的矛盾日益暴露出来，并严重阻碍了经济和社会的发展。为此国家开始了毕业生制度改革，这是对以往毕业生分配制度的突破，为日后进一步深化改革并逐步过渡到"自主择业"的毕业生就业制度奠定了基础。此后，国家改变了过去由少数人编制分配计划的办法，采取主管部门和高职上下结合的编制分配计划办法，并在落实计划的办法上，实行"供需见面"，使分配计划尽可能科学、合理、符合实际。同时，还在少数学校中进行了一定范围内的"双向选择"试点工作。

（三）以市场为导向的自主择业阶段

20 世纪 90 年代末至今，是我国大学生就业政策以市场为导向的自主择业阶段，其总体特点是大学生就业政策与市场经济发展密切相关。我们可将这一阶段的就业政策划分为前后两个时期：①以毕业生自主就业为主要特征的自主择业时期。②以毕业生创业为主要特征的自主择业时期。

鼓励大学毕业生自主择业是我国大学生就业政策以市场为导向的自主择业阶段的又一个时期。在高等教育走向大众化和知识经济时代来临的背景下，引导大学毕业生自主创业、是世界高等教育发展的一个大趋势。在我国高等教育实践领域，如何解决扩招后大学生就业问题已成为摆在我国各级政府和高等院校面前一个较为棘手的社会问题。在这一背景下，我国政府出台了一系列鼓励大学毕业生自主创业的就业政策。

我国大学毕业生就业制度改革的过程，就是逐步消除弊端、与社会生产力和经济政治体制改革不断相适应的过程。高等教育在我国现代化建设中处于重要战略地位，必须通过不断改革促进其发展。就业制度改革的根本目的在于：高等教育要更好地适应我国现代化建设需要，适应改革开放的新形势，实现毕业生资源的合理配置，提高高等学校办学质量和效益。

二、国家现行的就业政策

现行的大学生就业制度由毕业生就业的有关方针政策、就业管理体制和服务保障体系等方面的内容构成。

（一）现行的大学生就业政策

1. 大学生就业的基本政策

多年来，我国毕业生就业工作的基本政策始终是：贯彻统筹安排、合理使用、加强重点、兼顾一般和面向基层充实生产、科研、教学第一线的方针，在保证国家需要的前提下，贯彻学以致用、人尽其才的原则。国家采取措施，鼓励和指导毕业生到边远地区、艰苦行业和其他国家急需人才的地方去工作。

2. 大学生就业的原则与机制

当前，我国大学生就业坚持"公开、公正、择优、自愿"的原则。其就业机制为"市场导向，政府调控，学校推荐，学生和用人单位双向选择"。实行"学生自主择业、市场调节就业、学校促进就业"的就业模式。

3. 基层就业制度

中共中央办公厅、国务院办公厅出台了《关于引导和鼓励高职毕业生面向基层就业的意见》的文件，对鼓励大学生面向基层就业采取了多种积极的举措。文件指出，要做好"大学生志愿服务西部计划"，为西部基层教育、医疗卫生、文化、农技推广服务等公共事业的发展提供阶段性服务；招募高职毕业生到乡镇开展支教、支农、支医和扶贫工作；要有计划地选拔一定数量的高职毕业生到农村和社区就业。同时还规定，对志愿服务西部、到乡镇开展支教支农支医和扶贫、到村和社区就业的高职毕业生，工作2—3年后，报考公务员或研究生的，给予政策优惠。后来又出台补充文件，规定高职毕业生到西部地区和艰苦边远地区基层单位就业，服务期在3年以上（含3年）的，其在校学习期间获得国家助学贷款本金及其全部偿还之前产生的利息将由国家代为偿还（以下简称国家助学贷款代偿资助）。

4. 特殊情况的大学生就业政策

（1）定向生就业政策

定向生原则是按入学时定向合同就业。如确因特殊情况不能回原定向单位的大学生，必须征得原定向单位的同意，并报省级就业主管部门批准。学生在交纳相应的违约金和培养费后，可调整就业单位或报考研究生。

（2）结业生的就业政策

结业生由学校向用人单位推荐或自荐，找到工作单位的，可以派遣，但必须在《报到证》上注明"结业生"字样；在规定时间内无接收单位的，将其档案、户口关系转至生源所在地（家居农村的保留非农业户口），自谋职业。

（3）肄业生的就业政策

肄业生是指具有正式学籍，未完成教学计划规定的课程而中途退学的（被开除学籍的除外）学生，肄业生由学校发给肄业证书。肄业生离校后，学校和国家不予以办理推荐就业和派遣手续。如果肄业生被单位录用，待遇等问题由录用单位决定。

（4）大学生自费出国留学政策

符合国家规定申请自费留学的毕业生，要在学校规定的期限内提出申请，经批准后，学校不再负责其就业。派遣时未获准出境的，学校将其档案、户口关系转至生源所在地区的毕业生就业主管部门。

（5）有病大学生的就业政策

学校在学生毕业前对毕业生进行健康检查，不能坚持正常工作的毕业生回家休养。一年内治愈的（须经学校指定县级以上医院证明能坚持正常工作的）可随下一届毕业生就业；一年后仍未治愈或无用人单位接收的，户口关系和档案材料转至生源所在地，按社会待业人员办理。用人单位对健康条件有特殊要求的，应在签订就业协议前对学生进行单独体检，否则以学校的体检为准。

（6）升学大学生的就业政策

按国家计划从应届毕业生中招收录取的研究生，原则上不再办理就业手续。因特殊情况需要工作的，须征得录取院校（单位）同意，然后向学校提出申请，经学校研究并报省毕业生就业主管部门同意后，方可办理有关手续。

5. 大学生自主创业政策

凡应届高职毕业生从事个体经营的，除国家限制的行业（包括建筑业、娱乐业以及广告业、桑拿、按摩、网吧、氧吧等）外，自工商部门批准其经营之日起，一年内免交登记类和管理类的各项行政事业性收费。地方政府人事部门所属人才服务机构将为其提供所有的人事代理。可免交的具体收费项目主要有以下几种。

法律、行政法规规定的收费项目，国务院以及财政部、国家发展改革委（含原国家计委、原国家物价局，下同）批准的收费项目：

第一，工商部门收取的个体工商户登记费、个体工商户管理费、集贸市场管理费、经济合同签证费、经济合同示范文本工本费。

第二，税务部门收取的税务登记工本费。

第三，卫生部门收取的民办医疗机构管理费、卫生监测费、卫生质量检验费、预防性体检费、预防接种劳务费、卫生许可证工本费。

第四，民政部门收取的民办非企业单位登记费。

第五，劳动保障部门收取的劳动合同签证费、职业资格证书费。

第六，公安部门收取的特种行业许可证工本费。

第七，烟草部门收取的烟草专卖零售许可证费。

第八，国务院以及财政部、国家发展改革委批准的涉及个体经营的其他登记类和管理类收费项目。

各省、自治区、直辖市人民政府及其财政、价格主管部门批准的涉及个体经营的登记类和管理类收费项目。从事个体经营的高职毕业生，应当向工商、税务、卫生、民政、劳动保障、公安、烟草等部门的相关收费单位出具本人身份证、高职毕业证以及工商部门批准从事个体经营的有效证件，经收费单位核实无误后可按规定免交有关收费。有条件的地区由地方政府确定，在现有渠道中为高职毕业生提供创业小额贷款和担保。

6. 大学生考取公务员政策

《国家公务员暂行条例》的颁布实行，这标志着我国人事管理制度迈入了法制化的新阶段。之后，各级国家行政机关录用主任科员以下非领导职务人员，都要按照公开、公平、竞争的原则，面向社会实行公平考试。对应届大学毕业生要求，同社会其他人员一样，必须具备报考的基本条件，诸如，较高的政治思想素质，良好的道德修养，较强的业务能力，健康的身心素质等。考试的科目一般为综合知识、行政职业能力测试，有的还要增加申论和专业考试。在初试合格后，再进行面试等环节。

7. 大学生就业缓派政策

对毕业离校时未落实工作单位的高职毕业生，本人要求户口和人事档案保留在学校的，按规定保留两年。其间，大学生落实就业单位的，可由学校由就业主管部门办理派遣手续。本人要求将户口转回入学前户籍所在地的，公安机关应当按照户籍管理规定为其办理落户手续，人事、教育部门所属人才交流服务机构负责办理相关手续，人事部门所属人才交流服务机构免费提供人事代理服务。

8. 大学生二次就业政策

大学生二次就业有两层含义，其一，指二次就业；其二，指二次择业。二次就业是指到毕业生离校派遣时，仍然没有落实就业的大学生，根据规定要派遣回生源地就业，原则上由生源地的省、市推荐就业。在规定时间内落实就业单位的，毕业生就业主管部门可以为其办理二次派遣手续。

大学生二次择业指已经落实就业的大学生，到单位报到后，因各种原因与原单位解除协议后重新选择就业单位。在规定时间内，就业主管部门可以重新为大学生办理派遣手续。

国家为推动高等教育更加主动地适应经济社会发展，要求各地、各部门和各高职高度重视毕业生就业工作，努力适应新时期高职毕业生就业工作的迫切需要，积极探索、总结行之有效的做法和经验，扎扎实实做好相关工作，并出台了一系列相应措施。

第一，地方和高职要把毕业生就业状况作为确定高等教育事业发展规模的重要依据，坚持年度招生计划安排与毕业生就业率适度挂钩，对就业率明显偏低的地方和高职，区分情况，原则上要减少招生、控制招生或调减增幅；在年度招生计划安排中，对毕业生就业率偏低的专业应严格控制或减少招生规模；在制定和实施高职发展规划的工作中，要明确树立"就业意识"，充分考虑就业因素，主管部门要将毕业生就业率作为核定高职事业中长期发展规划的重要参数。

第二，进一步优化调整高职设置及学科专业结构，加快改革人才培养模式，把毕业生就业率作为评议高职设置的主要依据和参数，对毕业生就业率低的地区，控制新增高职的数量；加强地方教育行政部门对本科专业设置、调整的统筹管理和宏观调控，各地教育行政部门应根据本地区高职毕业生的就业情况，确定本地区控制增设的专业。

第三，高等职业学校必须明确以就业和社会实际需求为导向，调整专业结构，改革培养模式，加强实践环节的教育教学，保持同经济和社会的直接、密切沟通与联系。要特别对可能面临就业困难的毕业生有针对性地强化短期职业技能训练。

第四，把毕业生就业状况纳入高职评估指标体系，使评估结果更加全面地反映学校的实际状况；将毕业生就业率作为高职教学评估方案中的重要指标，凡就业率低的学校，一般不得评为优秀；在研究生教育质量评估指标体系中列入与"就业率"相关的内容，对培养单位的教育教学进行合理引导；将教育部直属高职毕业生就业率收入每年编印的蓝皮书，作为反映学校办学状况的一项重要指标。各地要按照有关文件要求，责成高职将毕业生就业工作纳入学校工作的重要议事日程，把高职毕业生就业工作作为考核高职领导干部政绩的重要内容。

第五，将学位工作与毕业生就业率适度挂钩，在审核新增硕士、博士学位授予单位工作时，将各有关高职本科毕业生和毕业研究生就业率作为依据之一，在新增学位授权点（主要是硕士点）审核工作中，将各学科以及各有关高职毕业研究生就业率作为增列硕士点的重要参考因素。

第六，加大就业经费投入，加强就业指导教师队伍建设，对毕业生就业工作做得好的学校，主管部门应适当核拨经费，支持其就业指导中心的建设；主管部门要对所属高职毕业生就业服务信息网络建设给予适当投入，以便充分利用现代化手段为毕业生提供方便、快捷、周到的就业指导和服务，高职必须尽快建立健全毕业生就业指导服务机构，在经费、办公条件、人员等方面给予充分保证，切实把就业指导教师队伍建设摆到重要位置。

（二）现行的大学生就业管理体制

在国务院批准的教育部《三定方案》中，确定教育部在毕业生就业工作方面的职能是：

归口管理高职毕业生就业制度改革，拟定高职毕业生就业政策，组织实施高职毕业生分配工作，负责制订高职毕业生就业计划并组织实施，组织实施少量国家急需、应予保证的高职毕业生指令性分配计划。

近几年，我国高等学校的管理体制改革和机构布局调整迈出了重大步伐，可以说已经取得了决定性成功，以中央和地方两级管理、以地方管理为主的新的高等学校管理格局已经形成。目前我国高等学校主要分为三块：一是教育部直属高等学校；二是中央部委所属高等学校；三是各省、自治区、直辖市所属高等学校。教育部直属高等学校和中央部委所属学校为中央部门管理的学校，各省、自治区、直辖市所属高等学校为地方管理的学校。

高职毕业生就业管理是高等学校整个管理职能中的一个子系统，在改革高等学校管理体制时，自然也包括了高等学校毕业生就业管理体制的改革。随着管理体制改革的深化，目前高职毕业生就业管理体制已初步完成由条块分割向条块有机结合的转化，高职毕业生就业工作也是以地方管理为主。按照现行高职毕业生就业管理体制，毕业生的就业采取在政府宏观调控下，以市场需求为导向，实行分级负责、相互调剂的办法。全国毕业生就业由教育部归口管理，国家根据每年度毕业生的资源情况和社会对毕业生的需求，制定年度方针、政策或指导性就业计划，高等学校按照国家的方针、政策和学校主管部门的要求落实毕业生就业计划，组织派遣毕业生，用人单位按照国家下达的接收计划接收毕业生。不同隶属关系高等学校的毕业生就业办法又有所不同。

随着高等教育管理体制改革的深入，高职毕业生就业工作也相应进入一个新的阶段。为了进一步完善高职毕业生就业工作的管理体制，2002 年 3 月，国务院下发了《国务院办公厅转发了教育部、公安部、人事部、劳动保障部关于进一步深化普通高等学校毕业生就业制度改革有关问题的意见》（国办发［2002］19 号）。该文件第一次提出成立由政府主管领导牵头、有关部门参加的领导协调机构，统筹做好高职毕业生就业工作。这是根据新的就业形势和任务提出的一个新的体制，为做好高职毕业生就业工作提供了重要的组织保证和体制保障。

（三）现行的大学生就业保障体系

大学生就业的服务保障体系主要包括：

1. 毕业生就业指导和服务体系

由政府、学校及社会各方力量组成的集管理、服务、教育、指导为一体，相互联系和沟通的组织体系，其宗旨是为毕业生就业提供全方位的、高质量的、方便快捷的指导和服务。其功能有信息服务、就业咨询服务、职业指导服务、职业介绍服务、职业（创业）培训服务、社会保障服务等。

2. 劳动关系调整体系

由政府、用人单位及员工组成的对供需双方在生产和工作中义务与权利、合作与冲突相互交织所产生的各种关系（如工作任务、工作时间、工作期限、劳动报酬、劳动保护、社会保障以及其他权利和义务等）予以调整的组织体系，它通过采取一系列手段，调整供需双方劳动关系，使之向着稳定和谐的合作方向发展。

3. 职业技能开发体系

它是政府与社会根据市场和社会经济发展的需要，积极开发毕业生人力资本，调节毕业生供求平衡与素质结构，全面提高毕业生职业技能与劳动能力的组织体系。

4. 社会保障服务体系

国家和社会依据一定的法律和规定，通过建立一系列的管理机构对社会成员的基本生活权利给予保障的组织体系。社会保障体系包括社会保险、社会救助、社会福利等方面内容，是保证社会分配公平，维护社会良性发展和稳定的一项重要社会政策和调节机制。

5. 宏观调控体系

由国家政府部门组成的对市场经济的运行从总体与结构上进行调节、控制和引导的组织体系，它在市场机制充分发挥作用的前提下，通过结合运用计划、经济、法律、行政等手段，对毕业生供求及其结构、毕业生流向及毕业生就业市场的公平与效率等进行调控，以弥补市场机制的缺陷，同时做好毕业生市场的宏观分析预测与规划。

6. 法律法规体系

指遵循宪法规定的原则，通过制定相关法律、法规、制度，建立健全执法监督机制和法律服务机构，以规范市场主体行为，规范市场秩序，保护毕业生和用人单位的权益，使毕业生就业市场在公平、公正的健康环境中运行。

第二节　就业压力对大学生心理健康的影响

一、大学生就业的形势

（一）毕业生人数逐年增加

有数据显示，50%的应届大学毕业生找不到合适的工作，而45%的企业招不到合适的人，企业招聘与大学生就业之间的巨大落差正在加大，但是企业对综合素质排名5%—15%的优秀大学生争夺日渐"白热化"。

（二）大学生就业矛盾突出

从学科专业上看，IT业仍然是吸引人才的主战场，占到了整个人才市场需求量的1/3以上，除IT行业之外，热门行业中还有计算机、广告传媒、文化出版、电子、咨询专业服务、建筑房地产、商业中心、制造业、消费品、教育文化、科研卫生、医药。相比之下，社会对计算机、通信、电子、土建、自动化、机械、医药和师范等学科专业的大学生需求旺盛，而对哲学、历史、社会学、经济学、法学、农学、林学等学科专业的大学生需求较少，这种专业上供需结构的矛盾导致大学生就业出现暂时性困难。

从用人单位的需求看，国有大中型企业的需求略有回升，但没有明显增加，其吸纳能力仍然有限；外资企业、民营企业的需求量却猛增，在一些地区，非公有制企业已成为吸纳大学毕业生的主渠道。

从学历上看，高学历供不应求，本科生供需持平，专科生仍然供大于求。这就意味着，一方面高学历人才的竞争日趋激烈；另一方面低学历、低层次的大学生就业压力越来越大，二者形成强烈反差。

从院校之间看，重点大学、名牌院校、热门专业的社会需求增加，而一般院校、一般专业的需求相对减少，社会需求越来越向名牌大学、热门专业集中。

从地区之间看，经济发达的沿海地区和一些中心城市对大学生需求量较大，需求总量大于当地的生源数，而边远地区和欠发达地区需求明显不足，尽管有较大的用人需求，面临的问题是工作和生活条件艰苦，往往招不满所需要的合格人才，出现了"有地方没人去，有人没地方去"的现象。另外，在个别西部经济不发达地区，就业岗位相当有限，难以吸纳本地大学生。

（三）大学生就业结构存在调整

首先，就业制度改革带来就业结构调整。过去，我国对高职大学生实行包分配政策。随着我国经济体制改革的不断深入，高职大学生就业制度也发生了根本性变化，由过去的"包分配、发放派遣证"过渡到现在的国家"不包分配，供需见面，双向选择，自主择业，发放就业报到证"；由过去的"皇帝女儿不愁嫁"，过渡到现在的"自己找婆家"。高职大学生的就业机制趋向于市场化。国家机关、事业单位精简机构，压缩编制，国有企业减员增效，下岗分流；此外，还有大量农业劳动力向非农产业转移，这些都增加了高职大学生的就业压力，加大了高职大学生的就业难度。

其次，产业结构调整带来了就业结构调整。随着市场经济的发展，过去大量的劳动密集型企业，如纺织、煤矿等，由于应用了先进的生产技术和先进的机器设备，实现了生产过程的自动化，精简了人员；行业间的竞争，导致大量职工下岗。下岗职工再就业对高职大学生的就业带来一定的影响。社会的发展带来的就业结构调整不可逆转，在某种程度上确实影响了当前高职大学生的就业。

（四）大学生就业受客观环境制约

目前，全国各高职都积极推进大学生就业改革步伐，但由于各种客观环境的限制而步履维艰，其中主要原因与我国人事管理制度中的户籍、编制、各种指标和档案管理有关系，虽然进行了一些改革，但没有进行根本性的改变，如进京限制、贫困地区生源进出限制等。人事部门对大学生就业的申请报批手续过于烦琐，单位并没有多少真正的用人自主权，仍然需要按照接收大学生一人一报批的手续，造成一些优秀的大学生被无情地拒之门外。

（五）大学生素质与用人单位的需求存在差距

大学生的能力素质与用人单位的需求也存在较大差距，加大了大学生就业的难度。现在用人单位对高职大学生的敬业精神、职业道德、思想道德觉悟和能力素质水平都提出了越来越高的要求，不仅要求大学生诚实守信，勤奋敬业，而且还要求具有开拓创新意识和团队精神。良好的心理素质和社会适应能力也是用人单位看好的主要方面。用人单位重视人品和能力，对专业的要求反而有所淡化。不少用人单位对大学生持"宁缺毋滥"的态度。因此，学生干部和学生党员以及那些综合素质好、动手能力强、敬业精神好以及"一专多能"的大学生越来越受欢迎。用人单位看重的是"脑瓜子要灵、笔杆子要快、嘴巴子要利、身板子要硬、新点子要多"的高素质的复合型人才。

（六）大学生就业的期望值过高

大学生的就业期望值居高不下仍然是目前高职大学生就业难的一个因素。毕业生非大城市、大机关、大公司、大院所、大企业不去，希望能去的单位名声好、工作条件好、待遇好，甚至有出国机会等等。而目前实际最需要大学生的恰恰是那些边远地区的中小城市和基层一线的中小单位，于是出现了单位用人"有心栽花花不开"的尴尬局面和"想去的单位去不了，能去的单位不去，有人无业，有业无人"的现象。

（七）大学生就业信息不畅通

目前，社会对高职大学生的需求信息存在着比较严重的"失真、失控、失责"状态，更缺乏科学的、系统的人才需求预测工作。社会上一些虚拟广告信息泛滥成灾，害人骗财。就连互联网上的招聘信息，很大一部分是失真甚至是虚假的。每年都有一些应聘人员上当受骗。

另外，目前社会上的大学生供求信息渠道不畅，一些地区、一些部门和单位都"各自为政"，互相封闭信息。有些地区和部门甚至对非本地区的优秀大学生"拒之门外"，使得大学生求职和单位选才都出现困难。

（八）女大学生就业存在困难

受性别需求的不平衡的影响，女大学生的就业仍然存在困难。不少用人单位甚至在招聘广告上都明确标明只要男性。造成这一社会现象的原因，除了社会偏见和有些工作岗位不适宜女生外，还由于一些主客观因素的制约。

首先，女大学生的生理特点会造成择业就业方面的困难。女大学生毕业后，不可避免地要涉及恋爱、婚姻、生育等问题，这样一来就会牵扯大量精力，占据很多时间，客观上会耽误一些工作。在竞争激烈的市场经济条件下，无论是企业还是事业单位都十分注重编制、时间和效益，而女大学毕业生存在的这些客观问题，势必会影响到用人单位录用时的抉择，很多的用人单位为了能够减少这些麻烦而倾向于招聘男大学生。

其次，女生心理特征也制约着自己择业、就业面的宽度。有些女生心理素质脆弱、风险意识差，不愿意跨地区、跨行业就业，对工作岗位或过分挑剔或犹豫不决，从而缩小了择业范围，造成女生在择业、就业时的被动局面，影响就业。

最后，社会分工上的原因与女生择业就业困难也有着密切关系。虽然我国经济体制改革已取得了巨大成就，产业结构也正在优化调整中，但是，第一、第二产业的国民生产总值和就业人口比重仍占很大优势，而适合女生大面积就业的第三产业仍有待于发展，这也在一定程度上制约了女生的择业就业。

二、就业压力影响大学生心理健康

随着当前就业竞争的日趋激烈，大学生就业压力的逐年增大，加之择业问题的复杂性，刚刚走向社会的大学生会不可避免地遇到各种困难、挫折和冲突，如果对这些问题处理不好，就会给大学生带来困扰，影响其心理健康，严重的会造成心理障碍，甚至会危及生命。

第三节 大学生就业的思想政治教育

一、适应形势，转变观念，树立正确的择业观

（一）从"精英"向"大众"的转变

高等教育由精英教育向大众化教育的推进，大学生就业模式必然由精英教育阶段所形

成的毕业生就业模式向大众化教育阶段所形成的毕业生就业模式转变。

在精英教育阶段，由于高等教育是稀缺资源乃至社会特权，受教育者的地位必然增高，被称为"天之骄子"，就业实行"统包统分"的就业模式。精英教育条件下形成的思维定式，把高等教育的作用认定为是培养精英人才，没有把高等教育定位为素质教育的重要组成部分，总是认为大学毕业生就是"国家干部""白领阶层"，是这个"家"、那个"家"，只能去大城市、大机关、高薪企业工作。持精英教育阶段就业观念的人仍抱有传统的"学而优则仕"的观念，认为毕业不能找到一个声望好、待遇高的工作，仿佛就是个人事业的失败，认为大学生享受国家干部待遇，高等教育培养的人才就应该从事高级、专门性质的工作，就业期望值过高。

而在大众化教育阶段，由于接受高等教育将成为相对多数人的权利，上大学不再需要"千军万马过独木桥"，大学生也不再被称为"天之骄子"，大学生就是普通老百姓，大学培养的是普通劳动者，大学毕业生的就业同普通老百姓找工作一样，不存在照顾、包统的问题，"双向选择，自主择业"的就业模式是目前就业的主要形式。因此，大学生的就业观念也应该由精英就业的观念转变为大众就业的观念。大学生也要作为一名普通的劳动者，从事普通劳动者所从事的工作。社会中的各行各业都需要大学生，既有大学生毕业去当工人，也有大学生毕业去做个体经营，只要是大学生通过诚实劳动来为社会创造价值，来实现自己的价值，就是现在社会所倡导的。劳动者的素质普遍提高了，社会才能更好地发展。

（二）从"城市"向"基层"的转变

当前，一方面，高职毕业生就业面临着一些困难和问题；另一方面，广大基层特别是西部地区、艰苦的边远地区和艰苦行业以及广大农村还存在人才匮乏的状况。一些县市能提供比城市好得多的工作和待遇，但很多大学生还是不愿去。十几年寒窗苦读，好不容易来到大城市，又要回到县市，心里觉得憋屈，认为走向基层以及中小城市，是"没有办法的事"。实际上，基层的天地广阔，蕴藏着无数的机会，中国有70万个行政村，加上基层社区以及其他的基层就业岗位，似乎能够提供不可小觑的大学生就业机会。在现实生活中，村民委员会主任、书记，乡镇以上的国家各级公务人员都应由受过高等教育的人来担任，农村种植业、养殖业、家庭农场的主办人，乡镇企业、区街工业、个体企业的管理和技术人员也应该由受过高等教育的人来担任。随着民众素质的普遍提高和大学生人数的增加，可能过去由高中或中专生从事的职业逐渐要由大学生来担任。就业层次下移，这种"高才低就"的现象从个人讲可能暂时感到委屈，但这是社会不断进步的表现。

大学生完全可以把到基层就业视为创业的起步、成才的开始，通过了解国情民意，积累经验，增长才干。大学生应该将就业的姿态放低，将人生的目标抬高，在城市就业已趋于饱和的情况下，选择到基层就业是理性的、现实的。大学生到基层，特别是行政村，有利于农村的经济建设，也有利于锻炼自己。大学毕业生要根据劳动力市场的需求，找到自己的位置和发展空间，实现自己的人生价值。

（三）从"公有"单位向"非公有"单位转变

在传统的职业观念影响下，人们都希望到政府机关、事业单位或国有大企业谋职、发展，而不愿意到集体企业或民营企业求职发展。在对大学毕业生就业选择的统计调查中，95.8%的人选择的是政府机关、科教文卫事业单位、科研院所、大型三资企业。个体经济、私营企业则是他们最不愿意去的两个地方。表面上看，大学毕业生愿意去什么单位就业是无可厚非的。但是，在目前和今后的一段时间内，政府机关、科教文卫事业单位、科研院所、大型三资企业由于多种原因（如，体制原因、产业结构原因、亏损等），吸纳大学毕业生的能力是有限的，很难大量接收大学毕业生去就业。特别是在高等教育大众化的就业背景下，所有大学毕业生都去政府机关、科教文卫事业单位、科研院所、大型三资企业就业，显然是不切实际的。

随着改革开放的深入，民营企业的数量和规模发展迅速，人们的就业观念也发生了深刻的变化，大学生的就业倾向越来越向"非公有"的单位转变。从人才市场、职介中心的招聘统计情况来看，民营企业设摊招聘的比重最高，求贤若渴的态度非常明显。以前大学生到民企就业总是顾虑重重，担心民营企业规模小，经营管理水平低，个人没有发展前途；怀疑民营企业管理不规范，福利待遇没有保障；还害怕民营企业工作不稳定，办公环境差。而现在的民营企业发生了重大变化，特别是沿海发达地区的民营企业发展非常迅速。人才市场的薪资调查表明，民营企业的收入水平甚至已和三资企业不相上下，民营企业灵活的用人机制和激励手段为人才创造了比在其他单位更好的个人发展空间。随着社会养老保险、失业保险、住房公积金制度的建立和完善，在民营企业工作也不用担心五险一金交纳等个人保障问题。

（四）从"白领"向"蓝领"的转变

传统观念中，大学毕业生是高级知识分子，成为国家干部、管理者的思想根深蒂固。在中国，国家公务员历来以国家干部、工作稳定、福利待遇好被誉为众多职业中的"铁饭碗"，面临择业的大学生更是对其趋之若鹜。公务员工作尽管收入一般，但社会地位高，工作环境相对稳定、轻松，使公务员成为家长和大学生心目中的理想职业和最稳妥的选择。但中国人口众多，就业压力巨大，如果千军万马挤一座独木桥，反而不容易结合自身特点找到适合自己的工作。

（五）从"专业对口"向"通用人才"的转变

很多大学生就业时特别强调专业对口，认为大学花费了几年时间所学的专业是自己的生存之本，如果离开了自己所学的专业而选择其他行业，那就白白浪费了大学的时间，专业情结依然影响着求职的心理。实际上大多数用人单位招聘人才的标准是：注重应聘者的个人能力和综合素质，至于专业是否完全对口，并不过分计较。现代社会分工越来越细，在校期间所学专业知识与现实需要难以完全吻合，求职过程中如果过分强调专业对口则难以找到合适的职业。一个具有开拓精神的毕业生，应看重行业的发展前景，并及时调整自己的择业方向，勇于选择与自己所学专业相近或相关的职业。

随着职业的发展，人们越来越难以找到一份可以只使用一种技能的职业，更难以找到一份终生的职业了。在职场当中，企业所需要的复合型人才非常稀缺，出现这种现象，和过分强调"专业"的教育制度有直接关系，尤其文理分科，专业被人为地划出藩篱，完全不相容。其实，企业的岗位设置根本不需要这种划分，尤其做管理者，更必须同时懂技术和了解人。企业需要的是能干的人，而且常常需要的是兼有文、理、工的知识和技能的人。职场生存发展的关键，在于你的能力是否得到别人的认可。求职就像做营销，应该挑选最能够给别人留下深刻印象的时间和场景，充分展示自己的能力。跨学科学习的人，其优势在于整合和创新能力。

（六）从"打工"向"创业"的转变

"打工"和"创业"实际上是两种完全不同的就业方式。打工是指请求他人给自己一份工作的就业模式，是一种被动就业的行为。这种行为说明求职者的一种依赖心理，同时也说明毕业生对自主创业的认可程度不高。自主创业是给自己"打工"，是一种主动就业的行为。新一代大学生精力旺盛，有着强烈的挑战自我、实现自我的激情，并且无负担，没有太多牵挂，有较高的文化水平，专业基础扎实，具有创新意识，自主学习知识的能力强，善于接受新知识。

从现阶段的就业形势看，国家宏观政策鼓励大学生自主创业；社会主义市场经济体制的建立和市场经济的发展，为广大毕业生的自主创业提供了良好的社会环境。条条大路通罗马，挖掘创业潜能，摆脱依赖心态，创业这一包含机遇与挑战的字眼，已经成为无数大学生心中的梦想。中国也已经诞生了第一批大学生创业者。

（七）从"被动就业"向"主动就业"转变

"被动就业"等于坐等失业。在高等教育大众化的就业背景下，大学生就业形势"吃紧"，不少职业岗位都出现了"饱和"现象，如要就业，要么淘汰别人，要么就另辟蹊径，坐、等、靠、要的时代已经一去不复返。物竞天择，适者生存，竞争获胜，将永远是市场经济下选择职业的不变的游戏规则。所以要就业，不能没有竞争的意识和主动参与的观念，不能一味地坐、等、靠、要，而是要靠"争"，不"争"就没有工作，就等于失业。

创业是就业的一种高级形式。大学生自主创业，打破传统大学生委尊就屈的就业被动局面，开辟了崭新的就业渠道。在市场经济体制下，知识经济时代的到来，为具有首创精神、冒险精神、创业能力、独立工作能力以及技术、社交和管理技能的大学毕业生提供了创业的平台。由被动变为主动，由自发变为自主。显然，创业是就业中最主动、最自觉、最前卫、最具冒险精神的形式。

（八）从"终身就业"向"动态就业"转变

终身就业，这是计划经济的产物，在社会主义市场经济条件下不可能做到，即使是在计划经济体制下也不可能完全做到。随着社会对人才要求的更新和提高，人才资源总是在不断地交换和流动中得到优化配置，有效利用。科学技术的突飞猛进和知识的快速更新，用人制度的改革和人才市场的建立，必将使失业和就业成为今后大学毕业生一生中经常遇到的事情。因此，毕业生应该意识到，第一份工作对于许多人来说，更多的是一种锻炼、一种实践经历、一种融入社会的渠道。每个大学生在一生中，都要有多次就业的思想准备。青年择业指导专家汪大正说，随着市场经济发展，个人就业的自主性与封闭性同步增加，教育形式的多样性与终身学习的长远性趋势越来越明显，计划经济的就业终身制逐步被市场经济的终身就业制所取代，过去可能在一个单位工作一辈子，现在一生中可能有几次的就业机会。

二、加强大学毕业生诚信教育

诚信是当代大学生的首要素质。由于就业压力等诸多原因，有的大学生在择业中存在诚信缺失的现象。

（一）大学生在择业中诚信缺失的表现

1. 学生入党、当干部只是为了"包装"

学生干部、党员思想素质好，工作能力强，因此普遍受到用人单位的青睐。在校期间争取入党、担任学生干部，锻炼能力，提高素质，原本是富有上进心的表现，但现在有的大学生却只做表面文章，把入党看成自己成长和实现个人利益的一种手段，目的只是为了对未来的求职简历进行"包装"。

2. 考试作弊，屡禁不止

由于学习成绩能够直接或者间接地为就业创造诸多的有利条件，如取得奖学金、获得"三好学生"等荣誉称号，可直接推荐免试读研究生，得到出国深造的机会，获得自主就业、双向选择的优先权等，所以考试作弊也就成了一些大学生"提高"学习成绩的一种"有效"手段，其人数也是有增无减。

3. 毕业论文存在抄袭、剽窃的现象

由于毕业论文是对大学生所学知识及其应用能力的综合考察，所以用人单位非常看重。一些大学生为了使自己的论文立意鲜明，与众不同，就会通过学术期刊、互联网进行抄袭和剽窃，这就导致了大学校园里逐渐兴起了抄袭、剽窃之风。

4. 求职简历不真实

一些大学生为了找到好的工作，就在自荐书中造假，导致了求职简历不真实。求职简历中社会实践经历一长串，各种证书一大沓，更是大学生存在的普遍现象。

5. 大学生违约成为普遍现象

当今社会，一些大学生利己主义、极端个人主义膨胀，在择业时，从自己的眼前利益出发随意违约、毁约，没有将求职签约与个人的信用品质联系起来，不讲信用，无视市场经济的游戏规则。

（二）加强大学生诚信教育的措施

诚信既是社会道德，也是职业道德，是处理个人与社会、个人与个人相互关系的一项基本原则。大学生的诚信状况不仅关系到高职的学风建设，而且直接关系到市场经济能否健康发展。大学生在掌握专业知识的同时，必须在社会责任能力、公平诚信意识等方面不断完善自己。高职思想政治教育应着重在以下方面采取有力措施加强大学生的诚信教育。

1. 积极引导大学生树立正确的就业观念

高职要引导毕业生到基层、到西部、到祖国最需要的地方建功立业，把眼光放长远，树立正确的就业观念。这样不仅解决了这些地方对高等人才的需求问题，更重要的是为大学毕业生提供了广阔的用武之地，使他们能尽情地发挥自己的专业特长和能力，以利于他们的进一步发展，成为对社会有用的人。

2. 帮助学生树立求真务实的诚信成才观

大学生要在激烈的竞争中取胜，必须有强人之处，比如，优秀的学业成绩、良好的道德素质、较强的社会适应能力。这就有力地促进了高职的学风建设，要求大学生努力学习、积极工作，摒弃投机取巧、弄虚作假获得机会的不良心理，树立求真务实的成才观，只有这样才能在未来的社会中有立足之处。

3. 建立统一规范的大学生个人诚信档案

大学生诚信档案，是指大学生在常规活动中直接形成的，能够真实反映学生信用状况的，而且具有一定保存价值的各种信用记录，它的内容包含了大学生入学前后从学习、生活到经济活动的方方面面，是大学生证明其诚信程度的"原始凭据"。建立大学生诚信档

案，将学生的诚信记录作为其学生档案的重要内容，也是对学生学籍档案的重要补充。将学生入学时的学籍档案作为学生个人诚信档案的载体是一种有效途径。学校可以通过建立大学生诚信档案，通过对学生在校期间学习、生活等诚信情况进行纪实性记录，作为学生求职的必备材料，来加强大学生的诚信教育，规范大学生的就业行为，从而有力地推动高职的诚信建设。

4. 积极营造诚信育人的良好氛围

教育行政部门为调动高职就业工作积极性，将关于"一次性就业率"的政策措施与就业率和高职的专业设置调整、招生人数增减挂钩，高职因此而背上了沉重的就业"包袱"，追求数量而忽视质量。为了学生的成绩履历好看一些，有的高职降低考试难度，放宽专业实习要求，增加评优评奖的机会，不及格成绩不敢给，考试作弊不敢抓，就业推荐材料"注水"造假等。这些做法极易造成学风下滑、学校牌子被砸的结局。学校只有向社会提供真正高素质的人才，才能赢得市场。因此，学校各级领导及全体教职员工都必须参与到诚信环境的建设中来，努力创造求真务实、诚信育人的良好氛围。

第四节　构建大学生毕业、就业指导体系

当今社会，面对大学生巨大的就业压力，高职应构建大学生毕业、就业指导体系，持续而有效地开展工作，为大学生提供切合实际的周到的就业服务。

第一，高职应该转变观念，加强领导，加大资金投入，加强硬件基础设施建设。面对巨大的就业压力，高职应该转变观念，加强领导，加大资金投入，加强硬件基础设施建设，为就业指导中心配备专用报告厅、资料室、洽谈室以及相关的网络化办公设备，为就业指导提供现代化的物质保障，尽快构建比较完善的大学生就业指导和服务体系。

第二，建设专业化的就业指导队伍。开展高水平的就业指导工作的人才保障是拥有高素质的就业指导人员。学校应该按照教育部规定，尽快配齐专业的就业指导服务人员。同时，要采取措施，制定规划，尽快提高就业指导教师队伍的整体业务素质，把就业指导教师队伍建设摆到整个高职师资队伍建设的重要位置。努力提高就业指导队伍的专业化和职业化水平，建设一支具备社会学、心理学、劳动人事学、教育学、人力资源管理、法律等相关知识的专业化、职业化师资队伍，以加强对大学生就业的指导。

第三，建立专门化的就业指导机构。开展专业就业指导工作的组织保证是成立专门的大学生就业指导机构。高职要成立以党政一把手任组长、主管学生工作的副书记和主管教

学的副校长任副组长的就业工作领导小组，成立大学生就业指导中心，下设就业指导办公室、就业管理办公室、就业指导教研室，明确职责和分工，与各学院的就业指导工作小组一起构成就业指导服务工作的组织体系。整个组织应保持扁平化和柔性以不断提高市场反应速度，并明确职能，建立激励机制，保证机构的高效率运作。

第四，建立全员化就业指导机制。高职应该以就业为导向，真正树立以人为本的办学理念，改革人才培养模式，加大教育、教学改革力度，提高学生的创新能力和综合素质，从而提高大学生的生存能力。应调整改造不适应社会需求的老专业，加大新专业的建设力度，培养社会急需人才。学校还应该打破专业壁垒，允许学生根据自己的兴趣，选择适当的时机转专业。在专业课教学和实践环节，教师要注意渗透就业指导思想，加强专业教育，加强学生对专业的认知，激发学生的专业兴趣，提高学生理论联系实际的能力。

第五，充分利用信息技术，实现信息的科学管理。高职要充分利用信息技术，实现信息的科学管理方法。要实现就业指导信息化，高职既要加快大学生就业信息网络建设，为毕业生及用人单位提供高质量的信息服务平台，还要借鉴企业管理信息化理论和方法，建立大学生就业管理信息系统，提高就业指导工作的水平及效率。分析各种就业信息、就业数据，形成大学生就业状况报告，为学校及上级主管部门进行决策提供依据，也为下一年毕业的学生提供大量的参考数据及就业信息。

第六，建立就业指导对象全程化的工作机制。高职的就业指导对象应贯穿于大学的全过程，而不应该局限在大学四年级临毕业阶段。从大学一年级开始就要开展专业教育，培养学生的专业认知能力，教育学生树立职业生涯概念和就业素质意识；二年级进行职业定向教育，帮助学生学会人生职业生涯规划；三年级加强成长观、职业道德、劳动价值观教育和择业技巧训练；四年级应及时宣传就业政策，提供就业信息服务和咨询指导。

第七，就业指导形式的多样化。多样化是指以学校为中心，充分利用社会资源，采取多种形式，提高就业指导工作的针对性及有效性。学校可以聘请社会上专业的职业生涯辅导机构的专家对学生进行自我测评、职业生涯规划、形象设计等，提高学校就业指导水平。还可以聘请相关专业的政府官员、成功人士、国际化大公司经理、校友等做顾问，为学生开设就业指导讲座，提供职业咨询服务，使学生了解社会职业特点，发现自己的不足，明确自己努力的方向，增强求职自信心，提高学生的就业素质。

第十一章 网络环境下高职思想政治教育的有效教学

第一节 网络思想政治交友的探索与发展

一、网络思想政治教育的出现及发展阶段

当今时代，在信息技术革命的影响下，世界正在发生广泛而深刻的变化，我国社会正在发生广泛而深刻的变革，竞争与创新成为时代发展的主流。一个国家、一个民族要想取得可持续的竞争和创新优势，就必须依靠人才来维持和培育竞争力与创新力。高职是为国家培养高素质人才的教育基地，它时刻都面临着"培养什么人，如何培养人"的核心问题。当前，高职面临的一个重大问题就是由于信息技术发展和广泛应用所引发的高等教育内外部生态环境的重大调整和诸多挑战，加上我国正处于社会转型期所导致的诸多方面矛盾凸显等等，使得高职思想政治教育工作面临新的境遇与契机。面对这一形势，高职必须沉着应对，从网络思想政治教育的历史里找寻答案。那么，我们首先要介绍我国网络思想教育的发展情况，从实践中总结网络思想政治教育的研究成果。

二、网络思想政治教育理论研究的萌芽和发展

自网络进入中国，思想政治教育理论工作者就开始关注其发展，并不断探索，取得了一系列可喜的研究成果，并逐步推动了网络思想政治教育这一新形态的健康发展。

（一）思想政治教育理论研究者对网络的初步探索

随着互联网进一步的发展和普及，它对青少年尤其对大学生的负面影响进一步增大。网上的信息对学生思想品德的形成可能产生负面的影响，网络复杂的特点又增加了我们对大学生进行思想教育的难度，因此，互联网的消极影响也让思想政治教育工作者们变得忧心忡忡。

学生网络实践所出现的问题引发了相应的理论探讨，我国最早使用国际互联网的一批科学技术工作者、学术研究人员和高职教师根据自身的网络实践及对国外网络应用情况的了解，较早关注了网络对社会的影响并作出了一些具有前瞻性的探讨和分析，这些研究对网络思想政治教育给予了有益的启示。与此同时，《数字化生存》《未来之路》《网络伦理》等一批关于网络文化与伦理研究的译著或著作的出版为网络思想政治教育研究的开展提供了理论借鉴。基于对高职信息网络化建设及大学生网络行为与思想发展的观察和思考，网络思想政治教育的相关研究出现。研究的内容首先集中在网络对青年学生的负面影响及其产生的德育问题上，包括网络犯罪、不道德行为、西方意识形态渗透、文化侵略、信息污染、隐私保护、知识产权、交往障碍、网络成瘾等方面。社会科学理论工作者就互联网对人的影响的研究进入密切关注时期，思想政治教育者研究网络对人们思想行为特点影响的文章日益增多。这一时期，对网络概念的认识逐渐经历了从"信息高速公路"到"互联网"，再到"网络"的演变。信息网络在带给人们巨大福音的同时，也使人们面临着新的困难、担忧和困惑。"远离网络"一度成为教育者们的急切心声。同时，理论研究者也开始逐渐意识到科技的发展和社会的进步已促使人类进入了互联网时代，于是理论研究也开始从"网络危害论"进入到"全面认识网络"的时期。理论工作者已经意识到网络严峻的挑战，也逐渐开始辩证地认识网络，并积极思考应对的办法。他们呼吁各级政治思想工作部门，应对计算机网络中常见的反动宣传的形式和负面效应有充分的思想准备，同时他们也清醒地认识到思想政治教育活动的成效正在网络环境中减弱。

（二）网络思想政治教育研究的兴起和发展

思想政治工作"进网络"的号角，推动了网络思想政治教育实践工作的前进步伐，也激发了理论工作者的研究热情，全面认识网络环境并探索如何在其中开展思想政治教育活动的研究在理论界掀起热潮，相关的理论研究成果层出不穷。按照应用领域的研究范围，这些理论成果大致可以分为"网络思想政治工作研究""网络思想政治教育研究""网络德育研究"三种大的类别。

1. 关于网络思想政治教育的研究

刘梅在《论思想政治教育的现代方式》中提出，"网络思想政治教育，是根据传播学和思想宣传的理论，利用计算机网络所进行的思想政治教育"。这是国内最先、最直接提出"网络思想政治教育"概念的论述。2005 年，韦吉锋在《网络思想政治教育研究》中，强调不能仅从工具视角而必须从本质上理解网络思想政治教育，他把网络思想政治教育概括为"以认清网络本质和影响为前提，利用网络促使网民形成符合一定社会发展所需要的思想政治品德和信息素养的虚拟实践活动"。由此可见，以网络社会的崛起为立论基点，形成了两个层次的网络思想政治教育定位，一种是从狭义上把它理解为基于网络的思想政治教育（网络仅作为工具或载体）；另一种则是从广义上去把握，即网络环境下的思想政治教育（以网络作为整体环境）。

网络环境是网络和现代信息技术不断发展的结果，由于其最大的特点是虚拟性，因此，网络环境也可以称为虚拟环境，是指人们用计算机控制的输入 / 输出装置，进行交往、互动的一种场景或经验，它是由计算机生成的维度，人们可以在这里把信息移来移去，可以用电子的方式表现实际的物理实在，也可以表现那些可能和想象出来的世界。网络环境可以分为宏观层面上的网络社会、中观层面上的赛博空间和微观层面上的虚拟活动领域。网络思想政治教育的理论研究，伴随着对网络本质的揭示而发展，经历了从强调其工具性到重视其文化性，并认定其社会性的发展。

人们的思想观念必然反映社会存在的状况，网络空间不仅是网络媒介生成的人们活动的模拟场景，更是与现实社会生活紧密联系的新领域。由此可见，网络社会场域与现实社会是相互交融、相互作用的，这种交互作用对思想政治教育产生着综合的影响。另一方面，网络社会场域又是超越现实社会的一种拓展，它改变了社会结构和媒介环境，作为一种虚拟实在环境，它具有不同于现实社会空间的众多特性，这些特性必然改变人们的思想观念、行为方式和生活方式，对思想政治教育过程产生重大的影响。因此，我们认为思想政治教育在网络环境下呈现思想政治教育的一种新形态，是一定社会或社会组织、群体用一定的思想观念、政治观点、道德规范和网络素养要求，以现代信息网络为中介，以互动引导、建设管理、制度规范等为基本方式，对社会成员进行有目的、有计划、有组织的教育和影响，促进社会成员在教育活动中自主性的发挥和思想政治品德的自主建构，从而使社会成员形成符合一定社会或一定阶级所需要的思想政治品德的社会实践活动。

2. 关于网络思想政治工作的研究

思想政治教育工作借助互联网这个平台，不仅可以提高其内容及方式的传播速度，而且扩大了其覆盖面，使其影响力获得了很大的提升；现阶段，互联网的发展及普及的程度逐日加剧，这使得网络在公众生活中的地位越来越重要，通过网络开展思想政治教育工作，可以增加其说服力及号召力，因此，网络增强了思想政治教育的渗透力，而这种渗透是可以从我国关于网络思想政治工作研究的成果中看到的。

当前我国的思想政治教育工作受到传统思想以及旧理念的遗留影响，与刚刚普及的网络在一定程度上结合度较低，加之思想政治教育工作改革牵涉的内容与范围比较复杂，因此我国当前的思想政治教育工作的信息化水平较低。然而公众对于新事物的接受比较迅速，现阶段公众对于网络媒介的使用以及推广产生的作用较大，已经融入网络世界，这就增加了思想政治教育工作的难度。另外，在网络思想政治工作研究方面，理论工作者们始终强调着网络的两面性，对于思想政治工作来说，互联网是一把双刃剑，它既给我们带来加强思想政治工作的新机遇，同时也使我们的思想阵地面临严峻的挑战。

3. 关于网络德育研究

李先海、刘艳华在《高职网络思想政治教育建设的思考》中指出，网络社会不是真空地带，同现实社会一样，也需要思想政治教育的介入，那就是网络思想政治教育。目前，高职网络思想政治教育还很薄弱，还非常不适应信息网络技术发展的形势，必须引起高职和高职主管部门的高度重视，进一步加强网络思想政治教育建设，为21世纪培养合格的建设者和接班人。李先海认为，必须将工具性价值与人文性价值有机结合起来界定"大学生网络思想政治教育"的概念，把握大学生网络思想政治教育的对象、思想文化传播和教育的目的。据此，他认为，大学生网络思想政治教育"是指抓住网络的本质，针对网络的影响，把握大学生的身心特点，围绕现代思想政治教育的目标和内容，在网络空间里开展的旨在提高大学生网民的思想政治品德和网络文明素质的一系列网上虚拟实践活动，它是大学生思想政治教育在新领域的新方式，是大学生思想政治教育现代化的必然趋势"。网络思想政治教育是根据现代传播学原理和德育理论，以互联网络为媒介来实施的道德教育活动。在网络德育的相关研究中，理论工作者始终清醒地认识到应该不只是静态地研究网络道德的内容，而应着重强调如何动态地实施网络德育，实现从被动研究网络道德到主动实施网络德育。

在上述成果中，关于"网络思想政治工作"的研究，采用了广泛的社会政治、思想和文化的视野，凸显了网络思想政治工作的社会性质。因此，网络德育的内涵是丰富的。从某种意义上讲，网络德育是指使网络活动主体在网络实践活动中掌握并遵守人与人之间的一系列道德准则和规范的教育活动。具体来说，从德育的发展历程来看，网络德育是一种现代德育而不是传统德育；从德育的发展形态来看，网络德育是现代新形态德育而不仅仅是德育方式；从德育的具体表现来看，网络德育的集中表现是"虚拟德育"；从德育的实践来看，网络德育是德育主体在信息知识传播、学习、运用、创造过程中的德育活动。

第二节　思想政治教育网络环境概述

一、思想政治教育网络环境的基本特点

网络即国际信息互联网络，是指集通信网络、计算机、数据库以及日用电子产品于一体的电子信息交换系统。它是当今世界上最大的信息集合体。自 20 世纪 80 年代以来，它的应用已从军事、科研与学术领域进入商业、传播和娱乐等领域，现已成为发展最快的传播媒介，是继报刊、广播、电视之后的又一新媒体——"第四媒体"，具有信息资源丰富、传播迅速、双向交互、服务个性化等特征，这是传统媒体所无法比拟的。

（一）虚拟性

网络的虚拟性就是把人的实践活动转移到以网络为基础的比特空间。网络用户在比特空间彼此交流、获取信息，而这个空间是一个世界性的共有的虚拟空间。网络行为也是虚拟的，它只是通过技术使人有身临其境的感觉，而且人们往往按自己的喜好来设计自己在网络中的形象、语言，其身份通常是不真实的。但是，网络技术并不能把客观世界的万事万物，照搬到网络世界，它只是以文字、声音、色彩、图片、动画、影视等现代科技表现手法，将其再现于网络世界。

网络环境是一种不同于真实的物理空间的虚拟现实环境。凡是现实环境中存在的活动都可在网络环境中虚拟，且可以不受时空束缚得以实现。虚拟实在的网络平台有益于提升人的主体地位，张扬人的个性，放大人的本质力量，有利于消除人们社会交往的时空障碍，使异地的"面对面"交往成为可能，改变人们的认知方式和情感体验方式，扩大人们的视野。但也产生了虚拟与现实的矛盾，虚拟交往的匿名性和隐蔽性容易产生蒙面狂欢的效应，降低人们的责任感，引发人们的道德失范行为。网络社会场域是基于信息网络技术平台上的"虚拟实在"环境，思想政治教育网络环境是网络社会场域和现实空间的结合，其虚拟实在性客观存在。

（二）平等性

平等性主要是指网络用户之间的关系是平等的，每个用户既是信息的接受者，也是信息的传递者。网络没有地域的界限，没有国界，任何信息瞬间可以畅通无阻地到达地球上任何一个联网的终端。它并不强制规定谁可以上网，什么思想可以传播，什么言论可以发表，什么话题可以讨论。与其他信息交流手段相比，它更少受到束缚和羁绊。网上一切资讯的传播与获取都是自由的。一旦各类信息进入网络，那么，所有与网络连接的人们只要

拥有简单的上网设备，就都可以上网获取信息。因此，网络社会真正实现了用户人人平等，信息人人共享。

（三）交互性

网络是以平等为口号的自由交互空间，与报刊、广播、电视等形成的传统媒介环境相比，网络环境更富有自由交互性。网络的交互性主要有两类，一类是实时交互；另一类是非实时交互。实时交互指用户每做出一次选择，马上就能得到一个回应，如网络聊天即属于实时交互。而非实时交互是对一方发出的信息，另一方不必或不能及时回复，网络可存储该信息，以供对方回复时查阅，如电子邮件即属非实时交互。总之，网络信息匿名的特征，使网络成员在虚拟空间的平等成为可能，人们可以无所顾忌地敞开心扉交流和发布信息。而交互式沟通，则使人们能更从容地选择和吸纳信息。因此，在网络社会，网民缺乏的并不是信息资源，而是筛选信息和自我约束的能力。

在网络世界里，人们可以随时随地进行信息的交流，且不受时空的限制。不管你身处何方，身份如何，只要你能操作电脑上网，就可以实现如下权利：第一，主动选择权，根据自己的需要主动对信息进行甄别、拒绝、选择，获取自己所需要的信息，而不再只是被动接受。第二，发表意见权，通过网络向信息输出者或他人提出建议，发表见解或文章。第三，即时参与权，可以自由平等地不受时空限制地参与网上各种活动，实现与网络、与网络信息的互动，既可以成为信息的接受者，又可以成为信息的发布者、传播者、评论员或反馈人。

各种信息以光速在网络中进行传输，极大地延伸了人们的网络互动的行动空间，人们足不出户便可获取大量的信息，了解外面世界，而且人与人之间的网络互动在大容量、高速度的网络支撑下也开始发展到不再需要时间和空间的支持而总是面对面地进行了，从而使得在现实环境中的人际互动行为过程所必需的时间和场所被大大地压缩甚至被取消了。

（四）开放性

网络空间的开放性把人们的视野拓展到全球的范围，扩大了人们的交往领域。但网络社会场域打破了现实社会空间中各种"围墙"的阻隔，模糊了公共领域与私人领域的界限，使一些原本处于现实生活"后台"的东西走向了"前台"，融合了社会化的不同阶段，改变了人们许多传统的观念；网络化逻辑的"非中心"结构，影响到网络社会场域的结构，使现实生活中处于边缘地位的一些亚文化走向了网络社会场域的中心，削弱了现实社会中主流文化的主导地位；国外一些发达国家也通过网络向全球传播其意识形态、价值观和生活方式，对发展中国家民族文化的生存和发展提出了挑战。思想政治教育网络环境的开放性给思想政治教育的顺利开展提出了诸多难题。

二、网络环境对高职思想政治教育有效教学的影响

（一）高职传统价值观的输出受到挑战

网络环境中纷杂的信息导致大学生价值取向的偏差，信息的污染影响着其是非判断和行为选择。过去大学生接收信息的主要渠道来自教师，其内容经层层把关，不良信息已经过滤。随着网络信息全球间高速传递，西方资产阶级意识形态的各种政治、经济、文化、生活方式等大量充斥其间。优劣并存加剧了大学生政治信仰的缺失，加大了道德标准和价值观念选择的复杂性。一些享乐主义，拜金主义和极端个人主义的信息出现在大学生的面前，使其难以辨别真善美丑，这些思想对大学生思想意识领域侵害较大。

网络环境直接影响传统教育价值观的建立。传统的思想政治教育方式是教育和管理并重，尤其注重面对面的教育方式。当代大学生开始用一种全新的眼光来看待与自然、社会和他人的关系，思想观念和生活方式也随之发生变化，表现出与以往截然不同的特征。一是在世界观方面，如今网络的应用和快速普及，尤其 WTO 规则将网络作为宣传战线"全面开放的领域"，通过网络的宣传渠道灌输西方思想和政治意识，兜售资本主义的民主、自由、人权等价值观成为意识形态斗争的第一战线，高职不能不防。二是在人生观和价值观方面，当代大学生打破了学习与娱乐、时间与空间的界限，出现了追求个人的绝对自由、个人主义膨胀的不良生活态度。三是在人才争夺方面，科技至上的思想愈加浓厚。

信息时代的大学生通过多种渠道和媒体，特别是互联网络了解信息，接触信息。与此同时，他们在不同的价值观念、文化观念、道德观念的撞击和影响下，在思想行为方面，也形成了几个鲜明的特点：首先，他们认识问题变得多方位、多角度化，他们不再简单按照教育者规定的纵向思维方式理解事物，而是变得纵横交错、多角度化；其次，他们不再满足于对问题的简单结论，而是更主动、更自觉地提出一些为什么；最后，他们在比较中鉴别，将各种信息、各种观点摆到一起，运用自己的鉴别力分析判断、做出选择，进而指导自己的行为。这样，许多大学生不再轻易接受思想政治教育者的灌输。因此，从一定意义上说，在互联网时代，思想政治教育者将不再是决定青年学生思想政治素质变化的主要因素，他们在教学过程中的主导地位开始逐渐丧失。

随着改革开放的深入，思想、道德、文化、观念等呈现出了多元化的意识形态趋向。在校大学生作为最敏感的青年群体，对这种思想、道德、文化的开放有一种天性本能的追求。大学生希望接触不同的思想，了解不同的文化，听到不同的声音，看到不同的生活，进而去感受它们、认知它们、鉴别它们、体验它们。但这些无法从传统的相对封闭、一元化、正统的大众传播媒体去获取。而网络世界则是一个开放的信息源，各种思想、道德、文化、观念、信仰、宗教都可以在这里找到踪迹，相互间产生争鸣。随着教育者主导地位的丧失和受教育者逆反心理的出现，传统价值观将要面对的挑战会更加严峻，因而思想政

治教育教学的有效效果也不免会受到削弱。

（二）大学生道德下降，人格异化，师生之间沟通困难

在多元价值冲突的时代，道德教育本身的价值取向应当如何定位？道德教育的价值引导是否必然是一种精神强制？学生所养成的德性与道德教育的目的相去甚远，是单纯的教育技术问题吗？目前我国的道德教育以灌输为主，已成为公认的问题，为何不能彻底解决？道德教育系统本身生态失衡：要求学生有独立人格与个性，有创新意识，学校生活却处处是严格的、不容置疑的规范；要求学生充满爱心，而学生却经常看到或受到教师的严厉体罚甚至虐待等。随着互联网的大范围普及与发展，高职道德教育又面临着严峻的挑战。

另外，完善的人格是大学生所必须拥有的。网络的开放性、匿名性既给予了大学生极度发挥的空间，同时也为他们放纵言行提供了有效的"保护伞"。大学生沉迷在网络之中，长期下来，会有各方面的人格异化问题。网络是一个虚实结合的世界。网络改变了传统社会交往的秩序和规则。然而网络交往势必会侵占正常的人际交往时间，容易造成人际情感的逐渐萎缩和淡化，使人趋向于社会分隔化和个人孤立化，导致大学生人际关系的疏淡，交往能力的下降，使得大学生在现实生活中与他人交流的机会大为减少，严重影响其正常的人际交往，他们逐渐会变得不善言谈、沉默寡言，造成大学生排斥现实生活中的人际交往，不愿或不屑于表达自己的内心真实情感，也不愿接受他人的情感表达，并消极地面对现实社会中的人际环境。如果任这种情况长期下去，大学生势必会丢失了必要的交往技能，产生一种网络依赖感，从而造成其人际交往异化、人格异化。那么，思想政治教育工作者在与其沟通时，会出现一些障碍，教育者与学生之间如果缺乏精神上的交流与沟通，那么两者在思想、情感和感受上就不可能实现相互的渗透。一些学生不愿意打开心扉，使思想政治教育工作难度加大。

（三）高职思想政治教育理念和方法受到冲击

"教师主体"的观念受到冲击。在网络时代到来之前，老师被公认为是教育过程中的主体，由于他们所拥有的知识和技能都比学生多得多，因而处于主动地位，起着主导的作用；而学生由于其思想行为与一定社会要求之间存在差距，在知识、信息的掌握上处于劣势，故在教育活动中处于被动的地位，是教育过程中的客体。然而，在网络时代，学生通过网络可以获得大量的思想道德教育的信息，从而导致教师的信息优势在淡化，甚至有可能处于信息劣势的境地。

特别是当网络成为高职思想政治教育的载体时，它所具有的交互性特点更使教师的主体地位受到冲击。与此同时，作为高职思想政治教育中最为常用的灌输法也面临着挑战。因为这种方法是以教师具有较高的威信和绝对的信息权威为前提的。因此，长期以来使用的教育方法在今天来看未必行之有效，需要教师进行改进和创新。

　　思想政治教育工作需要摒弃传统教育模式及旧的教育内容和方法，首先要从思想上不断更新观念，深入了解现代化教育理念的重要性，并跟上时代的发展潮流，充分认识网络文化对思想政治教育工作的重要性，积极采取有效措施将网络文化的各种内容与手段运用到思想政治教育工作中。并针对国内教育领域的发展潮流与思想政治教育工作的各种特点，先对网络文化进行全面的了解与深入的研究，取其精华去其糟粕，使网络文化与思想政治教育进行充分的融合，形成先进的、科学的、合理的思想政治教育模式，从而可以使受教育者深切体会到思想政治教育的吸引力，从而积极主动地接受思想政治教育，最终促进思想政治教育工作效率的提高。

　　在思想政治教育工作中，传统的教育手段虽然在一定程度上不适应当前的时代发展与教育潮流，然而其中依然存在比较经典、实用的教育手段，例如，传统的"一对一思想工作"这种模式的针对性极强，可以针对具体的受教育者，针对其具体情况对其进行思想政治教育，大大提高了工作效率。这些手段不可以被摒弃，需要对其进行一定程度的改进，继续运用到新形势下的思想政治教育工作中。而网络手段虽然多种多样，易于受到受教育者的关注，便于吸引受教育者的吸引力，然而其中也存在一定的负面影响，比如，网络的运用容易使受教育者沉迷于网络。也就是说，网络手段与传统手段各有利弊，因此需要将两者的精华进行充分的结合，并有效地运用到思想政治教育工作中。

第三节　大学生网络政治参与

一、当前大学生网络政治参与现状

（一）政治关注意识及参与热情较强

　　改革开放以来，大学生对政治的逆反心理已经逐步消除，而且，随着互联网的普及和飞速发展，信息技术的发展使得网络在社会各领域中的应用逐渐普及并深入，公众在网络交流平台中发表言论的频率逐渐普遍化。越来越多的大学生已开始意识到政治与他们日常生活的关系，政治参与意识明显增强，政治关注热情普遍高涨。根据中国大学生研究中心课题组的调查，大学生对政治的关心热情仍然很高，80.7% 的大学生表示很关心和比较关心国内外政治大事；83.8% 的大学生表示时常谈论政治。现实社会政治生活中的各类问题，都高度吸引当代大学生的关注，如腐败、改革、下岗、失业、国防外交、国家统一、希望工程，等等。

网络的发展激发了大学生对于政治的热情，然而这种政治参与的热情需要高职适度地引导。高职必须掌握网络舆情的发展特点，并对其对思想政治教育工作的影响进行充分的研究，正确引导大学生网络舆情，从而使思想政治教育工作育人及管理的功能作用得以充分地发挥。基于此，思想政治教育要重视网络舆情对思想政治教育的重要性，积极采取有效措施针对网络舆情对思想政治教育进行一系列的创新，从而促进社会健康、和谐地发展。思想政治教育的功能发挥有赖于网络交流平台，而各大网络平台凸显的影响力也对思想政治教育提出了更高的要求，论坛、贴吧已经成为公众发表舆论的重要场所，加强网络舆情的引导，已经成为当前思想政治教育工作者面临的紧要任务。

除此之外，政治参与的总体状况和主导形式正在经历着从动员型参与向自主型参与转变，从非制度化向制度化转变，从感情型向理性转变。参与意识在不断增强，具体表现如：对参加选举积极，选举是目前绝大多数大学生最直接的政治参与活动，学代会、团代会等重大场合中，同学们表现出相当高的参与热情；对加入政治团体积极，如积极要求入党；对公招考试积极参与，如在大学期间，就有不少的大学生在积极准备着公务员考试，成为国家公务员是许多大学生心目中的理想就业方向。

（二）对政治评价正面、客观，不盲目跟从

网络社会是一个虚拟的社会，是一个没有所有者、不从属于任何人任何机构甚至任何国家的超越国家和地区界限的全球化社会。在这里，不存在现实社会中的金字塔式的组织管理体制和管理机构，没有所谓的领导与被领导之分，也没有主人与客人之分。但是实质上它依然是人的社会，是人类依靠自己的聪明才智为自身发展所创造的一个新的生存空间。在"人／机"交往背后，实质上依然是"人—人"交往。如果把这种交往称为一种新式"游戏"的话，那么，它的顺畅进行，显然离不开一种新的"游戏"规则。然而，创造这种新的"游戏"规则的不是别人，正是学生网民自己。从某种意义上讲，网络文化就是学生的文化。作为思想政治教育的对象的学生已成为网络文化的主体，这也是从互联网络发展的实际情况自然而然得出的结论。

在网络环境下，大学生可以获得各种信息，可以自由发表观点，也可以与别人进行充分的讨论和交流，他们的世界观、人生观、价值观越来越受网络的影响。而这一影响过程就是一种思想互动的过程。由此看来，网络使得教育时空更加开放。但是，我们需要明白的是，大学生群体政治参与有很大的风险，容易被误导，然而可喜的是，我国大学生对政治前景还是比较乐观的，对一些政治评价也往往比较客观。

网络使高职学生的信息空间深度拓展，不再局限于对现实社会的定向思考，而是向虚拟空间延伸。在此大背景下，其原有的思想观念、价值取向等也随之而延伸向更广阔的空

间，信息渠道也逐渐地多元化。在此过程中，大学生作为时代的领潮人，既接受了更多有益的信息，但同时也被一些负面的意识形态所影响。庆幸的是，那只是一小部分。大多数学生对社会发展过程中出现的问题还是能够结合现实进行理性思考的。对近年发生的一些大大小小的国内外事件，基本能够用一种相对成熟客观的视界去看待事件，用辩证的眼光看到事物的两面性，而不为一些不法分子左右。

学生是网络使用、交往的重要主体。大学生是社会群体中最富有理想和激情、敢于探索和追求、具有开拓和创新精神的群体。他们总是试图打破传统的规范，不断地探求和尝试新的生活方式。在当前的网络社会中，他们总是以开放的姿态把自己的生活纳入网络之中，共享网络文化成果。因此，互联网为大学生更好地了解国家的政策提供了便利的渠道，同时，也为进一步加强和改进大学生思想政治课教育提供了新的途径。

（三）大学生社会化进程加快

现代社会学家从人和社会的双向互动的角度，认为社会化是指个体在社会实践中学习知识、技能和规范等社会文化，适应社会生活，积极作用社会，创造新的社会文化的过程。大学阶段是人才成长的重要阶段，是社会化过程的一个里程碑。大学生社会化是每一个学生个体在其所处社会环境的互动中，形成个性，内化社会规范，履行社会角色，不断适应和参与社会生活的过程。

在传统的社会化那里，人与社会的互动是一个在现实生活中真实发生的客观存在，大学生的社会化无非是他们实际参与社会生活的实践过程。网络的出现，带来了根本性的变化。网络创造了虚拟的场域、情境和人际交流，既可以使人与社会的互动在虚拟的场景中发生，又可以使人与虚拟的社会发生互动。通过网络，大学生了解到大千世界的各种现象、思想观点和文化思潮，在一个比以往更加广泛的社会环境中学习政治知识和经验。大学生的政治关注包括对政治制度、政治领导、政治理论以及政治文明等社会政治生活的方方面面的认识、了解及评价，其中就包括对学校公共事务管理在内的各项公共事务管理的认识了解及评价。通过网络，大学生越来越了解我国制度的优越性，越来越坚定跟党走的步伐。

网络不仅为大学提供了了解我国国情的平台，而且，还为大学生展示自我、参与社会、担当责任和实现自我及社会价值提供了广阔的舞台。网络上已有"中国大学生公益网"的平台，大学生通过网络结盟，参与社会，担当责任。网络传播具有时效性、互动性、多功能性、平等性、开放性等特点，这些都符合了大学生对包含了群体生活、理解交流等社会化的要求，对大学生社会化过程中情绪情感的发展和自我意识的成熟起着重要的影响作用，消解了大学生个体在交往中的文化和心理需求差异，满足了个体物质与文化发展的多样性需求。从而使得网络成为大学生社会化的新的广阔空间，开辟了大学生社会化的崭新时代。

二、高职如何引导大学生进行正确的网络政治参与

（一）加强对大学生政治行为的正确引导，提升政治鉴别力及政治参与能力

高职大学生网络政治参与不仅仅局限于对于本国的观察，也要具备国际视野，对其他国家发生的事情也要关心、关注。需要大学生了解的国际政治知识非常丰富，主要包括国际形势、国际政治、世界历史、国际礼仪、国际交往规则、国际基本法律知识、国际语言知识、宗教知识等。国际形势是指在国际风云瞬息万变的时代大背景下，大学生应通过有效方式了解国际各种情况和大事件的发展变化，并能判断其发展趋势；国际政治是指大学生应了解和掌握世界各国，特别是主要大国的政治制度、政治现状、政治趋势情况；世界历史是指大学生应了解和知晓世界各国，特别是主要大国的历史情况，更好地了解和判断各个国家人民的思维习惯和价值取向。网络迅速发展的时期，当代大学生面临中西方多重思潮的冲击，面临多元文化及多重价值观的影响，加上自身的局限性，在政治参与方面时有非理性参与行为的发生。而且，网络上这么多国际政治信息的传播又存在一定的复杂性和模糊性，大学生的判断将会受到干扰。因此，高职时刻要注重对大学生进行积极健康的政治信仰教育，引导大学生树立正确的政治观念进行理性的政治参与。同时，要注重引导大学生们参与相应的社会实践活动，如组织参与"基层挂职锻炼""志愿者活动"。高职中的社团也可以开展丰富多彩的高质量的相关活动，以吸引大学生们自觉自愿地参与活动接受教育。可以不断提升大学生的政治理论素养，修正有悖于现实的政治态度，并在此基础上建构正确的政治价值观，提升其政治鉴别力及政治参与能力，加速大学生政治社会化的步伐。

（二）重视校园网络的舆论导向作用，为大学生创造更好的政治参与平台

网络媒体是信息社会中大众传媒传布信息的一种具体形式，同时也是大学生政治信息来源以及政治参与的最重要途径之一。校园网络作为社会网络的构成深刻影响着大学生的政治社会化过程，因此高职思想政治教育要牢牢占领校园网络这个阵地，重视做好校园网络积极的舆论导向工作。

在网络时代，学生通过网络可获得比以往更丰富的信息，扩大环境，了解社会动态和科技状况，加深和扩展对所学知识的理解，这有利于解决现代社会经济、政治、文化迅速发展与思想政治理论课教材内容相对滞后的矛盾。另外，在高职网络思想政治教育中，高职网络思想政治教育主客体借助于大量的信息不但可以足不出户也能了解外面的世界，而且思想政治教育主客体之间的网络互动在大容量、高速度的信息网络的支撑下也发展到了不需要时间和空间的保持就能够进行全面的交流。但是，网络的便利在很大程度上忽视了舆论的引导。大学生作为很容易被诱导的群体，高职应时刻提防不良信息对于大学生的蛊

惑，在舆论引导方面发挥自己的作用，争取为大学生创造更好的政治参与平台。

不仅高职意识到舆论导向的作用，政府也在引导大学生正确舆论走向方面做出了自己的努力。

（三）提升大学生主体意识及政治认同感，塑造健全政治人格

社会舆论作为一种具有客观影响力的社会心理因素，能够弥补法律和行政管理的不足，及时迅速地发挥社会控制的作用。因此，高职应加强全校的舆论监控，促进大学生网络道德从他律转为自律。我们应通过舆论的方式来褒扬善德善举，谴责和鞭挞不道德行为，形成扬善惩恶、扶正祛邪的氛围，培养良好的道德风气；引导激励大学生做有道德的网络主人，唤醒大学生个体自觉的道德意识和道德追求启发其道德觉悟，让大学生在网络生活中从他律转化成自律；增强大学生的自律意识和自律能力，最终能在五光十色的网络文化中找到自己的主体意识和政治认同感。

那么，大学生该如何强化自身政治社会化的主体意识，提升政治认同感呢？首先，应当认清自己作为国家未来的栋梁在社会政治中应当发挥重要作用，应当主动学习主导的政治文化，有意识地让自己向社会政治人的角色转变。其次，在政治心理上要积极调适，积极向与社会群体的心理相一致的方向靠拢，才能更有助于正确的政治认知、积极的政治态度和持续稳定的政治意志的产生。最后，要积极参与各种各样的相关性实践活动，如社会调查活动、创业实践活动等。在实践中，使社会的政治文化逐渐内化为个体的政治文化，打磨出社会所需要的思想品质、心理素质、行为能力等，以顺利塑造起健全的政治人格。

高职大学生主体意识及政治认同感的提升与高职自己的党组织建设也密切相关。学生党团组织，是高职党团组织的最基本单元，是学生组织生活的主要场所。学生党团员对党的信念还不坚定，要加强学习型党支部建设，对学生党团员进行经常性教育，把社会主义核心价值体系融入党团员教育的全过程。针对学生党团员的特点，改进和创新党支部的工作和活动方式，创新教育活动方式，增强活动的教育效果，使党组织的教育活动既严肃认真又生动活泼，贴近学生党团员的思想、学习和生活实际，成为学生党团员喜闻乐见的活动方式。

另外，在组织大学生思想政治理论学习的时候一方面要抓好传统的学习方式，比如，上党课、举办培训班、举行报告会和组织专题讨论等形式，有计划地组织好党团员的集体学习，积极倡导党团员自主学习；另一方面要注意当代大学生学习需求的多样性，采取举行活动的形式，寓教于乐，进行学习。总之建立健全学习的方式方法，建立系统的述学、评学和督学制度，由党组织对党团员理论学习情况做出评价，给党团员学习做出有益的反馈。大学生政治认同感的提升是一项渐进的系统工程，是关系大学生健康成长的大事，必须引起我们高度的重视。我们只有通过从理论到实践，从实践到理论的不断摸索和完善，

才能做好大学生网络政治参与建设工作，才能使我国大学生养成良好的网络道德行为。

（四）与其他社会力量共同应对大学生的政治参与

社会政治文化的良性运行需要各个方面的参与与支撑。大学生自身、家庭、学校社会、大众传媒应形成合力，多方配合，消除大学生政治社会化进程中的种种消极因素，如消除社会不正之风对大学生政治参与的不良影响，为大学生创造优良的政治参与环境。具体做法可以包括以下几个方面：党与政府应积极构建良好的宏观环境，包括完善民主法治、建设廉政文化、稳步提高人民群众生活水平、推进社会主义政治文明及社会的公平正义等。法律和道德规范都是指引、评价人们行为的尺度，都有调节和规范人们行为的功能，都担负着确立和维护一定社会关系和社会秩序的使命。没有法律的支持，道德调整很难形成一个有效的约束机制。法治和德治是现实社会的两种有效的治理手段，网络社会的治理也必须通过这两种手段来进行。因此，大学生的网络政治参与不仅仅需要道德的约束，而且也需要党和政府制定完善相应的法律法规进行约束。此外，社会的宣传媒介也起到了非常重要的作用。社会的主要宣传媒介，应当坚持弘扬主旋律，保持积极的舆论导向；而学校与社会各界都要积极致力于创造更多的让大学生有效参与公共事务管理的机会。从而形成全党全社会共同关心、推进、优化大学生政治参与的强大合力，实实在在地提高大学生参政的能效感，使其政治参与情况顺利进入良性循环中。

第四节　创新网络教学模式

一、创新高职思想政治教育网络教学模式的必要性

（一）突破传统教学手段的局限

以前，高职思想政治课教育环境相对比较封闭，但是，随着网络的高速发展与教师教育观念的转变，高职思想政治课教育环境已经发生了翻天覆地的变化。从高职实际情况来看，几乎所有的高职都建立了至少一个网站。在传统教育教学模式下，思想政治课教学内容较为单一，课程体系建设缺乏灵活性，教学方式方法单调。教师往往采取"一言堂""填鸭式"教学，没有借助多样化的教学辅助手段，缺乏生动活泼的教学方式方法；注重单纯的知识传授和考试成绩，轻视学生的社会实践能力和政治素质的培养。传统教学方式在很大程度上影响了学生学习的主动性、创造性，思想政治课的教学效果被削弱。

当前已经形成的网络环境，对大学生思想政治课的学习起到了推动作用。首先，从网络的应用情况来看，网络可以成为理论课教育的第二课堂。网络自由与开放的内容是高职政治理论课教育的重要延伸和补充，能够实现广泛而且生动的教育效果。例如，有些学校积极组建微博平台，打造丰富多彩的网络课堂，理工科专业立足学习发展需要，发起"微实验室"学习活动，增进师生交流；文史类专业开设"读书·微学习"活动，开展微博上的讨论交流。理论课课堂与网络课堂形成了良好有序的交流，实现了老师与学生之间的教学相长。不仅师生之间的网络互动很重要，学校之间也很重要。因此，各高职院校内部和高职院校间也都建立了网络教育平台，这为高职院校内部及高职院校间实现大学生思想政治课教学资源的共建和共享提供必要的保障，在一定程度上也为大学生开展广泛、深入、持久的思想政治课的学习奠定基础。其次，网络环境的形成对高职思想政治课教师的教学行为产生很大影响。在传统教学环境下，教师依靠"一本教材、一支粉笔"甚至"一个PPT"就可以开展课堂教学了，其具体表现是教师在课堂上讲授，一般采取知识的单向输出或者准双向交流。这种教育内容、教学方式局限性比较大，与当前学生的网络化学习需求有很大差异，教学效果不明显。

网络交流互动工具的多样性和功能的丰富性极大地满足了教育主客体之间的互动需要，使交流互动活动变得更加便捷。大学生网络思想政治教育的交流互动性打破了传统的单一方向的交流形式和灌输式的教育模式，网络教学充分利用了计算机技术、网络技术、多媒体技术等，使教学材料的展示更加灵活、形象、生动。网络教学使原来单纯的基于归纳式演绎的讲解，转化为基于"情境创设""主动探索""协作学习""会话商讨"等多种新型教学方法的综合运用，形成一个现实与虚拟、个别化与大众化相统一的有效教学模式。该模式克服了传统教学"灌输式"的弊端，同时又充分发挥了高职思想政治课教师在学生学习、生活中的重要引领作用，在"网上"与"网下"形成一种双向互动的良好师生关系。教育主体也更加尊重教育客体的主体性和地位，教育客体主体意识和自主性被激发出来，主客体间可以在更加宽松的环境、更为轻松的氛围和更具平等性的空间中进行对话。通过情感上的交流、思想上的碰撞，引导受教育者自觉接受并形成正确的思想，践行正确的言行。

总体来看，网络为传统理论课教育改革带来了机会。广大思想政治理论课教师要积极利用网络平台，传播正能量，引导大学生思想政治观念的转变。

（二）促使教学内容更接近现实发展

网络飞速发展的环境下，高职思想政治教育内容的开放性来源于信息交往实践的广泛性和网络传播的开放性。信息尤其信息网络是一个开放的空间，它包含着丰富的文字、图片、声音、视频等资源，任何事物都可以以一种作为价值形态的信息的方式存在于其中。

信息的流动性和信息社会的开放性，使得新时期高职思想政治教育的内外生态环境发生了重要变化，传统思想政治课教学所采用的备课、讲课、作业、考试等教学环节和选择的教学内容，已满足不了形势发展的需要，高职思想政治教育内容逐渐呈现出全方位的多元性与开放性特征。

随着信息技术的不断加速创新与广泛应用，人类交往实践的新矛盾、新问题会层出不穷，大学生的思想认识也会随着视野的不断扩大，随着所接触信息的日益丰富而不断发展，高职思想政治教育将会遇到许多新的问题与挑战，这些变革都要求高职思想政治教育内容处于开放与开发、发展与创新的状态。要想与此相适应，高职思想政治教育要摆脱传统的以一种静态地、封闭地看待和处理问题的视野与方式，处理好教育理念、教育方式、教育内容的相对滞后性与信息交往实践不断发展之间的矛盾，以启发、探究、自主学习、互动交流等为教育的基本形式，根据网络社会发展的新实践，不断添加新的教育内容，不断创新和发展教育内容。理论和现实的脱轨会使学生不再信任教师所传授的教学内容，这对于教学目标的实现是非常不利的。当学生对教师的教学产生怀疑甚至否认，这样的教学是低效甚至是无效的。因此这就要求思想政治课教学必须结合实际，不能再就事论事，坐待依据。教师在其多媒体教学中适当引入网络教学环节，借助网上报道的大量即时发生的事件及议论，及时调整教学内容，认真进行分析、评价，将理论教学与网络教学有机地衔接，将课堂理论教学与现实世界有机地紧密联系在一起，这是思想政治课教师贯彻用实践检验真理，理论联系实际的最直接做法。同时这种教学模式还有利于及时吸收当前理论界和具体科学发展的新成果，以弥补因教材出版和使用周期而造成的某种滞后性，让学生心悦诚服地接受其价值观导向，从而提高了大学生思想政治课教学的时效性和有效性。

（三）增强学生学习主动性

网络更是为师生提供了一个开放的互动平台，使教学成为在教师引导下交互式的双向活动。在网络社会的虚拟空间里，学生更容易放开顾虑，表达内心的真实想法，因而有助于促进师生之间交流，有利于教育活动的深入有效进行。高职校园网络建设取得明显成效，校园网已深入到教学、科研、社会服务等各个领域，成为高职师生获取信息、丰富知识、学习交流的重要渠道，在推动教育改革发展、促进思想文化交流、丰富师生精神生活等方面起到了积极作用。校园网络技术的发展和普及，拓展了思想政治教育工作的新途径，为加强大学生思想政治教育带来了新的机遇，对大学生思想政治工作发生着积极的影响。丰富的网络信息，使大学生冲出了相对封闭的校园天地，进入到一个宽广的五彩缤纷的新世界，使他们知道了许多前所未有的新事物，使其主体意识迅速觉醒并不断增强。他们不满足于教育者的灌输，而是积极主动地猎取各种思想政治教育的知识和有价值的信息，不断探索人生道路上的心态困惑、理想迷茫和精神求索，与教师实现着良性互动。同时，构建网络教学还可以使多个学习者针对同一内容，彼此交互合作，以达到对教学内容比较深刻的理解和掌握，提高学生协作学习能力。

由此，网络为我们提供了一个新的、不断发展的思想政治工作阵地，我们可以及时占领这个阵地，不失时机地利用这种有效的传媒，转变高职思想政治课网络教学以教师为中心的教育观念，实现以学生为中心的教学格局。学生可以自主确定学习内容和安排学习进度，增加学习主动性。学生可以在网络的学习环境中获取更多的知识。在学习过程中，随着信息量的增大，学生的视野在扩大，学生的学习方式、思维方式也会逐渐地改变，自主学习能力不断增强。

网络发展给大学生既带来诸多便利，同时也给高职思想政治工作带来许多新的机遇。网络作为信息载体和新形式传媒，在大学生思想政治工作中有独到的优势：它具备信息的共享性、影响的广泛性、传播的快速性、教育形式的生动直观性，是其他传媒难以企及的。如互联网拓宽了高职思想政治工作的空间和渠道，使广大师生"足不出户，尽知天下事"；互联网有利于教育观念现代化，它变学生被动接受教育为学生自主学习，变思想政治教育由单向灌输为双向交流互动；网络信息集知识性、娱乐性、趣味性和政治性于一体，极大地提高了网络信息在思想政治工作中的时效和影响力。因此，高职如何充分利用网络等现代传播手段，搭建起有效的思想政治教育平台，积极开展网络条件下的思想政治教育，用马克思主义占领高等学校教育阵地，是一个非常重要和需要进一步解决的课题。

二、创新高职思想政治教育网络教学模式的原则

（一）以人为本原则

随着网络传播媒介的发展，越来越多的信息在丰富的网络媒介传播中以生动、快捷的形式呈现在我们面前。网络信息的便捷、丰富、经济正是以其独有的魅力吸引着大学生的眼球，个人对社会的关注也因此变得更加多元化，这无形中也就削弱了大学生们对传统思想政治教育模式的关注热情。

和传统的思想政治理论课教学一样，网络教学的对象也是人，只有激发起学生的主动精神时，教学内容才能真正地内化为学生的知识，提高学生的能力和觉悟。因此，教师要充分尊重学生的主体性，在更宽松的环境下设置疑问和互动环节，乃至让学生面对一些合理的情景再现和陷阱式问题，让学生在网络上主动地发表自己的意见和看法，与教师积极探讨，在不断地争论、纠错和价值澄清中实现价值观的重塑。在此过程中，教师只能是积极地充当引路人，通过入情入理的商讨引导学生接受并形成正确的观念，而不是一味地以学术权威自居。当然，网络教学模式强调学生主体性也同样不能忽略了教师的引导作用。一味追求学生身外的东西又忽略教师自身资源的开发和利用，将原本是人与人的交流，变

成了人与机器的交流、人与屏幕的交流，恐怕这样的教学未必是高效的。网络教学的很多关注点的确能一时地引起学生的兴趣。但这往往只是好奇心使然，而不是学习的热情。如果在网络教学模式中忽视教师自身的人的作用，没有发挥教师的合理引导作用，利用学生的兴趣来激发其学习的热情，使其真正参与到对知识的探索与思考中来，这将不是真正的以人为本，以学生为本。以学生为本，是要在教师的合理指导下培养学生主动精神、学习热情。因此，网络教学的以人为本原则是要开启学生发自内心地对知识的需求和欲望，调动其心志能量进行学习活动。

（二）师生平等原则

网络环境下高职思想政治教育主体的平等性表现在以下两个方面。

一是主体地位的平等性。网络交往的隐蔽性消解了传统人际的"社会的樊篱"，教育者与受教育者的身份、年龄、性别等符号不复存在。没有人知道你是领导还是专家，是教师还是医生，是七十岁的老人，还是几岁的娃娃。总之，只要你不想让人知道，就没有人知道。在网络空间里没有权威，没有明星，没有富翁，没有乞丐，一句话，没有高低、长幼、贵贱之分，每个人的地位都是平等的。

二是主客体的不确定性。换句话说，教育者和受教育者的身份是不一定的。在互联网迅速发展的情况下，传统的金字塔式的知识等级结构已经土崩瓦解。老一辈对后辈的启蒙正在不断地失去"市场"。在互联网上，成年人的反应往往比青少年迟钝，很多大学教授不会使用计算机，因而堵塞了通过互联网获取知识与信息的渠道。相反，青少年在网上却轻车熟路，来去自如，通过互联网获取大量的知识和信息。很多时候，青少年反而成了成年人的电脑启蒙者。

因此，在高职网络教学实施过程中，由于空间的开阔，教育双方在思想的表达上，比起面对面的交流来说更加游刃有余。网络教学模式赋予了学生在教育活动中的自主权和主动权。因此，教师在网络教学过程中，就必须遵守这一游戏规则，改变过去高高在上的教育心理，教师只能是通过自己的努力，以更人性化的形式加强与学生的沟通，使自己发出的教育信息获得学生的共鸣，从而让教师成为影响学生思想形态的引导者，最终达到帮助学生能自我教育、自我塑造的目的。因为，在网络教学这样一个特殊的媒介式教学环节中，学生已经不再是被动地接受，由于主客体关系的模糊性和相对性，他们往往会在教学过程中以其自身的思想观念对教育内容做出取舍，抛弃其认为不合情理的部分，留下其具有高度认同感的价值观念和知识。因此，在网络教学中，教师要充分利用并遵守网络交流方式的平等性原则，增强师生之间的情感交流的真实性和直接性，让教育更加人性化。

（三）共建共享原则

网络最大的优点之一在于资源共享，那么教师在教学过程中自然也就更应该积极地顺应这种特征，学生所希望的也正是通过网络教学这种现代方式来扩大信息量，争取学习的主动权。因此，教师就需要想方设法在教学网站上注入更丰富的信息，让学生能够扩大视野，了解社会动态和科技状况，充分了解当前社会经济、政治、文化发展轨迹。更重要的是，要及时修正思想政治课教材中相对滞后的内容与观点，让学生走在时代的前方。在资源的享用上，教师和学生的角色往往要发生置换，在浏览网页选择和吸收各种信息时，学生是以受教育者的身份出现，而在参与各种信息发布等实践活动，将自己的思想、观点、看法及信息传播出去时，学生又成为教育者。因此在网络教学过程中，师生关系需要进一步融洽，角色不断地进行交叉更替，从而促进思想的传播。

参考文献

[1] 马敬著.高职思想政治教育中的文化融入 [M].长春：吉林大学出版社，2017.

[2] 臧宏玲著.高职思想政治教育前沿问题研究 [M].长春：吉林人民出版社，2017.

[3] 胡飒，奚冬梅主编.高职思想政治教育教学与实践研究 [M].北京：光明日报出版社，2017.

[4] 陈虹，孟梦，李艺炜主编.新媒体视角下的高职思想政治教育创新研究 [M].天津：天津社会科学院出版社，2017.

[5] 孙茂华著.论主体间性下的高职思想政治教育 [M].北京：北京交通大学出版社，2017.

[6] 刘秉亚著."微时代"高职思想政治教育创新研究 [M].成都：西南交通大学出版社，2017.

[7] 张育广编著.实践育人 高职思想政治教育路径探索 [M].广州：广东高等教育出版社，2017.

[8] 杨宗兴著.民办高职思想政治教育建设路径研究 [M].北京：光明日报出版社，2017.

[9] 杨晓阳著.新媒体背景下高职思想政治教育创新研究 [M].延吉：延边大学出版社，2017.

[10] 刘泾著.高职思想政治教育中的规则意识培育 [M].上海：上海人民出版社，2017.

[11] 代黎明著.高职思想政治教育实效性研究 [M].北京：北京理工大学出版社，2018.

[12] 周利生，汤舒俊主编.红色资源与高职思想政治教育 [M].北京：九州出版社，2018.

[13] 岳云强著.高职思想政治教育理论专题研究 [M].北京：九州出版社，2018.

[14] 奚冬梅，胡飒主编.高职思想政治教育教学与实践研究 [M].北京：光明日报出版社，

2018.

[15] 徐茂华著 . 高职思想政治教育的时代主题 [M]. 长春：东北师范大学出版社，2018.

[16] 高姗姗著 . 高职思想政治教育与文化融合研究 [M]. 石家庄：河北人民出版社，2018.

[17] 范春婷著 . 高职思想政治教育专业政策研究 [M]. 北京：新华出版社，2018.

[18] 雷志成著 . 高职思想政治教育面临的时代性问题研究 [M]. 长春：东北师范大学出版社，2018.

[19] 谢丹著 . 传统文化视域下的高职思想政治教育 [M]. 北京：九州出版社，2018.

[20] 行连平著 . 新媒体时代高职思想政治教育模式探究 [M]. 北京：九州出版社，2018.

[21] 闫晓静 . 高职思想政治理论课线上教学模式探索——以《中国近现代史纲要》课为例 [J]. 中国多媒体与网络教学学报【2020.05】.

[22] 闫晓静 . 微信公众平台开辟党建新阵地 [J]. 人民论坛【2018.09】CSSCI.